中国印刷业发展报告（2018版）

CHINA PRINTING INDUSTRY DEVELOPMENT REPORT

主编 / 黄晓新　副主编 / 张羽玲

中国书籍出版社
China Book Press

图书在版编目（CIP）数据

中国印刷业发展报告：2018版／黄晓新主编. —
北京：中国书籍出版社，2018.11
ISBN 978-7-5068-7126-6

Ⅰ. ①中… Ⅱ. ①黄… Ⅲ. ①印刷工业-工业发展-
研究报告-中国-2018 Ⅳ. ①F426.84

中国版本图书馆CIP数据核字（2018）第264510号

中国印刷业发展报告（2018版）

黄晓新　主编　张羽玲　副主编

责任编辑　李　新
责任印制　孙马飞　马　芝
封面设计　文人雅士
出版发行　中国书籍出版社
地　　址　北京市丰台区三路居路97号（邮编：100073）
电　　话　（010）52257143（总编室）　　（010）52257140（发行部）
电子邮箱　eo@chinabp.com.cn
经　　销　全国新华书店
印　　刷　北京九州迅驰传媒文化有限公司
开　　本　787毫米×1092毫米　1/16
印　　张　20
字　　数　316千字
版　　次　2018年11月第1版　2018年11月第1次印刷
书　　号　ISBN 978-7-5068-7126-6
定　　价　80.00元

《中国印刷业发展报告（2018版）》
指导委员会

《中国印刷业发展报告（2018 版）》
课题组、撰稿人名单

组　长：黄晓新

副组长：张羽玲

撰稿人：（按姓氏笔划排序）

王　勤　庄向群　刘成芳　刘泽辉
刘积英　刘琳琳　李　洋　张　悦
郑爱玲　信　君　郭春涛　胡桂绵
祝小霖　樊　凡

目　录

主报告

专题报告

产业政策

主报告

2017 年中国印刷业发展报告

2017 年是我们党和国家历史上具有特殊重要意义的一年。中国共产党第十九次全国代表大会胜利召开，中国特色社会主义进入新时代，社会主要矛盾已经转化为“人民日益增长的美好生活需要和不平衡不充分的发展之间的矛盾”。大会明确了从全面建成小康社会到建设社会主义现代化强国的新的奋斗目标，明确指出：我国经济已由高速增长阶段转向高质量发展阶段，正处在转变发展方式、优化经济结构、转换增长动力的攻关期，建设现代化经济体系是跨越关口的迫切要求和我国发展的战略目标；必须坚持质量第一、效益优先，以供给侧结构性改革为主线，推动经济发展质量变革、效率变革、动力变革，不断增强我国经济创新力和竞争力。

2017 年，世界经济逐步摆脱国际金融危机的影响，主要经济体出现协同性复苏，向好态势明显。据国际货币基金组织（IMF）发布的数据，2017 年全球 GDP 增长率比 2016 年上升 0.4 个百分点。其中，发达经济体 GDP 增速为 2.2%，比 2016 年上升 0.5 个百分点；新兴市场与发展中经济体 GDP 增速为 4.6%，比 2016 年上升 0.3 个百分点。与此同时，贸易保护主义、逆全球化风潮、发达经济体货币政策转向以及大宗商品价格的大幅波动，仍在考验着世界经济复苏的可持续性。

2017 年，随着供给侧结构性改革的深入推进，我国经济克服各种困难和挑战，结构调整不断深化，新旧动能加快转换，趋稳向好态势更加巩固，增长质量显著提高。根据国家统计局公布的数据，2017 年我国实现国内生产总值 82.71 万亿元，首次突破 80 万亿元大关；按可比价格计算，同比增长 6.9%，比 2016 年提高 0.2 个百分点，为 2010 年以来首次提速。另据测算，中国经济对世界经济增长的贡献率约在 30% 左右，是世界经济增长的主要推动力。

在国内外经济双双企稳向好的大背景下，我国印刷企业积极抓住产业发展与升级的战略机遇，以供给侧结构性改革为抓手，不断深化结构调整，加快新旧发展动能转换，坚持绿色发展、创新发展，不断推动数字印刷、智能印刷、智能包装、AR/VR、互联网+等新技术、新产品、新型商业在行业内的推广和应用，克服纸价大幅波动、环保压力加大等不利因素的影响，延续了自2016年底以来的触底回升态势，发展信心进一步增强。

为深入分析近年来印刷业的整体走势，本报告以国家新闻出版署（原“国家新闻出版广电总局”）印刷企业年度核验数据为基础，对2013—2017年五年间我国印刷业发展的关键性经济指标、区域发展、细分市场状况及规模以上重点印刷企业发展情况进行了全面梳理和解读。

国家新闻出版署是我国印刷业的行政主管部门，自2008年起强化对全国印刷企业的年度核验，按年度汇总统计行业发展数据。经过持续的调整和完善，印刷企业年度核验相关统计工作体系完整、指标全面、数据详尽，具有良好的统一性和延续性，是目前针对国内印刷业最权威的数据源。

一、我国印刷业发展的基本情况

近年来，在复杂多变的国内外经济环境下，我国印刷业克服下游行业需求放缓，生产成本有所提高，环保治理压力不断加大等多重挑战，全行业投资意愿和投资能力保持稳定，产业规模持续扩张，且同比增速触底反弹。与此同时，全行业利润总额增长乏力，行业平均利润率逐年下滑。

国家新闻出版署年度核验数据显示，2013—2017年间，我国印刷企业数量逐年递减，且降幅呈扩大态势。2013年，我国共有印刷企业105890家，处于区间高点；经过持续下滑，到2017年降至99054家，降幅为6.46%，绝对值减少了6836家。这也是近十年来，我国印刷企业数量首次跌破10万家的整数关口。

2017年与2016年相比，我国印刷企业数量减少2366家，降幅为2.33%，下降速度有所加快。2013年以来印刷企业数量的持续减少，体现了我国印刷业内在的整合与提升需求。改革开放以来，我国印刷业经过了长达30余年的快速扩张，在产业规模持续增长的同时，发展粗放、集约化程度不高的问题也不断累积。近年来，随着行业整体增速放缓，印刷市场分化、整合力度加大，部分不具核心竞争力的印刷企业逐渐被淘汰出局。同时，近两年不断加大的环保治理压力，也加快了印刷业整合的速度。

2013—2017 年，我国印刷业投资意愿基本稳定，全行业资产总额持续增长，但产业规模扩张势头趋缓，盈利能力有所下滑。数据显示，2017 年，我国印刷业资产总额、工业总产值、利润总额三项指标分别为 13593. 54 亿元、12057. 74 亿元、676. 58 亿元，与 2016 年相比，分别增长 5. 34%、4. 44%、0. 19%。其中，工业总产值实现了五年间的首次提速，利润总额则是五年间首次实现了正增长。这表明，2017 年印刷业发展呈现出了积极向好的迹象。

与 2013 年相比，三项指标分别增长 23. 30%、16. 92%、－12. 38%。其中，资产总额的增速比工业总产值的增速高出 6. 38 个百分点。这一方面表明，印刷市场增速放缓并未明显冲击印刷企业的投资意愿；另一方面也说明，印刷企业的投入产出比有所下滑。利润总额的增速比工业总产值增速低了 29. 30 个百分点，则表明印刷业的利润率下滑明显。2013 年，我国印刷业的行业平均利润率为 7. 49%；经过持续下滑，到 2017 年降至 5. 61%，减少了 1. 88 个百分点。

在三项指标中，资产总额走势最为平稳：各个年份均表现为上行态势，且同比增幅基本保持在 5% 上下。这表明，印刷企业的投资意愿和投资能力都相对稳定。工业总产值同比增速在连续下滑之后，出现触底反弹，但与 2011 年前的高速增长相比，差距明显，表现为中低速增长。在此期间，印刷业工业总产值同比增速的高点出现在 2014 年，为 5. 29%；低点出现在 2016 年，为 2. 65%；2017 年为 4. 44%，比 2016 年提高了 1. 79 个百分点。利润总额走势最弱，2014—2016 年均表现为负增长，只有 2017 年出现微弱反弹。这意味着，印刷企业仍面临较大的盈利压力。

值得注意的是，2017 年与 2016 年相比，三项指标的同比增速均出现了不同程度的回升。这再次表明，在经过连续多年的调整之后，印刷业于 2017 年出现了企稳向好的迹象。（见表 1、图 1）

表 1　2013—2017 年印刷业资产总额、工业总产值和利润总额

年份	印刷企业数量（家）	资产总额（亿元）	资产总额增长率	工业总产值（亿元）	工业总产值增长率	利润总额（亿元）	利润总额增长率
2013	105890	11024. 71	—	10312. 45	—	772. 20	—
2014	104981	11762. 98	6. 70%	10857. 51	5. 29%	714. 17	-7. 52%
2015	103467	12357. 31	5. 05%	11246. 24	3. 58%	698. 60	-2. 18%
2016	101420	12904. 80	4. 43%	11544. 75	2. 65%	675. 27	-3. 34%
2017	99054	13593. 54	5. 34%	12057. 74	4. 44%	676. 58	0. 19%

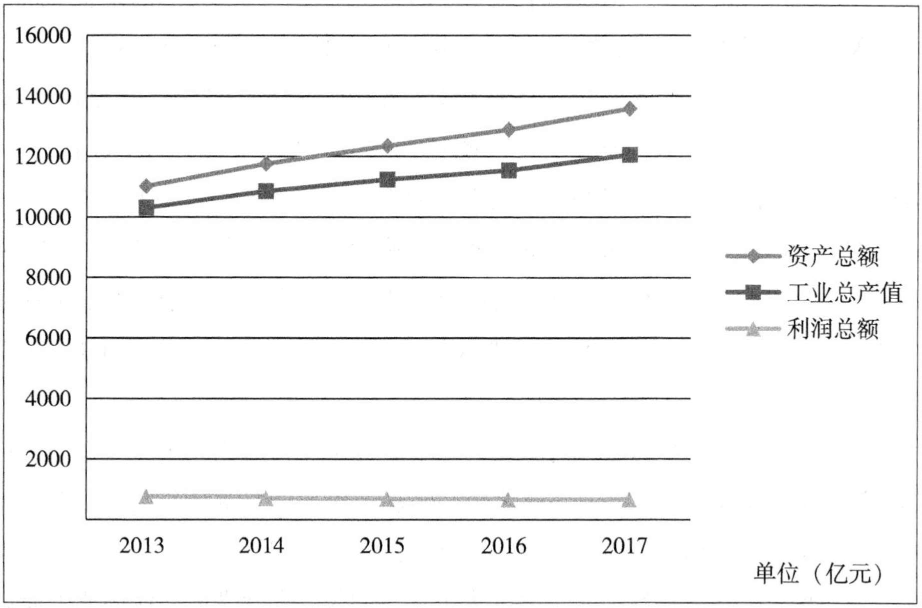

图 1　2013—2017 年印刷业资产总额、工业总产值和利润总额变化情况

2013—2017 年，我国印刷业从业人员数量逐年走低。2017 年，我国印刷业从业人员数量降至 281. 74 万人，近年来首次跌破 300 万人的整数关口，同比减少 8. 84%；与 2013 年相比下降 59. 72 万人，降幅为 17. 49%；与有统计以来的峰值 2008 年的 404. 86 万人相比，降幅更是达到 30. 41%。2017 年，我国印刷企业的平均用工数量约为 28 人，比 2013 年的 32 人下降了 4 人。

从整体上看，2013—2017 年我国印刷业工业总产值保持低速但持续的上行态势。与此同时，印刷企业数量和从业人员数量却逐年递减。这表明，印刷企

业的平均规模和全员劳动生产率处于逐年有所提升的状态。2017 年，我国印刷企业的平均产值规模为 1217.29 万元，比 2013 年提高 243.41 万元，增幅达到 24.99%；印刷业从业人员人均产值为 42.80 万元，比 2013 年提高 12.60 万元，增幅达到 41.72%。

印刷企业数量与工业总产值反向变动持续减少，印刷企业平均规模稳步提升，是印刷业产业集中度提升的重要表现。这意味着，困扰行业多年的集约化程度不高，格局散乱的局面正在逐步得到改善。而印刷业从业人员数量的减少和全员劳动生产率的提升，则是在人工成本不断上涨的情况下，印刷企业主动求变，不断加大技术改造和设备更新力度，逐步以自动、智能、连线的生产设备，减少和替代初级手工劳动的成果。尤其是，2017 年印刷业从业人员的平均产值增幅达到 14.59%，创五年间高点，是当年利润总额能够实现微弱复苏的一个重要原因。

伴随着企业数量的快速下降，我国印刷企业的平均盈利能力在经过多年下滑之后，于 2017 年出现反弹。2013—2017 年，我国印刷企业平均利润的高点出现在 2013 年，为 72.93 万元。经过连续三年下滑，2016 年降至区间低点，为 66.58 万元；2017 年，小幅反弹 2.58% 达到 68.30 万元，与 2013 年相比，仍然低了 6.78%。

表 2　2013—2017 年印刷企业平均产值和行业人均产值

年份	工业总产值（亿元）	印刷企业数量（家）	企业平均产值（万元）	企业平均产值增长率	行业从业人数（万人）	行业人均产值（万元）	行业人均产值增长率
2013	10312.45	105890	973.88	—	341.46	30.20	—
2014	10857.51	104981	1034.24	6.20%	339.41	31.99	5.92%
2015	11246.24	103467	1086.94	5.10%	317.60	35.41	10.69%
2016	11544.75	101420	1138.31	4.73%	309.07	37.35	5.49%
2017	12057.74	99054	1217.29	6.94%	281.74	42.80	14.59%

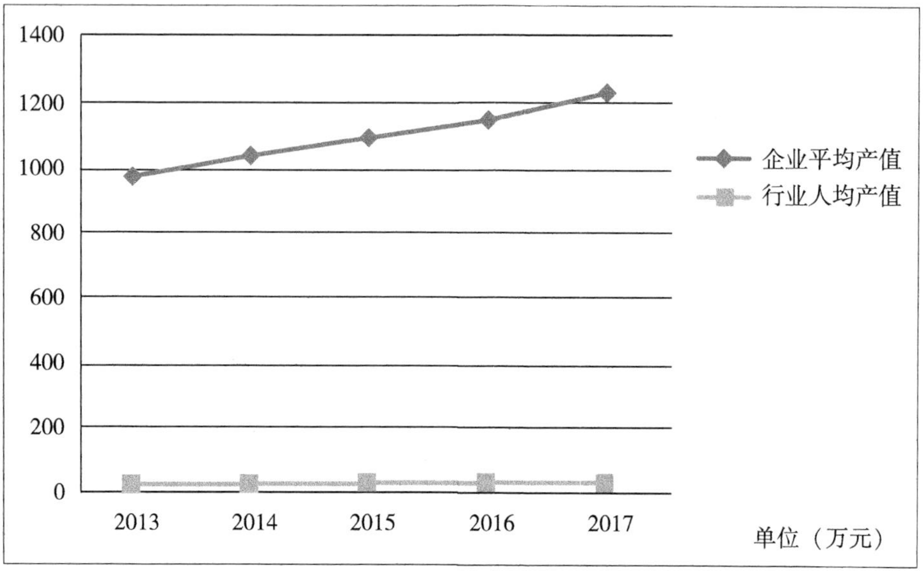

图 2　2013—2017 年印刷企业平均产值和行业人均产值

从业人员数量减少，全员劳动生产率走高，带动了印刷业人均创利能力的提升。2017 年，我国 280 多万印刷业从业人员人均创造利润 2. 40 万元，同比增长 10. 09%；与 2013 相比，提高了 6. 19%；与 2014 年的区间低点相比，提高了 14. 29%。

尽管印刷业利润总额在 2017 年出现弱势反弹，行业从业人员人均创利能力创五年间高点，我国印刷业增产不增收，平均利润率下滑的局面却仍在继续，印刷企业面临的盈利压力并没有得到明显缓解。(见表 3、图 3)

表 3　2013—2017 年印刷企业平均利润和行业人均利润

年份	利润总额	印刷企业数量(家)	企业平均利润(万元)	企业平均利润增长率	行业从业人数(万人)	行业人均利润(万元)	行业人均利润增长率
2013	772. 20	105890	72. 93	—	341. 46	2. 26	—
2014	714. 17	104981	68. 03	-6. 71%	339. 41	2. 10	-6. 96%
2015	698. 60	103467	67. 52	-0. 75%	317. 60	2. 20	4. 54%
2016	675. 27	101420	66. 58	-1. 39%	309. 07	2. 18	-0. 67%
2017	676. 58	99054	68. 30	2. 58%	281. 74	2. 40	10. 09%

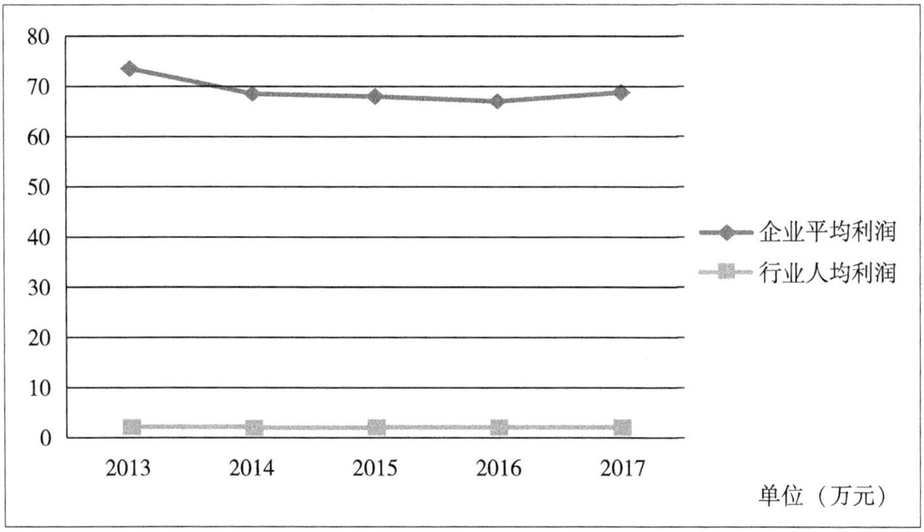

图 3　2013—2017 年印刷企业平均利润和行业人均利润变化情况

外资印刷企业是我国印刷业的重要组成部分，在行业技术进步和对外加工贸易中扮演着重要的角色。近年来，随着我国经济发展阶段的变化，以及人工、土地等经营成本的上升和本土企业的崛起，外资企业的技术和管理优势趋于弱化，部分企业出于各种原因调整在中国市场的发展策略。这带来的一个直接结果是，2017 年，印刷业外商投资总额和外商注册资金额双双大幅下滑，同比分别减少 18.98%、17.59%，降至 402.50 亿美元、267.00 亿美元。与 2013 年相比，印刷业外商投资总额增长 7.77%，较同期印刷业资产总额增速低了 15.53 个百分点，收缩态势明显。

贸易保护主义抬头和逆全球化风潮给印刷业对外加工贸易带来了一定影响。2017 年我国印刷业对外加工贸易额为 841.80 亿元，较上年减少 32.48 亿元，降幅达到 3.72%。2013—2017 年，印刷业对外加工贸易额弱势波动，增长动力不足。在当前日趋复杂的国际经济环境中，如何继续保持我国印刷业在国际市场上的竞争力，需要业界进行深入的思考与研究。（见表 4、图 4）

表4　2013—2017 年印刷业外商投资总额、外商注册资金额、对外加工贸易额

年份	外商投资总额(亿美元)	外商投资总额增长率	外商注册资金额(亿美元)	外商注册资金额增长率	对外加工贸易额(亿元)	对外加工贸易额增长率
2013	373.49	—	259.42	-6.68%	841.48	—
2014	404.24	8.23%	256.62	-1.08%	866.17	2.93%
2015	473.18	17.05%	294.40	14.72%	865.18	-0.11%
2016	496.79	4.99%	324.00	10.05%	874.28	1.05%
2017	402.50	-18.98%	267.00	-17.59%	841.80	-3.72%

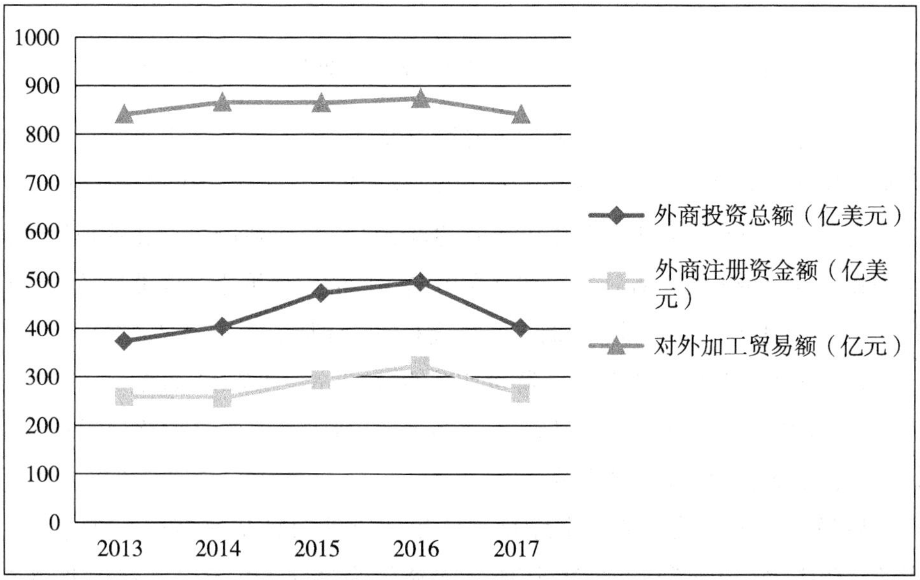

图4　2013—2017 年印刷业外商投资总额、外商注册资金额、对外加工贸易额变化情况

工业增加值是反映行业真实发展质量的一个重要指标。2017 年，我国印刷业实现工业增加值 2794.43 亿元，同比增长 8.18%，扭转了 2016 年的下滑局面，且高于同期印刷业工业总产值增速。这表明，印刷业创造财富的能力在提升。然而，由于比同期国内生产总值的名义增长率低了 3.05 个百分点，印刷业工业增加值在国内生产总值中的占比反而有所下滑，由 2016 年的 0.35% 降至 0.34%。

2013—2017 年，在不考虑通胀因素的情况下，印刷业工业增加值整体表现为上扬走势，尤其是 2014 年和 2017 年，同比增速都在 8% 以上，只有 2016 年出现了 0.36% 的微幅下滑，2017 年与 2013 年相比，增长了 21.06%。由于同期我国国内生产总值的名义增长率达到 38.96%，比印刷业工业增加值增速高出 17.90 个百分点，印刷业工业增加值在国内生产总值中的占比，由 2013 年的 0.39% 降至 2017 年的 0.35%，下滑明显。这表明，在我国经济步入新常态，各行各业均在加速转型的大背景下，印刷业的表现未能达到国民经济的平均水平，全行业创造财富的能力相对有所下滑。（见表 5）

表 5　2013—2017 年印刷业工业增加值在国内生产总值中的占比

年份	国内生产总值（亿元）	国内生产总值名义增长率	印刷业工业增加值（亿元）	印刷业工业增加值名义增长率	印刷业工业增加值在国内生产总值中的占比
2013	595244.4	—	2308.36	—	0.39%
2014	643974.0	8.19%	2499.45	8.28%	0.39%
2015	689052.1	7.00%	2592.39	3.72%	0.38%
2016	744127.0	7.99%	2583.06	-0.36%	0.35%
2017	827122.0	11.15%	2794.43	8.18%	0.34%

2013—2017 年，是我国印刷业调整、蓄势、新旧动能加速转换的五年。在此期间，全球经济发展的不确定性增加，我国国民经济换挡减速，迎来发展新常态，在由高速增长转向中高速增长的过程中，持续推进供给侧结构性改革，坚持去产能、去库存、去杠杆、降成本、补短板，优化经济结构，加快发展方式转变，努力推动传统制造业通过创新发展迈向全球价值链中高端。

在国民经济转型升级，由高速发展向高质量发展转向的过程中，我国印刷业发展遇到了一定的困难和挑战。在全行业资产总额稳定提升的同时，产业规模增速下滑，全行业利润总额增长乏力，平均利润率逐年下滑。尤其是，不断提升的环保治理要求和意外大幅上涨的纸价，给印刷企业带来了较大的经营压力，部分可持续发展能力较弱的中小企业被淘汰出局。

面对行业调整带来的阵痛，广大印刷企业积极作为，一方面通过引进先进设备，加大技改力度，提高企业生产效率，应对成本上涨和利润率下滑的挑战；另一方面积极实施绿色发展策略，通过技术、产品和商业模式创新，培育发展新动能。在这五年间，印刷业产业集中度稳步提升，行业企业平均产值规模和全员劳动生产率逐年递增，体现出了良好的发展韧性。尤其是 2017 年，各项主要经济指标触底回升迹象明显，表明我国印刷业调整蓄势的结果已经显现，发展新动能正在得到释放。

二、我国印刷业区域发展的特点

我国地域辽阔，由于历史、资源禀赋不同，各地区经济发展水平存在一定差距。作为为新闻出版和国民经济提供配套生产的服务性行业，我国印刷业由此也形成了渐次推进、各具特色、协同发展的带状区域布局。其中，以广东为主体的珠三角地区毗邻港澳，在改革开放之后率先崛起，拥有一大批技术先进、管理到位的大型龙头印刷企业，在国内外市场中均具有很高的市场竞争力；以上海为中心，辐射江浙两大经济强省的长三角地区，是我国重要的制造业基地，拥有印刷业发展的良好土壤，吸引了当纳利、利乐包装、艾利、康美包、安姆科等一大批知名外资企业，同时在温州、宁波等民营经济发轫较早的城市，形成了国内领先的印刷业产业集群，整体产业规模在国内居于领先位置；以北京为中心，涵盖天津、河北、山东、辽宁的环渤海地区，出版物印刷实力相对较强，但受环保治理压力影响，产业格局正处于调整过程中；涵盖山西、安徽、江西、河南、湖南、湖北六个省份的中部地区，伴随着制造业由东部向中西部的转移，印刷业后发优势明显，产业规模稳步提升。

珠三角、长三角、环渤海和中部地区构成了我国印刷业的四大产业带。2013—2017 年，四大产业带印刷业工业总产值在整体上均保持了上行态势，但增速存在差异，这导致四大产业带在全国印刷业工业总产值中的占比持续波动。尤其是环渤海地区，2017 年印刷业工业总产值意外出现负增长，在行业总量中的占比有所下滑。

数据显示，2017 年，珠三角、长三角、环渤海和中部地区印刷业工业总产值分别为 2345. 62 亿元、3671. 72 亿元、2206. 34 亿元、1894. 60 亿元，与 2016

年相比，分别增长了 11.26%、5.55%、-4.58%、4.93%。其中，珠三角、长三角、中部地区增速均在行业整体增速的 4.44% 以上，尤其是珠三角地区领先优势明显。而环渤海地区工业总产值同比减少 105.91 亿元，拉低了全国印刷业的整体增速。

与 2013 年相比，珠三角、长三角、环渤海和中部地区印刷业工业总产值分别增长了 29.88%、16.32%、4.71%、18.27%。其中，具有先发优势的珠三角地区，增速继续保持领先，在全国印刷业工业总产值中的占比由 2013 年的 17.51% 提升到 2017 年的 19.45%；中部地区增速居次，在全国印刷业工业总产值中的占比由 2013 年的 15.53% 提升到 2017 年的 15.71%；长三角地区略低于中部地区，在全国印刷业工业总产值中的占比由 2013 年的 30.61% 微降至 2017 年的 30.45%；环渤海地区差距明显，在全国印刷业工业总产值中的占比由 2013 年的 20.43% 降至 2017 年的 18.30%，减少了 2.13 个百分点。

从 2013—2017 年的区间变化情况来看，珠三角印刷业发展最为稳健，在全国印刷业工业总产值中的占比稳步提升，且提升的幅度逐年放大；长三角地区产值总量保持递增，但增速一直徘徊在行业平均水平上下，这导致其在全国印刷业工业总产值中的占比小幅波动，整体向下；环渤海地区印刷业发展压力较大，在这五年间除了 2015 年在全国印刷业工业总产值中的占比有所提升之外，其余年份均呈下滑走势，2017 年跌幅尤为明显；中部地区在全国印刷业工业总产值中占比的高点出现在 2014 年，为 16.39%，随后经历了连续两年的下滑，2017 年出现反弹达到 15.71%，为区间第二高点。

2013—2017 年，四大产业带印刷业工业总产值增速快慢有别，这导致各地区产业总量在全国印刷业中的排序稳中有变。其中，长三角地区连续五年位居第一；珠三角地区于 2017 年超越环渤海地区，跃居第二；环渤海地区连续四年位居次席之后，跌落至第三；中部地区连续五年位居第四。值得注意的是，四大产业带之外的其他地区，印刷业发展基本稳定，在全国印刷业工业总产值中的占比由 2013 年的 15.91% 提升至 2017 年的 16.08%，略高于中部地区。（见表 6、图 5）

表6 2013—2017年珠三角、长三角、环渤海和中部地区印刷业工业总产值在全国总量中的占比

区域	2013年		2014年		2015年		2016年		2017年	
	印刷工业总产值(亿元)	在全国印刷工业总产值中的占比	印刷工业总产值(亿元)	在全国印刷工业总产值中的占比	印刷工业总产值(亿元)	在全国印刷工业总产值中的占比	印刷工业总产值(亿元)	在全国印刷工业总产值中的占比	印刷工业总产值(亿元)	在全国印刷工业总产值中的占比
珠三角	1805.98	17.51%	1904.10	17.54%	2001.11	17.79%	2108.21	18.26%	2345.62	19.45%
长三角	3156.51	30.61%	3279.06	30.20%	3397.27	30.21%	3478.73	30.13%	3671.72	30.45%
环渤海	2107.07	20.43%	2180.39	20.08%	2282.64	20.30%	2312.25	20.03%	2206.34	18.30%
中部地区	1601.96	15.53%	1779.78	16.39%	1764.89	15.69%	1805.62	15.64%	1894.60	15.71%
其他地区	1640.93	15.91%	1712.93	15.78%	1800.33	16.01%	1839.92	15.94%	1939.46	16.08%

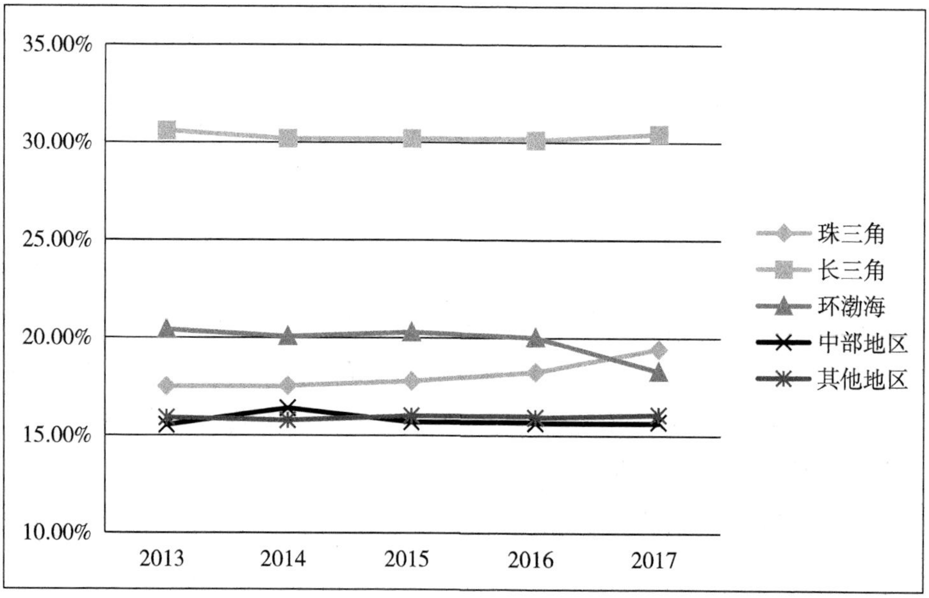

图5 2013—2017年珠三角、长三角、环渤海和中部地区印刷业工业总产值在全国总量中的占比变化

四大产业带是区域性概念。其中，除珠三角以广东一省为主体外，其他三个产业带均涵盖了多个省份。为了更好地了解省域印刷业的实力对比，下面来分析我国印刷业十强省份的情况。

以印刷业工业总产值作为排序指标，2013—2017 年，我国只有 11 个省份进入过历年全国十强行列，这表明各省份印刷业的发展水平相对稳定。其中，有 9 个省份出自四大产业带，分别是：来自珠三角的广东省；来自长三角的江苏省、浙江省、上海市；来自环渤海的山东省、河北省；来自中部地区的江西省、湖南省、湖北省。出自四大产业带之外的，只有福建、四川两个省份。（见表 7）

表 7　2013—2017 年我国印刷业十强省份

排名	2013 年		2014 年		2015 年		2016 年		2017 年	
	省份	印刷业工业总产值（亿元）	省份	印刷业工业总产值（亿元）	省份	印刷业工业总产值（亿元）	省份	印刷业工业总产值（亿元）	省份	印刷业工业总产值（亿元）
1	广东	1805. 98	广东	1904. 10	广东	2001. 11	广东	2108. 21	广东	2345. 62
2	江苏	1175. 02	江苏	1254. 29	江苏	1301. 59	江苏	1347. 71	江苏	1461. 46
3	浙江	1164. 88	浙江	1195. 52	浙江	1246. 75	浙江	1319. 45	浙江	1393. 47
4	上海	816. 61	上海	829. 25	上海	848. 93	上海	811. 57	山东	860. 39
5	山东	753. 31	山东	758. 70	山东	789. 80	山东	803. 71	上海	816. 79
6	河北	627. 40	河北	702. 69	河北	735. 72	河北	743. 85	河北	665. 32
7	福建	472. 36	福建	544. 84	福建	539. 77	福建	567. 24	福建	608. 08
8	四川	370. 96	四川	402. 41	江西	409. 37	湖北	427. 01	湖北	446. 71
9	湖南	339. 37	江西	398. 93	四川	406. 51	江西	413. 21	四川	423. 57
10	江西	338. 06	湖南	367. 29	湖北	403. 76	四川	412. 52	江西	407. 28
合计	—	7863. 95	—	8358. 01	—	8683. 32	—	8954. 48	—	9428. 70
在全国印刷业工业总产值中的占比	—	76. 26%	—	76. 98%	—	77. 21%	—	77. 56%	—	78. 20%

从十强省份的排名看，我国印刷业的省域格局十分稳定。其中，广东省在改革开放后迅速确立了在全国印刷业的领先优势，持续领跑二三十年。2008 年国际金融危机爆发后，广东印刷业受到一定冲击，但经过快速调整已经重回良性发展轨道，且增速明显高于行业平均水平，领先优势进一步扩大，是近年来印刷业工业总产值保持向上增长的主要动力源。2017 年，广东印刷业工业总产值比上年增长 237.41 亿元，在全国增量中的占比高达 46.28%。

江苏是仅次于广东的第二经济大省，在苏锡常地区聚集了一批规模领先的大型制造企业，进而带动了当地印刷业的繁荣发展。浙江省温州市是改革开放后我国民营印刷企业的发源地之一，杭州、宁波、台州等地的印刷业也十分发达。2013—2017 年，江浙两省分别连续五年占据十强省份的第二位和第三位。在此期间，上海市、山东省，分别连续四年占据十强省份第四、第五位。2017 年，受环保治理、企业外迁等因素影响，上海市印刷业增速放缓，被山东省超越，滑落至十强身份的第五位。河北省、福建省则稳定占据第六、第七位。

2013—2017 年，印刷业十强省份的后三位一共出现过四个省份：湖北省、四川省、江西省、湖南省。与前七强省份相对稳定的排序相比，这四个省份轮番占据第八到第十位，且位次常有升降变化，这表明各省份之间印刷业规模差距不大，均有向上提升的空间。

2013—2017 年，十强省份印刷业工业总产值稳步增长，由 7863.95 亿元提升至 9428.70 亿元，增长率达到 19.90%，高于同期全国印刷业工业总产值 16.92% 的增速 2.98 个百分点。这意味着，十强省份在全国印刷业中的相对竞争优势进一步突显，印刷业工业总产值在全国总量的占比稳中向上，2017 年比 2013 年提高 1.94 个百分点。在此期间，十强省份的上榜门槛由 2013 年的 338.06 亿元，提升至 2017 年的 407.28 亿元，增幅达到 20.48%。其中，除 2017 年上榜门槛出现小幅下降之外，其余年份均有所提高。

三、我国印刷业产业结构的变化

印刷业是新闻出版业和国民经济的重要组成部分，具有服务型制造业和生产性服务业的典型特征。印刷企业自身大多没有自主品牌的产品，而是为各行各业提供出版物、包装装潢印刷品及其他印刷品的生产服务。按照提供产品与服务的不同，我国现行印刷业监管体系将印刷经营活动分为出版物印刷、包装装潢印刷品印刷、其他印刷品印刷，以及排版、制版、装订等专项业务。

无论从企业数量和产值规模来看，包装装潢印刷品印刷都是我国印刷业的主力军。2017 年，全国 50187 家包装装潢印刷品印刷企业共实现工业总产值 9279.19 亿元，在行业总量中的占比分别达到 50.66%、76.96%。出版物印刷企业数量不多，但实现工业总产值 1785.66 亿元，在行业总量中的占比为 14.80%，仅次于包装装潢印刷品。其他印刷品印刷企业数量高达近 4 万家，但规模普遍较小，合计实现工业总产值 853.07 亿元，在行业总量中的占比仅有 7.07%。本部分内容根据国家新闻出版署相关统计数据，以出版物印刷、包装装潢印刷品印刷和其他印刷品印刷为主体，深入分析、解读我国印刷业产业结构的变化。

（一）出版物印刷的发展态势

出版物印刷为图书、期刊、报纸出版提供生产服务，是新闻出版产业链不可或缺的一环，在社会主义文化建设和教育事业发展中发挥着重要作用。出版物印刷的发展态势，受到图书、期刊、报纸等纸质出版物市场变动的直接影响。

自 2013 年以来，基于 4G 网络的智能终端和移动互联网在我国快速走向普及，以 APP、微信公众号为代表的新型媒体形态快速崛起，在线教育、知识付费等新兴信息获取方式日渐流行。图书、期刊、报纸等纸质出版物由于在作业模式、传播速度、覆盖范围及生产成本方面存在的不足，在与新型媒体形态和信息获取方式的竞争中劣势明显，面临着读者分流、收入下滑、人才流失，可持续发展能力减弱等一系列问题。其中，报纸受到的冲击最大，期刊次之，图书受到的影响相对较小。

根据国家新闻出版署历年发布的《全国新闻出版业基本情况》，2013—2017 年，我国图书、期刊、报纸出版市场压力较大，整体呈现下滑走势。其中，与出版物印刷关系最为密切的两个指标：总印张数和折合用纸量持续走低，且尚无企稳迹象。2017 年，我国图书、期刊、报纸出版的总印张为

2020.94 亿印张，折合用纸量为 479.86 万吨，与 2016 年相比下滑，降低 5.67%；与 2013 年相比下滑超三成，降幅达到 30.98%（用纸量数据系根据总印张数折算而来，因此两项指标的增长率保持一致）。在这五年间，我国图书、期刊、报纸出版总量减少了 984.18 亿印张。对出版物印刷市场而言，这意味着市场需求的快速萎缩，给相关企业带来的冲击是显而易见的。（见表 8、图 6）

表 8　2013—2017 年我国图书、期刊、报纸总印张和折合用纸量

年份	总印张数（亿印张）	折合用纸量（万吨）	总印张、总用纸量增长率
2013	3005.12	695.24	—
2014	2810.13	650.13	-6.49%
2015	2467.03	570.75	-12.21%
2016	2196.43	508.73	-10.83%
2017	2020.94	479.86	-5.67%

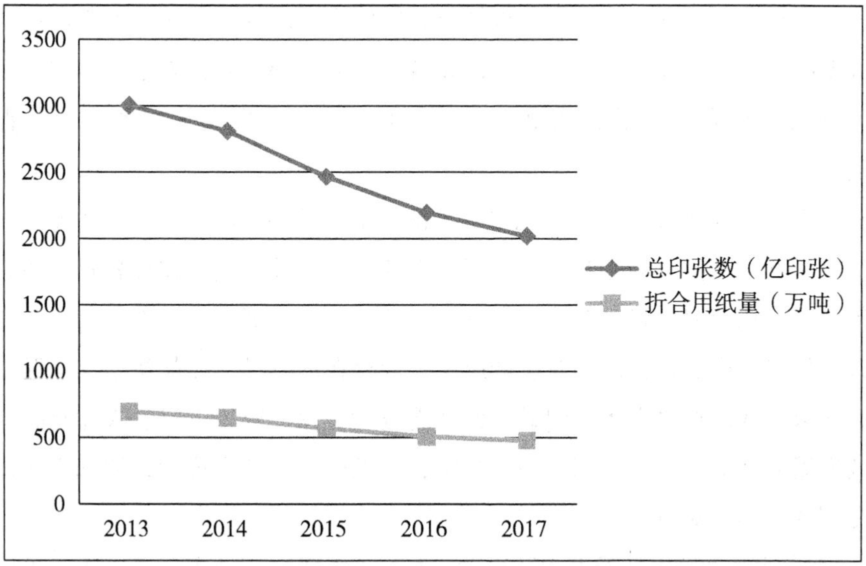

图 6　2013—2017 年我国图书、期刊、报纸总印张和折合用纸量变化情况

在总印张、折合用纸量指标持续、快速下滑的同时，由于产品特点不同，图书、期刊、报纸三类出版物的市场走势有所不同。其中，以新闻资讯和短篇阅读为特点的期刊、报纸，受移动互联网即时性、碎片化阅读的冲击较大，表现出持续下滑，而以深度阅读与学习为主要功能的图书，经受住了考验，整体上仍然保持了低速向上增长。

从总印张数指标来看，报纸出版在三类出版物中占比依然最大，但经过连年下滑，与图书出版之间的差距显著缩小；期刊出版总量有限，占比最小。2017 年，我国报纸、图书、期刊出版的总印张数分别为 1076. 24、808. 04、136. 66 亿印张，在总印张数中的占比依次为 53. 25%、39. 98%、6. 76%。与 2016 年相比，报纸出版总印张数的占比下降了 4. 45 个百分点，图书出版的占比提升了 4. 59 个百分点，期刊出版的占比下降了 0. 16 个百分点。与 2013 年相比，报纸出版总印张数的占比下降了 16. 56 个百分点，图书出版的占比提升了 16. 27 个百分点，期刊出版的占比提升了 0. 28 个百分点。（见图 7）

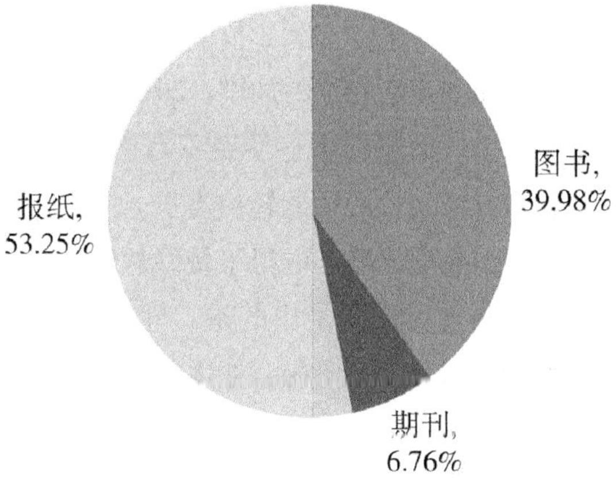

图 7　2017 年图书、期刊、报纸总印张在出版物总印张中的占比情况

在三类出版物中，原本以时效性见长的报纸，在新型媒体形态的猛烈冲击下，遭遇较为严重的生存危机。尤其是市场化程度相对较高的都市报，普遍面临读者流失、广告下滑的双重考验，部分报纸在转型无果之后，选择缩减版面，甚至停刊、休刊。相对而言，党报的处境要好很多，但仍无法改变报纸出版总量下滑的局面。2017 年，我国报纸出版的总印数为 362. 50 亿份，总印张为 1076. 24 亿印张，与 2016 年相比分别下滑 7. 07%、15. 07%；与 2013 年相比分别下滑 24. 86%、48. 70%。总印张的下滑速度近乎总印数的两倍，说明很多报纸的版面数在大幅缩减。

期刊出版的走势与报纸十分接近。2017年，我国期刊出版的总印数为24.82亿册，总印张为136.66亿印张，与2016年相比分别下降7.60%、10.06%；与2013年相比分别下降23.84%、29.81%。期刊出版总印数、总印张两项指标下滑速度的差距不大，说明期刊出版版面缩减的幅度没有报纸那么严重。2013—2017年，报纸、期刊出版的总印数、总印张数均表现为连年下滑，没有例外。

相对而言，图书出版的表现要好很多。2013—2017年，除2014年总印数、总印张数出现下滑之外，其余年份均表现为正增长。2017年，我国图书出版的总印数为92.44亿册（张），总印张为808.04亿印张，与2016年相比分别增长了2.29%、3.97%；与2013年相比分别增长了11.24%、13.40%。增速不是很快，但已经十分难得。（见表9、图8）

对出版物印刷市场而言，图书、期刊、报纸出版总印数、总印张的持续下行，意味着市场需求的萎缩和市场竞争的加剧。2013—2017年，受下游行业变动影响，我国出版物印刷企业面临的生存发展压力比其他类型印刷企业更大，普遍拥有更为强烈的转型升级、发展动能转换需求。其中，部分企业通过向价值链高端转移或实施产品多元化战略，取得了较好的转型效果。也有一些企业由于经营困难，被市场所淘汰。需要指出的是，自2015年以来，北京及周边省市大力度开展环保整治，部分中小印刷企业主动或被动关停，对出版物印刷的市场供需关系产生较大影响。

表9　2013—2017年图书、期刊、报纸的总印数和总印张

年份	图书		期刊		报纸	
	总印数（亿册、张）	总印张（亿印张）	总印数（亿册）	总印张（亿印张）	总印数（亿份）	总印张（亿印张）
2013	83.10	712.58	32.72	194.70	482.41	2097.84
2014	81.85	704.25	30.95	183.58	463.90	1922.30
2015	86.62	743.19	28.78	167.78	430.09	1554.93
2016	90.37	777.21	26.97	151.95	390.07	1267.27
2017	92.44	808.04	24.92	136.66	362.50	1076.24

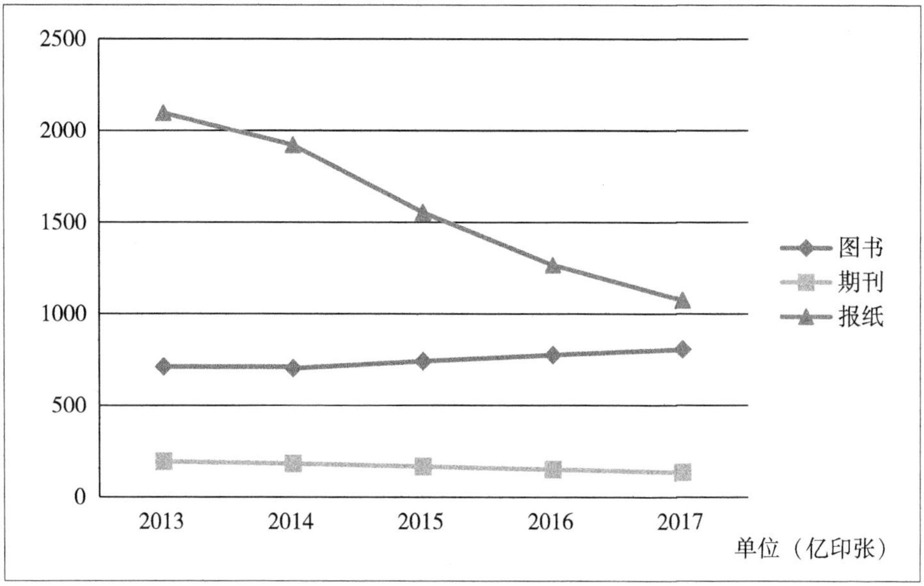

图 8　2013—2017 年图书、期刊、报纸总印张变化情况

2013—2017 年，我国出版物印刷市场克服图书、期刊、报纸出版总量下滑的压力，主要关键指标基本维持了上行走势。据统计，2017 年，我国共有出版物印刷企业 7177 家，同比减少 0.66%，比 2013 年微增 0.62%；实现出版物印刷产值 1785.66 亿元、增加值 482.05 亿元，同比分别增长 3.55%、2.42%，比 2013 年提高 12.02%、16.91%。

在此期间，出版物印刷产值的累计增幅比印刷业工业总产值的增幅 16.92% 低了 4.90 个百分点；出版物印刷工业增加值的累计增幅比印刷业工业增加值的增幅 21.06% 低了 4.15 个百分点。这导致出版物印刷产值、工业增加值在行业总量中的占比都有所下降，分别由 2013 年的 15.46%、17.86% 降至 2017 年的 14.81%、17.25%，各减少 0.65 个百分点、0.61 个百分点。

2013—2017 年，出版物印刷企业数量在 2016 年前保持小幅稳步增长，在 2017 年出现 0.66% 的负增长，这在一定程度上与北京及周边地区出版物印刷市场的调整与整合有关。书刊印刷产值整体向上，且同比增速在 2017 年出现反弹，达到 3.55%，扭转了 2016 年负增长的态势，呈现出企稳迹象；书刊印刷工业增加值实现持续增长，但增速有所波动，2017 年同比增长 2.42%，比 2016 年的增速低了 3.39 个百分点。（见表 10、图 9、图 10）

出版物印刷市场的发展态势本质上取决于图书、期刊、报纸等纸质出版物出版市场的走向。2013—2017年，图书、期刊、报纸出版总印张数下滑超三成，出版物印刷的产值规模为什么仍能实现12.02%的正增长？潜在的原因可能有以下几点：一是图书出版总量的增长及彩色化、精装化趋势，在一定程度上抵消了报纸出版下滑的影响。报纸出版总量下滑幅度虽大，但由于印刷工艺相对简单，其对出版物印刷产值的影响要远低于总印张数下滑的幅度。二是纸张价格的大幅上涨推高了出版物印刷产值。自2016年10月开始，尤其是进入

表10　2013—2017年出版物印刷关键数据指标及增长情况

年份	企业数量（家）	企业数量增长率	产值（亿元）	产值增长率	增加值（亿元）	增加值增长率
2013	7133	—	1594.01	—	412.32	—
2014	7153	0.28%	1728.12	8.41%	443.05	7.45%
2015	7176	0.32%	1738.01	0.57%	444.81	0.40%
2016	7225	0.68%	1724.50	-0.78%	470.67	5.81%
2017	7177	-0.66%	1785.66	3.55%	482.05	2.42%

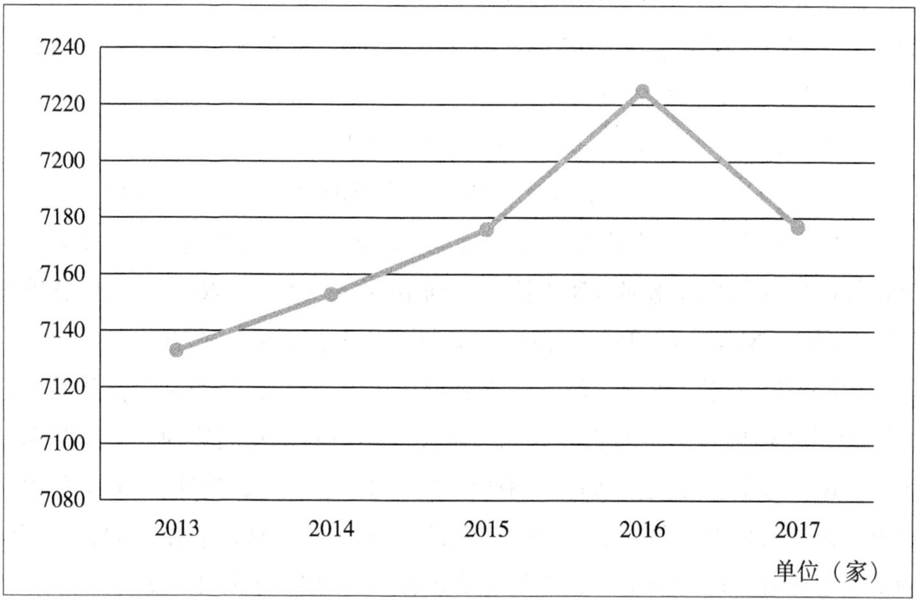

图9　2013—2017年出版物印刷企业数量变化情况

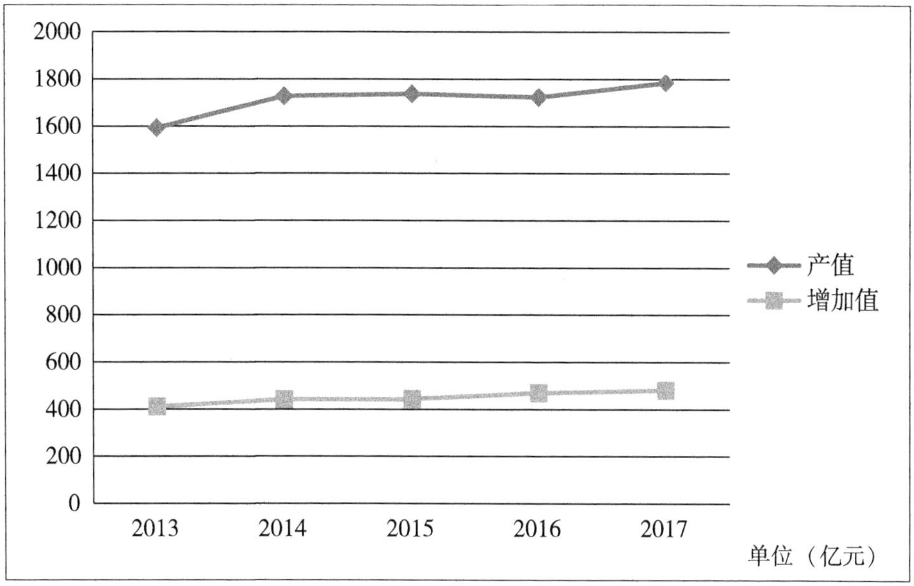

图 10　2013—2017 年出版物印刷产值、增加值变化情况

2017 年以后，出版物印刷常用的新闻纸、双胶纸、铜版纸价格大幅上涨，峰值同比涨幅达到百分之三四十，这会间接推动出版物印刷产值走高。三是出版物印刷工价出现恢复性上涨。近两年，在环保治理和疏解非首都核心功能的双重压力下，北京市印刷企业搬迁、关停的情况增加，在客观上起到了去产能的效果。由于产能供给出现区域性、阶段性短缺，出版物印刷工价出现小幅上调，这也有利于出版物印刷产值的增长。

在我国出版物印刷的区域格局中，珠三角、长三角、环渤海和中部地区四大产业带，同样拥有明显的领先优势。2017 年，全国出版物印刷产值超百亿的省份共有五个，均出自四大产业带。其中，印刷业整体规模全国领先的广东省，实现出版物印刷产值 306.33 亿元，同样位居各省域之首；来自长三角地区的浙江省，实现出版物印刷产值 178.39 亿元，位居第二；来自环渤海地区的山东省、北京市，分别实现出版物印刷产值 170.27 亿元、160.89 亿元，分别位居第三、第四位；来自中部地区的湖南省，实现出版物印刷产值 117.55 亿元，位居第五。值得注意的是，在产能明显减少的情况下，北京出版物印刷产值比 2016 年增长 18.44%，绝对值增加 25.05 亿元，成为出版物向上增长的主要动力源之一。

出版物印刷产值位居全国第六到第十位的省份分别是：来自环渤海的河北省，实现出版物印刷产值97.05亿元，位居第六；来自长三角的上海市和江苏省，分别实现出版物印刷产值92.49亿元、90.39亿元，位居第七和第八；来自中部地区的江西省，实现出版物印刷产值55.61亿元，位居第十。只有位居第九的福建省不属于四大产业带，实现出版物印刷产值88.06亿元。

2017年，十强省份共有出版物印刷企业3667家，实现出版物印刷产值1357.03亿元，工业增加值383.45亿元，分别占全国出版物印刷总量的51.09%、76.00%、79.55%。(见表11)

表11　2017年我国出版物印刷十强省份

排名	省份	企业数量（家）	印刷产值（亿元）	增加值（亿元）
1	广东	596	306.33	102.08
2	浙江	480	178.39	40.80
3	山东	535	170.27	20.88
4	北京	553	160.89	56.94
5	湖南	395	117.55	31.16
6	河北	299	97.05	21.57
7	上海	162	92.49	31.70
8	江苏	316	90.39	20.04
9	福建	193	88.06	37.28
10	江西	138	55.61	21.00
合计		3667	1357.03	383.45

在四大产业带出版物印刷的整体实力对比中，环渤海地区处于领先位置。2017年，环渤海地区共有出版物印刷企业1691家，占全国出版物印刷企业总量的23.56%，实现出版物印刷产值、工业增加值分别为467.83亿元、110.16亿元，各占全国总量的26.20%、22.85%，均位居四大产业带之首。这体现了环渤海核心城市北京和人口大省山东、河北，以及辽宁省和天津市，在新闻出版方面得天独厚的资源优势。其中，仅北京市就聚集全国约40%的出版社、20%的期刊社和10%的报社。

长三角地区拥有出版物印刷企业958家，占全国出版物印刷企业总量的

13.35%，低于中部地区。然而，2017 年其出版物印刷产值、工业增加值分别达到 361.27 亿元、92.53 亿元，在全国总量中的占比为 20.23%、19.20%，均超越中部地区，各居第二、第三位。这表明，作为经济重镇的长三角地区，在新闻出版方面同样具有较好的产业基础，出版物印刷企业平均规模相对较大。

中部地区拥有出版物印刷企业 1645 家，占全国出版物印刷企业总量的 22.92%，略低于环渤海地区，位居四大产业带次席。但由于企业平均规模较小，2017 年出版物印刷产值、工业增加值分别为 332.70 亿元、83.66 亿元，各占全国总量的 18.63%、17.36%，均落后于长三角地区，位居第三、第四位。中部地区出版物印刷企业平均规模相对较小，与区域内省份较多，新闻出版业发展水平不一，出版物印刷需求相对分散有关。

珠三角地区拥有的出版物印刷企业数量最少，为 596 家，在全国出版物印刷企业总量中的占比为 8.30%。2017 年实现出版物印刷产值 306.33 亿元，占全国总量的占比为 17.16%，在四大产业带排行最末。但其出版物印刷工业增加值达到 102.08 亿元，占全国总量的 21.18%，仅次于环渤海地区，位居第二。相对而言，只有广东省一省的珠三角地区图书、期刊、报纸出版量在全国排名并不靠前，其出版物印刷规模之所以能与其他三大产业基本保持均衡，主要得益于其强大的海外订单获取能力。同时，由于海外订单附加值相对加高，珠三角地区出版物印刷企业创造工业增加值的能力也就更强。（见表 12、图 11、图 12、图 13）

表 12　2017 年珠三角、长三角、环渤海和中部地区出版物印刷企业数量、产值、增加值

区域	企业数量（家）	印刷产值（亿元）	增加值（亿元）	增加值在印刷产值中占比
珠三角	596	306.33	102.08	33.32%
长三角	958	361.27	92.53	25.61%
环渤海	1691	467.83	110.16	23.55%
中部地区	1645	332.70	83.66	25.14%
其他地区	2287	317.52	93.61	29.48%

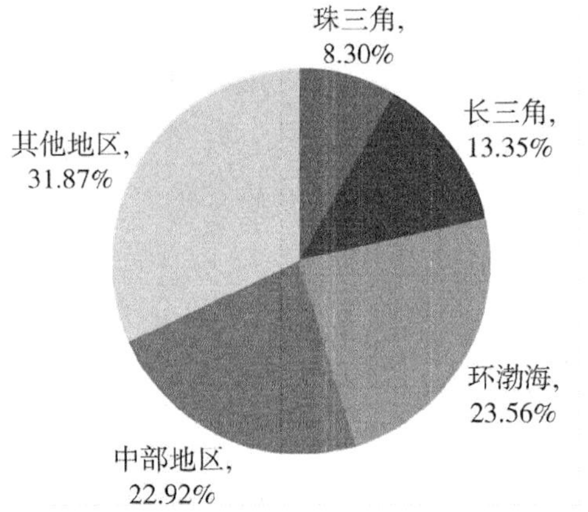

图 11　2017 年珠三角、长三角、环渤海和中部地区出版物印刷企业数量在全国总量中占比

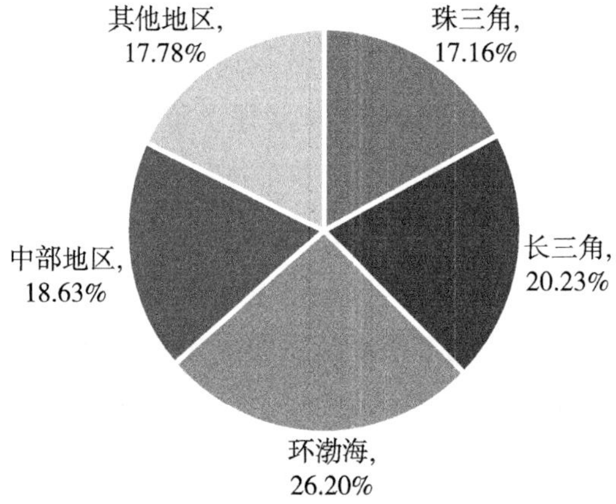

图 12　2017 年珠三角、长三角、环渤海和中部地区出版物印刷产值在全国总量中的占比

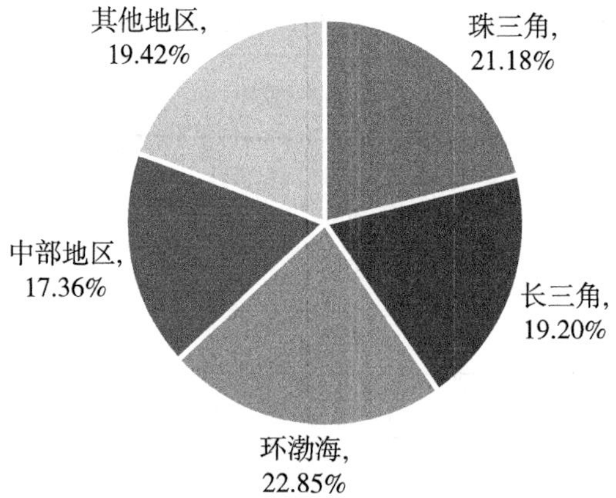

图 13　2017 年珠三角、长三角、环渤海和中部地区出版物印刷增加值在全国总量中的占比

（二）包装装潢印刷品印刷的发展态势

包装装潢印刷品印刷是我国印刷业的主力军。相对于出版物印刷，主要为商品生产和流通提供包装用品的包装装潢印刷品印刷，具有产品类型众多，印刷加工工艺复杂的特点，胶印、柔印、凹印、网印、数字印刷及各种成型、整饰工艺在包装装潢印刷品生产中都有应用。近年来，受益于食品饮料、烟酒糖茶、医药用品、化妆品、家用电器、消费电子产品、纺织服装等轻工制造业的发展和市场经济的繁荣，包装装潢印刷品印刷保持了较快增长，是同期印刷业工业总产值增量的主要“贡献者”。

2017 年，我国共拥有包装装潢印刷品印刷企业 50187 家，同比减少 2.31%。但受益于国民经济增速的回升等各种因素，包装装潢印刷品印刷产值同比增长 6.60%，达到 9279.19 亿元；工业增加值同比增长 6.37%，达到 2072.53 亿元，增速均为 2013 年以来最高。

2013—2017 年五年间，我国国民经济处于换挡减速周期，与包装装潢印刷品印刷关联度较高的部分行业，如烟草、酿酒、消费电子等行业均出现不同程度的调整。需求端的变化给包装装潢印刷品印刷市场的发展带来了一定压力，但主要经济指标仍保持了持续增长。

在此期间，我国包装装潢印刷品印刷企业数量略有下滑，由 2013 年的 50433 家降至 2017 年的 50187 家，减少 0.49%；包装装潢印刷品印刷产值稳步提升，由 2013 年的 7749.57 亿元增至 2017 年的 9279.19 亿元，增幅达到 19.74%，高出同期印刷业工业总产值 16.92% 的增长率 2.82 个百分点；包装装潢印刷品印刷工业增加值同样实现了连续正增长，由 2013 年的 1735.22 亿元增至 2017 年的 2072.53 亿元，增幅为 19.44%，但未能达到同期印刷业工业增加值 21.06% 的整体增速，低了 1.62 个百分点。

从三项关键数据指标看，包装装潢印刷品印刷企业数量的走势与整个印刷业基本一致，但下滑幅度略低。同时，印刷产值与工业增加值增速相对行业均值一高一低，说明包装装潢印刷品印刷创造财富的能力有所下滑。

尽管走势不一，包装装潢印刷品印刷三项指标在印刷业中的占比仍基本稳定，在印刷业三大产品门类中均稳居第一。其中，包装装潢印刷品印刷企业在全国印刷企业总量中的占比由 2013 年的 47.63% 提高到 2017 年的 50.67%，增加了 3.04 个百分点；包装装潢印刷品印刷产值在全国印刷业工业总产值中的占比由 75.15% 提高到 76.96%，增加了 1.81 个百分点；包装装潢印刷品印刷工业增加值在全国印刷业工业增加值中的占比由 75.17% 下降到 74.15%，减少了 1.02 个百分点。(见表 13、图 14、图 15)

表 13　2013—2017 年包装装潢印刷品印刷关键数据指标及增长情况

年份	企业数量（家）	企业数量增长率	产值（亿元）	产值增长率	增加值（亿元）	增加值增长率
2013	50433	—	7749.57	—	1735.22	—
2014	50871	0.87%	8068.42	4.11%	1835.44	5.78%
2015	51024	0.30%	8406.20	4.19%	1929.19	5.11%
2016	51375	0.69%	8704.37	3.55%	1948.38	0.99%
2017	50187	-2.31%	9279.19	6.60%	2072.53	6.37%

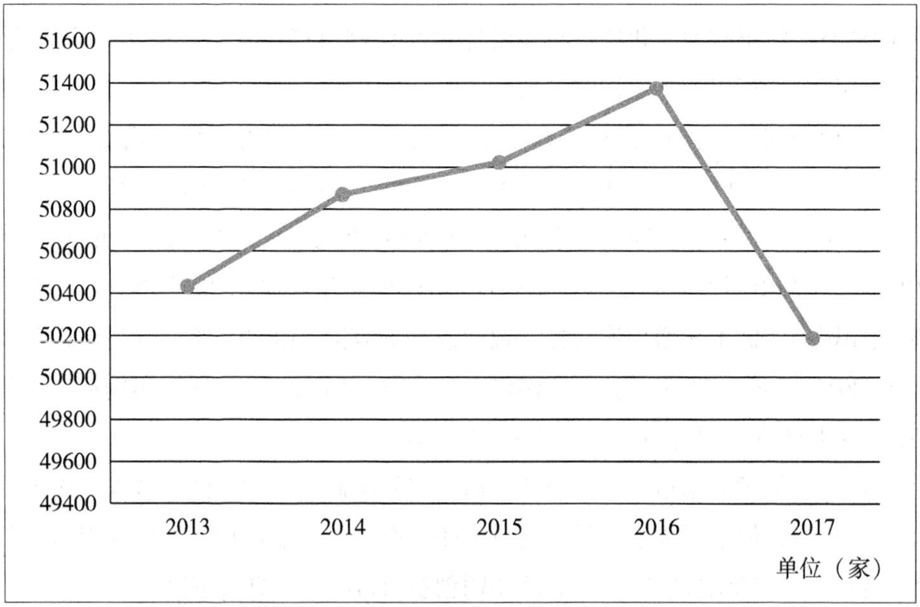

图 14　2013—2017 年包装装潢印刷品印刷企业数量变化情况

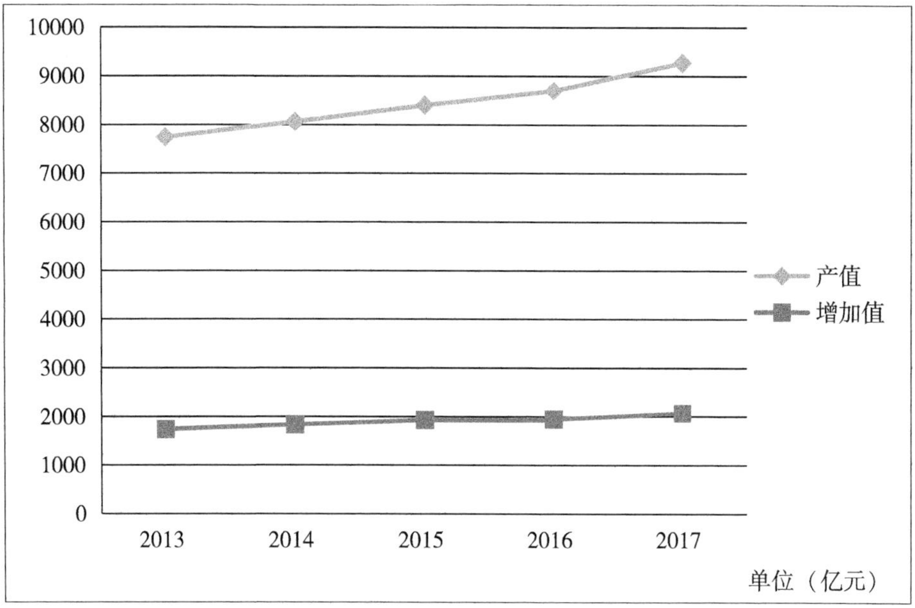

图 15　2013—2017 年包装装潢印刷品印刷企业产值、增加值变化情况

在包装装潢印刷品印刷十强省份中，珠三角、长三角、环渤海和中部地区四大产业带依然占据主导地位。2017 年，全国包装装潢印刷品印刷产值规模最大的十个省份有八个出自四大产业带。其中，来自珠三角的广东省不仅产业总量、出版物印刷产值稳居全国第一，在包装装潢印刷品印刷方面同样拥有高出一筹的实力。2017 年，广东省实现包装装潢印刷品印刷产值 1964.64 亿元，稳居全国各省市自治区之首，领先优势短期内难以撼动。来自长三角地区的江苏省、浙江省、上海市依托当地发达的制造业，包装装潢印刷品印刷实力位于第二梯队，分别实现产值 1302.20 亿元、1098.24 亿元、676.92 亿元，居第二位到第四位。四强之中的广东省、江苏省、浙江省包装装潢印刷品印刷产值，均超过 1000 亿元，遥遥领先国内其他地区，产业聚集效应明显。来自环渤海地区的山东省、河北省分别实现包装装潢印刷品印刷产值 645.85 亿元、492.02 亿元，位居第五和第六，与珠三角、长三角省份有一定差距，但在北方地区优势明显。来自中部地区的湖北省、安徽省，分别实现包装装潢印刷品印刷产值 326.65 亿元、309.26 亿元，排名第九位和第十位，在中西部省份中居于领先位置。十强之中来自四大产业带之外的两个省份分别是：福建省，实现包装装潢印刷品印刷产值 486.26 亿元，位居第七；四川省，实现包装装潢印刷品印刷产值 359.97 亿元，位居第八。2017 年十强省份排序与 2016 年完全相同，说明我国包装装潢印刷品印刷的省域实力对比相对稳定。

2017 年，十强省份共有包装装潢印刷品印刷企业 41465 家，实现包装装潢印刷品印刷产值 7662.00 亿元，工业增加值 1754.00 亿元，分别占全国总量的 82.62%、82.57%、84.63%。十强省份包装装潢印刷品印刷企业数量与印刷产值在全国总量中的占比基本相当，而工业增加值占比略高，说明这些省份包装装潢印刷品印刷企业的平均规模与其他省份相比并无优势，但创造财富的效率更高。与 2016 年相比，十强省份包装装潢印刷品印刷企业数量减少 2.73%，印刷产值增长 7.77%，工业增加值增长 6.88%，表现相当出色。（见表 14）

表 14　2017 年我国包装装潢印刷品印刷十强省份

排名	省份	企业数量（家）	印刷产值（亿元）	增加值（亿元）
1	广东	11407	1964.64	540.34
2	江苏	6258	1302.20	264.00
3	浙江	9790	1098.24	231.34
4	上海	2068	676.92	206.36
5	山东	4500	645.85	86.57
6	河北	2055	492.02	127.23
7	福建	1933	486.26	91.27
8	四川	1273	359.97	78.60
9	湖北	673	326.65	67.47
10	安徽	1508	309.26	60.82
合计		41465	7662.00	1754.00

十强省份的强势表现是四大产业带包装装潢印刷品印刷实力的一个缩影。

2017 年，珠三角、长三角、环渤海和中部地区四大产业带共拥有包装装潢印刷品印刷企业 43470 家，占全国总量的 86.62%，实现包装装潢印刷品印刷产值 7871.14 亿元，工业增加值 1786.18 亿元，分别占全国总量的 84.83%、86.18%。四大产业带共涵盖 16 个省份，约占全国省级行政区的一半，但包装装潢印刷品印刷占据了全国绝大部分份额，这体现了我国包装装潢印刷品印刷区域发展的不平衡性。

以产业带整体规模作为对比对象，以经济重镇上海市为核心，两大经济强省江苏省、浙江省为两翼的长三角地区，在包装装潢印刷品印刷方面实力最强，汇聚了全国超 1/3 的企业和约 1/3 的产能。2017 年，长三角地区拥有包装装潢印刷品印刷企业 18116 家，占全国总量的 36.10%，实现包装装潢印刷品印刷产值 3077.35 亿元，工业增加值 701.70 亿元，分别占全国总量的 33.16%、33.84%。只有广东一省的珠三角地区包装装潢印刷品实力同样相当不俗。2017 年，珠三角地区拥有包装装潢印刷品印刷企业 11407 家，占全国总量的 22.73%，实现包装装潢印刷品印刷产值 1964.64 亿元，工业增加值 540.34 亿元，分别占全国总量的 21.17%、26.06%，广东以一省之力在四大产业带的竞争中强势占据第二位。出版物印刷相对更具规模优势的环渤海地区拥有包装装潢印刷品印刷企业 9131 家，占全国总量的 18.19%，实现包装装潢印刷品印刷产值 1536.34 亿元，工业增加值 294.02 亿元，分别占全国总量的 16.56%、14.18%，在四大产业带中均位居第三位。中部地区拥有的包装装潢印刷品印刷企业数量略高于环渤海地区的一半，为 4816 家，占全国总量的 9.60%，2017 年实现包装装潢印刷品印刷产值 1292.81 亿元，工业增加值 250.12 亿元，分别占全国总量的 13.93%、12.06%，在四大产业带中均位居第四位。

从创造财富的能力来看，珠三角地区企业再次体现出明显的领先优势，工业增加值在印刷产值中的占比达到 27.50%；长三角地区企业次之，占比为 22.80%；中部地区、环渤海地区企业基本相当，分别为 19.35%、19.14%，与珠三角地区企业的差距均超过 8 个百分点。（见表 15、图 16、图 17、图 18）

表 15　2017 年珠三角、长三角、环渤海和中部地区包装装潢印刷品印刷企业数量、产值、增加值

区域	企业数量(家)	印刷产值(亿元)	增加值(亿元)	增加值在印刷产值中占比
珠三角	11407	1964. 64	540. 34	27. 50%
长三角	18116	3077. 35	701. 70	22. 80%
环渤海	9131	1536. 34	294. 02	19. 14%
中部地区	4816	1292. 81	250. 12	19. 35%
其他地区	6717	1408. 06	286. 34	20. 34%

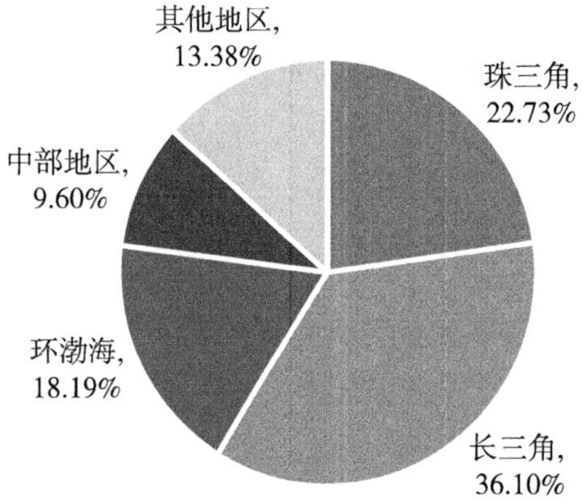

图 16　2017 年珠三角、长三角、环渤海和中部地区包装装潢印刷品印刷企业数量在全国总量中的占比

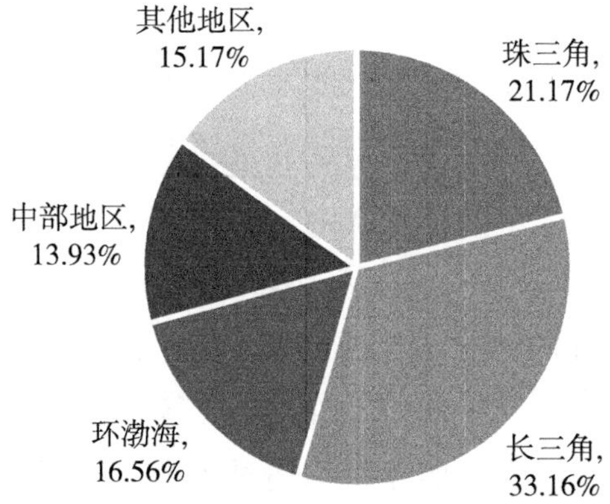

图 17　2017 年珠三角、长三角、环渤海和中部地区包装装潢印刷品印刷产值在全国总量中的占比

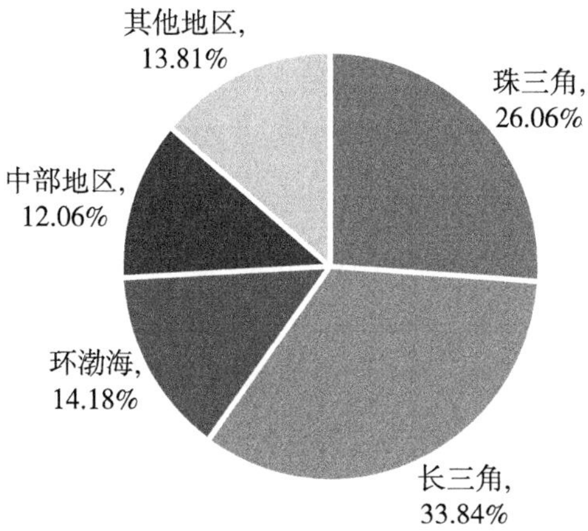

图 18　2017 年珠三角、长三角、环渤海和中部地区包装装潢印刷品印刷增加值在全国总量中的占比

近年来，随着出版物市场的调整和国民经济的发展，包装装潢印刷品印刷就产值规模而言已经成为我国印刷业的绝对主力，其市场表现直接影响和决定着我国印刷业的整体走势。尤其是，在出版物印刷、其他印刷品印刷受各种因素影响，增速放缓的情况下，包装装潢印刷品印刷已经被视为印刷业向上发展的主要推动力。2017 年，包装装潢印刷品印刷产值比 2016 年增长 574.82 亿元，占同期印刷业工业总产值增量的 112.05%。这表明，包装装潢印刷品印刷在行业发展中确实承担起了“火车头”的作用，是 2017 年印刷业工业总产值同比增速触底反弹的主要贡献者。

包装装潢印刷品印刷市场的良好表现，一方面得益于国民经济增速的回升，尤其是食品、烟草、医药、纺织、酿酒、家电、消费、电子等关联行业的企稳；另一方面也与包装印刷用纸价格的走高有关。自 2016 年 10 月开始，以瓦楞纸为代表的包装用纸价格持续走高，到 2017 年纸价保持高位波动，不同纸种同比涨幅高达百分之三四十。纸价上涨沿产业链向下传递，会间接推高包装装潢印刷品印刷企业的产值。同时，如果印刷工价无法实现同步上涨，就会拉低工业增加值在印刷产值中的占比。2017 年，包装装潢印刷品印刷正呈现出产值增速相对较高，而工业增加值增速相对较低的特点。

（三）其他印刷品印刷的发展态势

按照我国印刷业的行政监管体系，其他印刷品印刷是与出版物印刷、包装装潢印刷品印刷并列的三大行业门类之一。凡是出版物、包装装潢印刷品之外的各类印刷品印刷，均归为其他印刷品之列。与出版物印刷主要服务于新闻出版业，包装装潢印刷品印刷主要服务于商品销售与营销不同，其他印刷品印刷广泛服务于政府部门、企事业单位、社会组织、教育机构等各类社会主体，在保障社会、经济正常运转方面发挥着独特的作用。

相对于出版物印刷和包装装潢印刷品印刷，其他印刷品印刷具有产品种类繁多，需求相对分散的特点。从钞票、邮票、股票、金融票据等有价证券，到发票、门票及其他各种商业票据，再到名片、宣传单页、企业画册、标书、会展用品等商务印刷品，都是其他印刷品印刷的细分门类。由于需求分散，除了少数从事有价证券、票据防伪类产品的企业，其他印刷品印刷企业整体上呈现出分散广泛、规模不大的特点。

国家新闻出版署的统计显示，2017 年，我国共有其他印刷品印刷企业 39048 家，同比减少 2.99%，跌破 4 万家的整数关口；实现其他印刷品印刷产值 853.07 亿元，同比下滑 3.28%；实现其他印刷品印刷工业增加值 202.86 亿元，同比微增 0.57%。

2013—2017 年，我国其他印刷品印刷企业数量持续下滑，由期初的 45188 家降至期末的 39048 家，累计减少 6140 家，降幅为 13.59%。而同期我国印刷企业总量累计减少 6836 家，这表明其他印刷品市场加速整合，是我国印刷企业总量减少的主要原因。在企业数量持续减少的同时，其他印刷品印刷产值先抑后扬，2016 年之前保持向上增长，2017 年出现小幅下滑，由 2013 年的 791.79 亿元增至 2017 年的 853.07 亿元，累计增幅为 7.74%。其他印刷品印刷工业增加值连续四年保持正增长，但最近两年增速趋缓，同比增长率均未超过 2%，2017 年与 2013 年相比累计增长 15.62%，由 175.46 亿元增至 202.86 亿元，增幅比同期印刷业工业增加值 21.06% 的增长率低了 5.44 个百分点。

由于增速均未能达到行业整体水平，其他印刷品印刷主要经济指标在印刷业中的占比均有所下滑。其中，其他印刷品印刷企业在全国总量中的占比，由 2013 年的 42.67% 下降至 2017 年的 39.42%，下滑了 3.25 个百分点；其他印刷品印刷产值在全国印刷业工业总产值中的占比，由 2013 年的 7.68% 下降至 2017 年的 7.07%，下滑了 0.61 个百分点；其他印刷品印刷工业增加值在全国印刷业工业增加值中的占比，由 2013 年的 7.60% 下降到 2017 年的 7.26%，下滑了 0.34 个百分点。

其他印刷品印刷企业数量占印刷企业总量的近四成，实现的产值和增加值却只占行业总量的7%稍强，充分体现了其他印刷品印刷受需求分散影响，企业数量众多，但平均规模不大的特点。而2017年其他印刷品印刷企业数量和产值的双降走势，一方面体现了在线信息传播渠道的发展对商务、票据等印刷品印刷的冲击，另一方面也是商业宣传类印刷品自身加速整合的结果。近年来，以合版印刷为主的新型商业模式逐渐成为名片、宣传单、企业画册等印刷品的主流生产方式。由于生产效率高，产品价格低，合版印刷企业对其他商业印刷企业形成了较大冲击，并在一定程度上拉低了整个商业印刷市场的产值总量。(见表16、图19、图20)

表16　2013—2017年其他印刷品印刷关键数据指标及增长情况

年份	企业数量（家）	企业数量增长率	产值（亿元）	产值增长率	增加值（亿元）	增加值增长率
2013	45188	—	791.79	—	175.46	—
2014	43445	-3.86%	810.56	2.37%	182.53	4.03%
2015	42233	-2.79%	873.96	7.82%	198.49	8.74%
2016	40250	-4.70%	881.98	0.92%	201.72	1.63%
2017	39048	-2.99%	853.07	-3.28%	202.86	0.57%

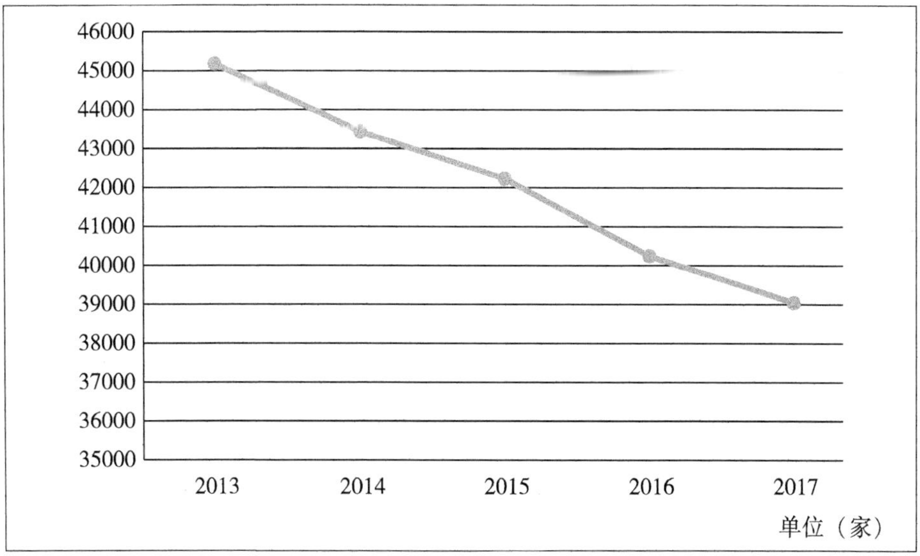

图19　2013—2017年其他印刷品印刷企业数量变化情况

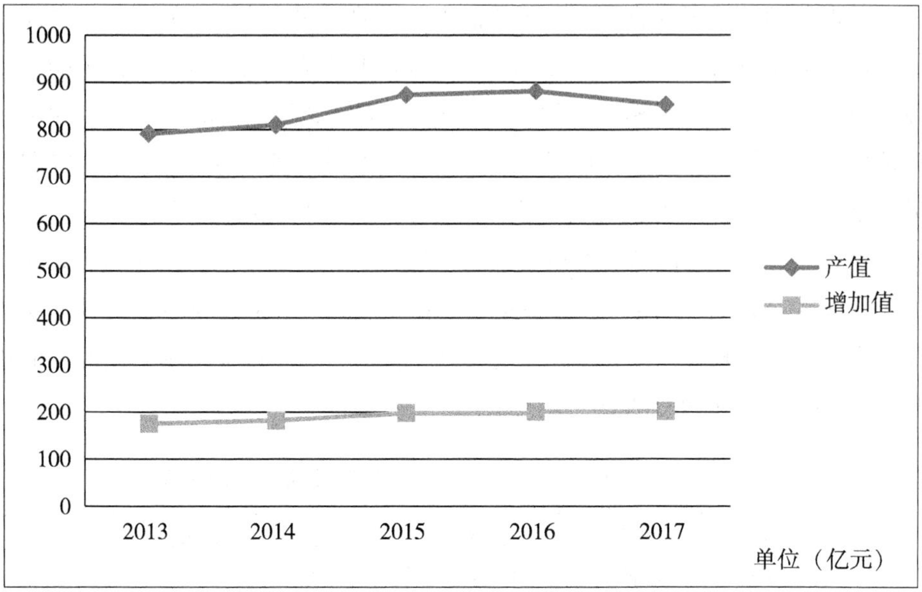

图 20　2013—2017 年其他印刷品印刷产值和增加值变化情况

出版物印刷、包装装潢印刷品印刷、其他印刷品印刷构成了我国印刷业的主体。2017 年，我国出版物印刷、包装装潢印刷品印刷、其他印刷品印刷三类企业数量合计达到 96412 家，占印刷企业总量的 97. 33%；三类企业共实现印刷业工业总产值 11917. 92 亿元、工业增加值 2757. 44 亿元，分别占印刷业总量的 98. 84%、98. 68%。其余少量市场份额，来自排版、制版、装订等专项企业及专营数字印刷企业。

出版物印刷、包装装潢印刷品印刷、其他印刷品印刷三类企业主营产品特点不同，平均规模和创造增加值的能力也不一样。2017 年，国内全部印刷企业平均实现产值 1217. 29 万元，同比增长 6. 94%；平均实现工业增加值 282. 11 万元，同比增长 10. 77%。在三类企业中，出版物印刷企业平均规模最大，包装装潢印刷品印刷企业次之，其他印刷品印刷企业垫底。

2017 年，出版物印刷企业数量占印刷企业总量的 7. 25%，实现的产值和工业增加值却分别占到行业总量的 14. 81%、17. 25%，出版物印刷企业平均产值和平均工业增加值分别为 2488. 03 万元、671. 66 万元，是行业平均水平的 2. 04 倍、2. 38 倍；包装装潢印刷品印刷企业数量占印刷企业总量的 50. 67%，实现的产值和工业增加值分别占印刷业总量的 76. 96%、74. 18%，包装装潢印刷品印刷企业平均产值和平均工业增加值分别为1848.92万元、412.96万元，是行业平均水平的1.52倍、1.46倍；其他印刷品印刷企业数量占印刷企业总量的39.42%，实现的产值和工业增加值却分别只占印刷业总量的7.07%、7.26%，其他印刷品印刷企业平均产值和平均工业增加值分别为218.47万元、51.95万元，各相当于行业平均水平的17.95%、18.41%，出版物印刷企业平均水平的8.78%、7.73%，包装装潢印刷品印刷企业的11.82%、12.58%。（见图21、图22、图23、表17）

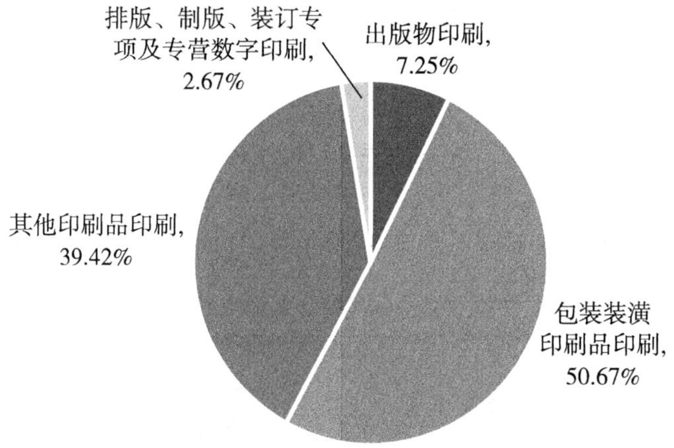

图21　2017年各类别印刷企业数量在印刷企业总量中的占比情况

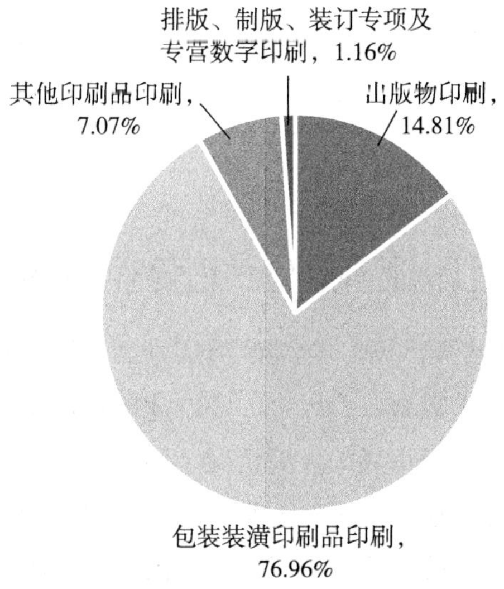

图22　2017年各类别印刷产值在印刷业工业总产值中的占比情况

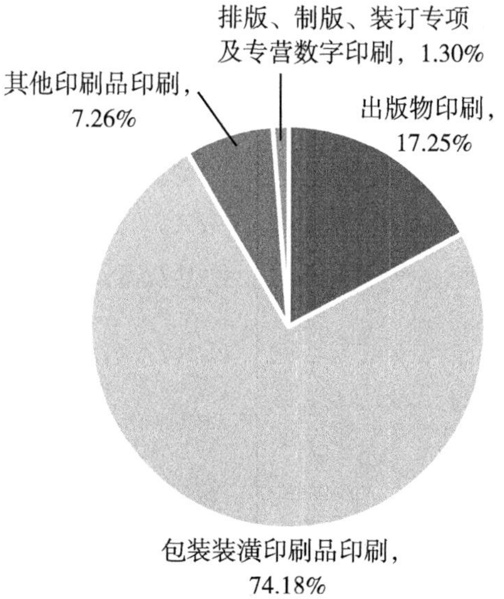

图 23　2017 年各类别印刷增加值在印刷业工业增加值中的占比情况

表 17　2017 年各类别印刷企业平均产值、增加值

类别	企业数量	产值（亿元）	企业平均产值（万元）	工业增加值（亿元）	企业平均工业增加值（万元）
出版物印刷	7177	1785. 66	2488. 03	482. 05	671. 66
包装装潢印刷品印刷	50187	9279. 19	1848. 92	2072. 53	412. 96
其他印刷品印刷	39048	853. 07	218. 47	202. 86	51. 95

四、我国印刷业部分主营业务发展情况

将印刷业划分为出版物印刷、包装装潢印刷品印刷、其他印刷品印刷三大门类，是出于行政监管的需要。实际上，印刷业的产品类型十分多元。为了更清晰地了解印刷业不同产品市场的发展情况，国家新闻出版署在印刷企业年度核验中，还按主营产品和业务的不同对印刷业进行了更为细致的划分和统计，这为准确把握印刷业的产品结构和市场走势提供了一手数据。

2013—2015 年之间，国家新闻出版署主要统计了七类印刷业主营业务的发展情况。其中包括：属于出版物印刷的书刊印刷、报纸印刷，属于包装装潢印刷品印刷的纸包装印刷、金属罐包装印刷、塑料软包装印刷，属于其他印刷品印刷的普通票据印刷、安全印刷。自2016年，又新增了玻璃、陶瓷包装印刷，标签印刷和其他包装装潢印刷三类主营业务。需要指出的是，由于少数省份未按要求填报报表，导致本部分统计数据并不完整，但2017年纳入统计的十类主营业务合计实现产值10752.87亿元，占全国印刷业工业总产值的89.18%，因而相关数据仍具有很大的参考价值。

2017年，在印刷业十类主营业务中，纸包装印刷规模最大，实现产值4310.28亿元，在十类主营业务总产值中占比40.08%；其他包装装潢印刷居次，实现产值3008.05亿元，占比27.97%；塑料软包装印刷位居第三，实现产值1319.99亿元，占比12.28%；书刊印刷位居第四，实现产值1047.92亿元，占比9.75%。其他六类业务占比相对较小，占比均在5%以下。

2013—2017年，我国印刷业保持正向增长，产值同比增速先抑后扬，在连续下滑之后于2017年出现反弹。在产业减速换挡期，印刷业各类主营业务都面临着转型与发展的压力，但由于服务的下游行业所处产业周期不同，走势出现明显分化。其中，纸包装印刷、金属罐包装印刷保持了良好的向上增长势头，产值规模逐年递增，2017年与2013年相比，分别增长28.31%、45.10%；塑料软包装印刷走势有所波动，但2017年与2013年相比，产值增幅仍达到22.92%。报纸印刷由于受到新媒体的强烈冲击，产值规模持续下滑，2017年与2013年相比降幅达到23.83%。书刊印刷表现稍好，除2016年外，各年度产值基本在1040亿元附近小幅波动，2017年与2013年相比微增0.33%。普通票据印刷产值在波动中出现整体向下，2017年比2013年减少7.56%。此外，可能是由于口径问题，安全印刷的产值规模出现异常波动，没有可比性。（见表18）

表18　2013—2017年印刷业部分主营业务工业总产值

主营业务类型	产值（亿元）				
	2013	2014	2015	2016	2017
书刊印刷	1044.49	1034.87	1043.74	974.03	1047.92
报纸印刷	187.21	181.92	170.40	159.20	142.60

续表

主营业务类型	产值（亿元）				
	2013	2014	2015	2016	2017
纸包装印刷	3359.23	3669.52	3912.49	4024.52	4310.28
金属罐包装印刷	329.87	354.85	402.88	419.50	478.65
塑料软包装印刷	1073.90	1342.04	1438.25	1125.10	1319.99
普通票据印刷	156.67	129.95	153.92	161.36	144.82
安全印刷	235.16	119.13	207.01	122.57	138.52
玻璃、陶瓷包装印刷	—	—	—	201.52	18.97
标签印刷	—	—	—	80.19	143.07
其他包装装潢印刷	—	—	—	2413.33	3008.05

十类主营业务构成了我国印刷业的主体，但不同类型业务之间产值规模巨大。其中，既有产值过千亿元的纸包装印刷、塑料软包装印刷、书刊印刷和其他包装装潢印刷，也有产值不足200亿元的报纸印刷、普通票据印刷、安全印刷、标签印刷及玻璃、陶瓷包装印刷等。这在一定程度表明了我国印刷产品的丰富性、多元性。

2017年，在我国99054家印刷企业中，涉足纸包装印刷业务的企业最多，达到25122家，占印刷企业总量的25.36%，比2016年的24.37%提高0.99个百分点；实现纸包装印刷产值4310.28亿元，在印刷业工业总产值中的占比为35.75%，与2016年的34.86%相比，提高了0.89个百分点；实现工业增加值921.21亿元，在印刷业工业增加值中的占比为32.97%，与2016年的34.25%相比，降低了1.28个百分点。尽管工业增加值在行业总量中的占比有所下降，纸包装印刷仍是我国印刷业毋庸置疑的第一大业务门类。

纸和纸板、塑料、金属及玻璃、陶瓷是包装印刷最常用的承印材料，在此之外的其他包装装潢印刷产值规模仍能在各类主营业务占据第二，有些出人意料。2017年，我国涉足其他包装装潢印刷业务的企业达到18333家，占印刷企业总量的18.51%；实现其他包装装潢印刷产值3008.05亿元，工业增加值679.93亿元，在印刷业工业总产值、工业增加值中的占比分别为24.95%、24.33%。与2016年相比，这三项指标在印刷业总量中的占比均有所增长，分别提高了0.16个百分点、4.05个百分点、1.02个百分点。

2017年，涉足塑料软包装印刷业务的企业达到7196家，占印刷企业总量的7.26%，实现产值、工业增加值分别为1319.99亿元、287.34亿元，在印刷业工业总产值、工业增加值中的占比分别为10.95%、10.28%，在十类主营业务中均位居第三位。

需要指出的是，产值规模位居三甲的三类主营业务，在大的行业门类上均属于包装装潢印刷品印刷。2017年，涉足这三类业务的企业数量合计50651家，实现产值、工业增加值分别为8638.32亿元、1888.48亿元，在印刷业工业总产值、工业增加值中的占比分别为71.64%、67.58%。

在三类包装装潢印刷品印刷类业务之外，产值规模超过1000亿元的主营业务还有书刊印刷。2017年，涉足书刊印刷业务的企业有5747家，占印刷企业总量的5.80%，实现产值、工业增加值分别为1047.92亿元、267.58亿元，在印刷业工业总产值、工业增加值中的占比分别为8.69%、9.58%。

其他六类主营业务产品各有特色，且产值规模普遍不大。其中，涉足企业数量最多的是普通票据印刷，达到4951家，但2017年普通票据印刷的产值、工业增加值分别只有144.82亿元、47.26亿元，这体现了普通票据印刷需求分散，企业规模普遍不大的特点。而涉足金属罐包装印刷的企业虽然只有579家，实现的产值和工业增加值却分别达到478.65亿元、103.57亿元。这表明，金属罐包装印刷的特点与普通票据印刷正好相反，企业数量不多，但平均规模较大。

此外，标签印刷、安全印刷、报纸印刷及玻璃、陶瓷包装印刷四类业务普遍规模不大。2017年，涉足这四类业务的企业分别有1207家、772家、594家、121家，分别实现产值143.07亿元、138.52亿元、142.60亿元、18.97亿元，工业增加值34.87亿元、59.88亿元、47.54亿元、5.30亿元。其中，标签印刷、报纸印刷、安全印刷三类主营业务产值规模基本相当，但安全印刷创造增加值的能力明显要强于其他两类业务。（见表19）

表19　2017年我国印刷业十类主营业务涉足企业数量、产值和增加值及排序

序号	业务类型	企业数量(家)	业务类型	产值	业务类型	增加值(亿元)
1	纸包装印刷	25122	纸包装印刷	4310.28	纸包装印刷	921.21
2	其他包装装潢印刷	18333	其他包装装潢印刷	3008.05	其他包装装潢印刷	679.93
3	塑料软包装印刷	7196	塑料软包装印刷	1319.99	塑料软包装印刷	287.34
4	书刊印刷	5747	书刊印刷	1047.92	书刊印刷	267.58
5	普通票据印刷	4951	金属罐包装印刷	478.65	金属罐包装印刷	103.57
6	标签印刷	1207	普通票据印刷	144.82	安全印刷	59.88
7	安全印刷	772	标签印刷	143.07	报纸印刷	47.54
8	报纸印刷	594	报纸印刷	142.60	普通票据印刷	47.26
9	金属罐包装印刷	579	安全印刷	138.52	标签印刷	34.87
10	玻璃、陶瓷包装印刷	121	玻璃、陶瓷包装印刷	18.97	玻璃、陶瓷包装印刷	5.30

涉足企业数量的多少能够反映特定业务社会需求的广泛度，而产值高低反映的则是特定业务市场需求规模的大小。十类主营业务中，纸包装印刷、其他包装装潢印刷、塑料软包装印刷、书刊印刷，属于典型的社会需求广泛，市场规模庞大的印刷市场主流业务。而普通票据印刷则具有典型的需求广泛、总量不大的市场特征。其他五类业务需求广泛度不尽相同，但市场规模普遍不大。

需求广泛度与市场需求规模大小的不同组合，决定了涉足各类业务企业的平均规模。从2017年来看，在印刷业十类主营业务中，涉足企业平均产值规

模最大的是金属罐包装印刷，达到 8266. 77 万元，遥遥领先于涉足其他九类业务的企业。且涉足金属罐包装印刷的企业平均增加值也最高，达到 1788. 85 亿元。

排在金属罐包装印刷之后的是报纸印刷。涉足报纸印刷的企业，平均产值为 2400. 64 万元，平均增加值为 800. 32 万元，均位居第二。2017 年，涉足金属罐包装印刷、报纸印刷的企业分别只有 579 家、594 家。由此可见，这两类业务市场规模不大，但集中度很高。

平均产值规模位居第三的是涉足塑料软包印刷的企业，为 1834. 33 万元。但该类企业的平均增加值只有 399. 30 万元，在十类业务中位居第六。这说明塑料软包装印刷的产品附加值相对较低。

涉足书刊印刷的企业平均产值规模与涉足塑料软包装印刷的较为接近，为 1823. 42 万元。且其平均增加值规模与平均产值较为匹配，为 465. 60 万元，均位居第四位。

涉足安全印刷、纸包装印刷的企业平均产值规模分别位居第五、第六位，为 1794. 26 万元、1715. 74 万元。但平均增加值规模差距较大，分别为 775. 64 万元、366. 69 万元。安全印刷业务工业增加值在产值中的占比高达 43. 23%，十分惊人，而纸包装印刷只有 21. 37%。

涉足其他包装装潢印刷及玻璃、陶瓷包装印刷的企业平均产值分别为 1640. 78 万元、1567. 45 万元，分居第七、第八位；平均增加值分别为 370. 88 万元、438. 01 万元，有一定差距，但不是很大。

涉足标签印刷业务的企业平均产值、平均增加值分别为 1185. 36 万元、288. 86 万元，均位居第九位。这说明，受产品特点影响，标签印刷企业要实现规模扩张难度相对较大。

涉足普通票据印刷的企业平均产值规模最小，仅有 292. 51 万元，相当于金属罐包装印刷企业的 3. 54%，与排行第九的标签印刷也有明显差距。同时，其平均增加值仅有 95. 46 万元，相当于金属罐包装印刷企业的 5. 34%，标签印刷企业的 33. 05%。这是由普通票据产品工艺简单、订单量小、产品附加值不高等特点决定的。（见表 20、图 24、图 25）

表 20　2017 年不同主营业务对涉足该类业务印刷企业平均产值和增加值贡献度及排序

序号	业务类型	平均产值（万元）	业务类型	平均增加值（万元）
1	金属罐包装印刷	8266.77	金属罐包装印刷	1788.85
2	报纸印刷	2400.64	报纸印刷	800.32
3	塑料软包装印刷	1834.33	安全印刷	775.64
4	书刊印刷	1823.42	书刊印刷	465.60
5	安全印刷	1794.26	玻璃、陶瓷包装印刷	438.01
6	纸包装印刷	1715.74	塑料软包装印刷	399.30
7	其他包装装潢印刷	1640.78	其他包装装潢印刷	370.88
8	玻璃、陶瓷包装印刷	1567.45	纸包装印刷	366.69
9	标签印刷	1185.36	标签印刷	288.86
10	普通票据印刷	292.51	普通票据印刷	95.46

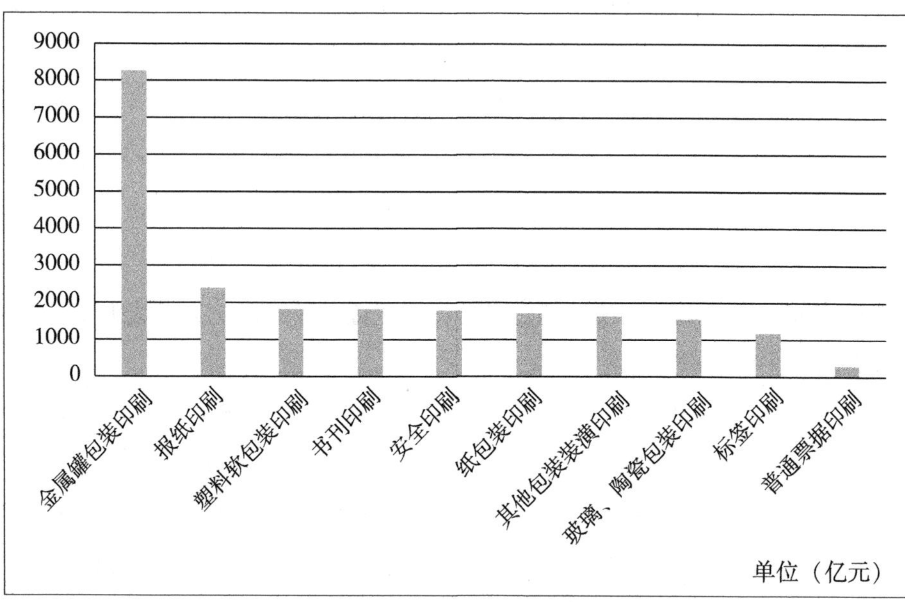

图 24　2017 年不同业务对涉足不同业务印刷企业平均产值情况

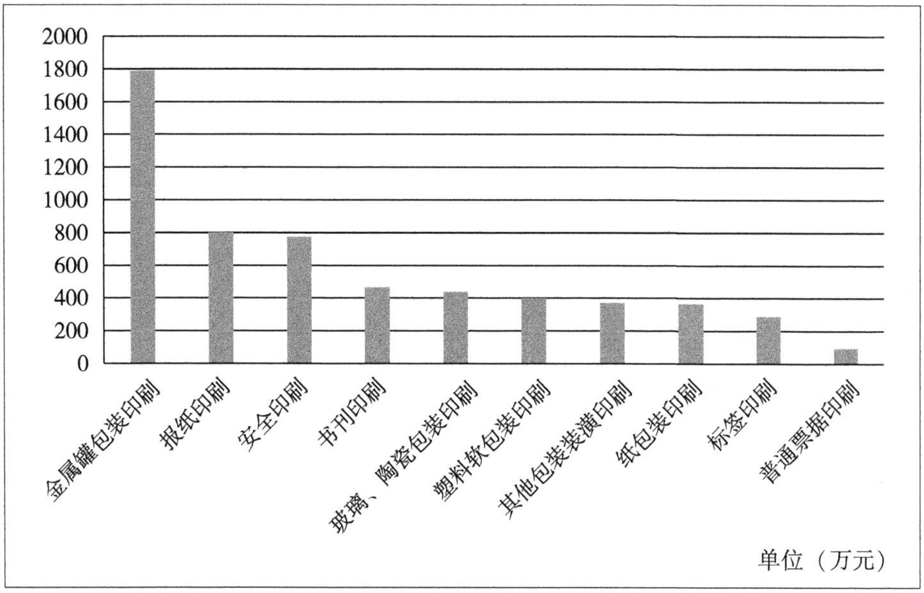

图 25　2017 年不同业务对涉足不同业务印刷企业平均增加值情况

（一）书刊印刷业务发展态势

书刊印刷是出版物印刷的一个细分门类，主要指图书、期刊产品印刷。相对于报纸印刷，图书、期刊在产品形态上较为接近，印刷、装订工艺有一定的相通性，因而涉足相关业务的印刷企业一般是书、刊兼营。2013—2017 年，我国图书出版的总印张数小幅增长，走势平稳，区间增幅达到 13.40%；而期刊出版的总印张数连续下滑，区间降幅达到 29.81%。图书、期刊总印张数增减相抵，导致书刊印刷产值基本持稳，区间累计波动幅度极小。

2013—2017 年，涉足书刊印刷的企业数量由 5443 家增加到 5747 家，增幅为 5.59%，同期国内印刷企业数量出现 2.33% 的负增长。在此期间，涉足书刊印刷业务企业实现的产值由 1044.49 亿元增至 1047.92 亿元，微增 0.33%，比同期印刷业工业总产值 16.92% 的增长率低 16.59 个百分点，比同期出版物印刷产值 12.02% 的增长率低 11.69 个百分点；实现书刊印刷工业增加值由 280.81 亿元降至 267.58 亿元，降幅为 4.71%，比同期印刷业工业增加值 21.06% 的增长率低 25.77 个百分点，比同期出版物印刷工业增加值 16.91% 的增长率低 21.62 个百分点。在此期间，除 2016 年意外下滑 6.68%，降至 1000 亿元以下外，其余年份书刊印刷产值表现十分稳定，在 1040 亿元上下小幅波动。书刊印刷的增加值则先升后降，整体下滑，说明书刊印刷产品的附加值有下行趋势。(见表 21、图 26、图 27)

表 21　2013—2017 年书刊印刷业务关键数据指标及增长情况

年份	企业数量(家)	企业数量增长率	产值(亿元)	产值增长率	增加值(亿元)	增加值增长率
2013	5443	—	1044.49	—	280.81	—
2014	5460	0.31%	1034.87	-0.92%	281.52	0.25%
2015	5468	0.15%	1043.74	0.86%	304.54	8.18%
2016	5616	2.71%	974.03	-6.68%	273.53	-10.18%
2017	5747	2.33%	1047.92	7.59%	267.58	-2.18%

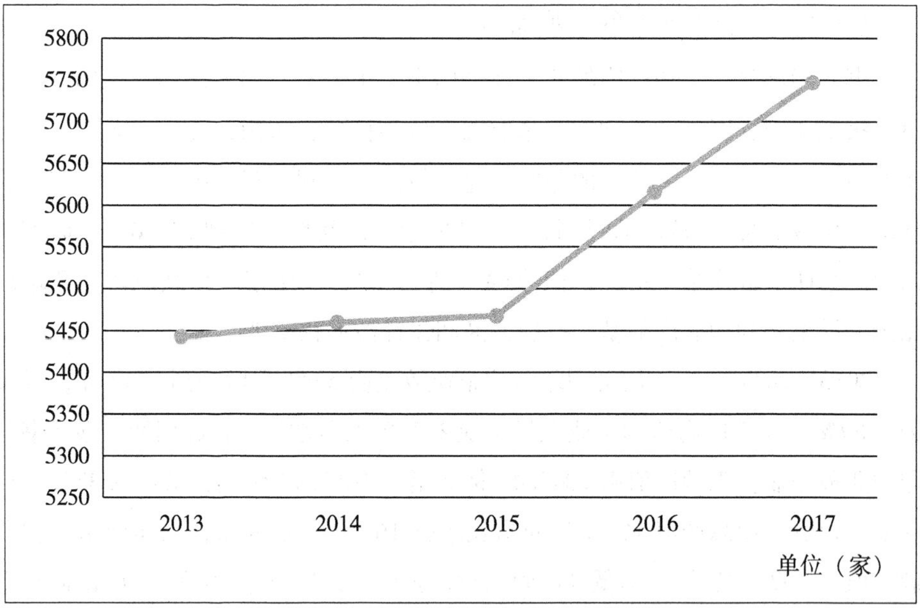

图 26　2013—2017 年涉足书刊印刷业务的企业数量变化情况

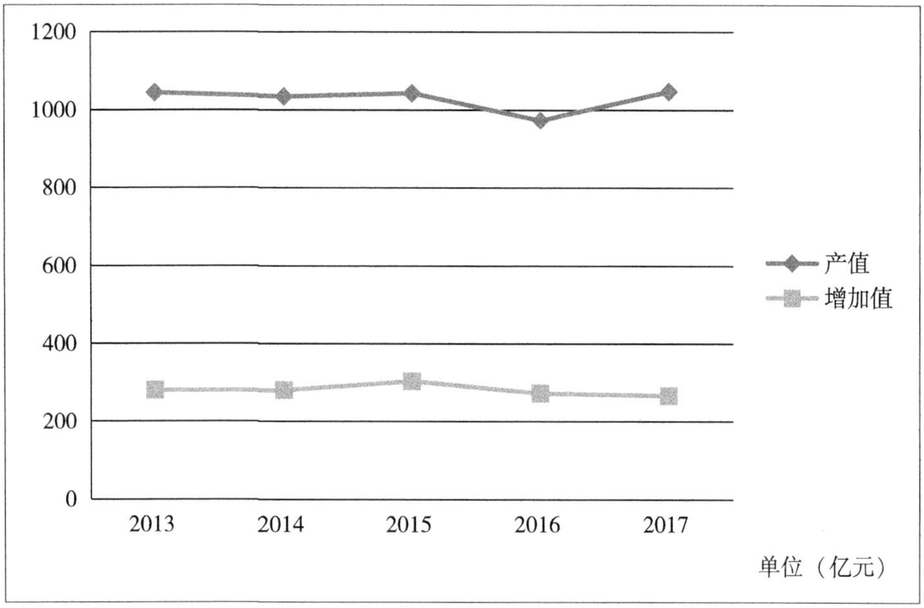

图 27　2013—2017 年书刊印刷产值、增加值量变化情况

（二）报纸印刷业务发展态势

在图书、期刊、报纸三类出版物中，报纸出版总印张数占比超过半数，达到 53.25%。但由于印刷工艺相对简单，报纸印刷的产值并不高，与书刊印刷有较大差距。

2013—2017 年，受移动互联网和新媒体快速发展的冲击，我国报纸发行量大幅下滑，这导致了报纸印刷产值的持续走低。2013—2017 年，涉足报纸印刷的企业数量由 603 家降至 594 家，降幅为 1.49%。其中，2017 年与 2016 年相比，减少 10.94%；与 2015 的区间高点相比，降幅更是达到 16.69%。这表明，随着市场形势的变化，部分报纸印刷企业已经退出市场或进行了业务转型。

同期，报纸印刷产值由 187.21 亿元下滑到 142.60 亿元，降幅达到 23.83%，比同期印刷业工业总产值 16.92% 的增长率低 40.75 个百分点，比同期出版物印刷产值 12.02% 的增长率 35.85 个百分点；报纸印刷工业增加值由 61.74 亿元下滑到 47.54 亿元，降幅为 23.00%，与产值变化基本同步，比同期印刷业工业增加值 21.06% 的增长率低 44.06 个百分点，比同期出版物印刷工业增加值 16.91% 的增长率低 39.91 个百分点。

在此期间，报纸印刷产值、工业增加值两项指标连续四年呈现下滑趋势。这表明，随着媒体市场格局的深度调整，在确保报纸出版安全的前提下，报纸印刷企业急需调整发展思路，进行业务创新与转型，以保持企业的可持续发展能力。(见表 22、图 28、图 29)

表 22 2013—2017 年报纸印刷业务关键数据指标及增长情况

年份	企业数量(家)	企业数量增长率	产值(亿元)	产值增长率	增加值(亿元)	增加值增长率
2013	603	—	187.21	—	61.74	—
2014	627	3.98%	181.92	-2.83%	56.81	-7.99%
2015	713	13.72%	170.4	-6.33%	53.04	-6.63%
2016	667	-6.45%	159.20	-6.57%	49.08	-7.47%
2017	594	-10.94%	142.60	-10.43%	47.54	-3.14%

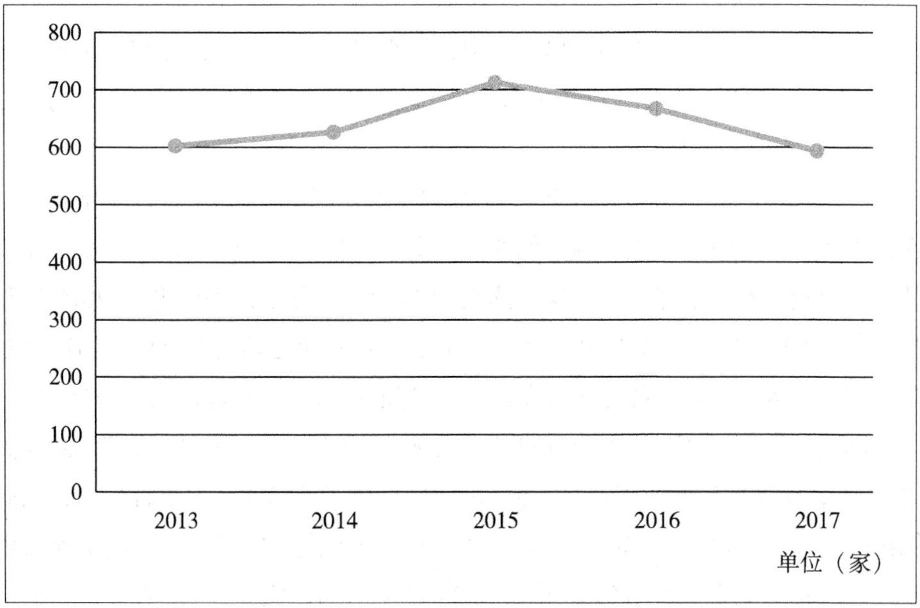

图 28 2013—2017 年涉足报纸印刷业务的企业数量变化情况

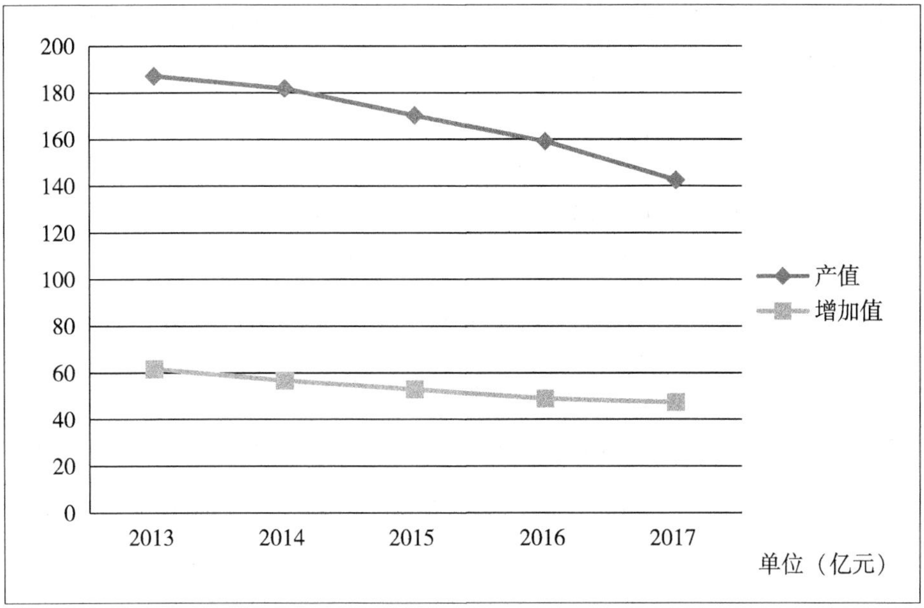

图 29　2013—2017 年报纸印刷产值、增加值变化情况

(三) 纸包装印刷业务发展态势

包装装潢印刷品印刷是我国印刷业的主力军，纸包装印刷又是包装装潢品印刷中的主流。在纳入统计的印刷业十类主营业务中，纸包装印刷各项指标也均位居第一。这表明，纸包装是我国印刷业毋庸置疑的第一大产品门类。

2013—2017 年，涉足纸包装印刷业务的企业数量由 23153 家增长到 25122 家，增幅为 8. 50%，与同期印刷企业总量的下滑形成了对比。在此期间，涉足纸包装印刷业务企业实现的产值由 3359. 23 亿元增至 4310. 28 亿元，增长率为 28. 31%，比同期印刷业工业总产值 16. 92% 的增长率高 11. 39 个百分点，比同期包装装潢印刷品印刷产值 19. 74% 的增长率高 8. 57 个百分点；实现的工业增加值由 759. 92 亿元增至 921. 21 亿元，增长率为 21. 22%，与同期印刷业工业增加值 21. 06% 的增长率基本持平，比同期包装装潢印刷品印刷工业增加值 19. 44% 的增长率高 1. 78 个百分点。

在此期间，纸包装印刷产值连续四年实现正增长，纸包装印刷工业增加值除在 2014 年出现小幅下滑外，连续三年实现正增长，且这两项的累计增幅均

显著高于同期印刷业的整体表现。这表明，纸包装印刷是我国印刷业实现向上增长的重要动力来源。(见表23、图30、图31)

表23　2013—2017年纸包装印刷业务关键数据指标及增长情况

年份	企业数量（家）	企业数量增长率	产值（亿元）	产值增长率	增加值（亿元）	增加值增长率
2013	23153	—	3359.23	—	759.92	—
2014	25186	8.78%	3669.52	9.24%	740.71	-2.53%
2015	25636	1.79%	3912.49	6.62%	801.30	8.18%
2016	24721	-3.57%	4024.52	2.86%	884.63	10.40%
2017	25122	1.62%	4310.28	7.10%	921.21	4.14%

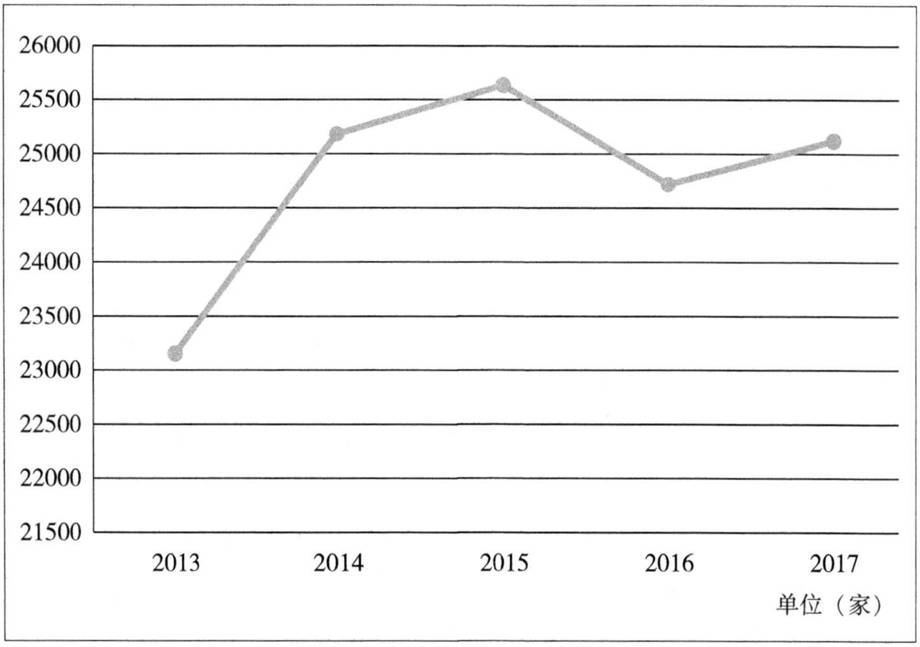

图30　2013—2017年涉足纸包装印刷业务的企业数量变化情况

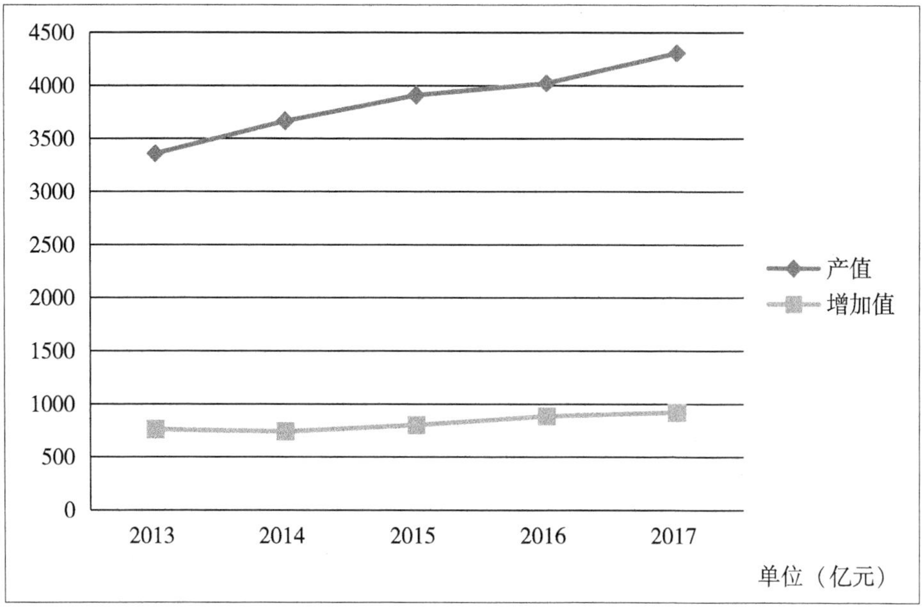

图 31　2013—2017 年纸包装印刷产值、增加值变化情况

（四）金属罐包装印刷业务发展态势

在包装装潢印刷品印刷的各个细分门类中，金属罐包装印刷的产值规模并不算大，与纸包装印刷、塑料软包装印刷相比具有较大差距。但由于投资门槛和技术工艺门槛相对较高，且下游客户多是规模庞大的快消品企业，金属罐包装印刷领域的市场集中度很高，具有一批产值规模高达数亿元的大型企业，产生了奥瑞金、宝钢包装、昇兴股份等上市公司。

2013—2017 年，在印刷业主要细分市场普遍遭遇挑战的情况下，金属罐包装印刷市场在企业数量出现下滑的情况下，产值规模快速扩张，工业增加值增长平稳，体现出较好的市场稳定性。在此期间，涉足金属罐包装印刷业务的企业数量由 499 家增至 579 家，增长了 16.03%。这部分企业实现的金属罐包装印刷产值由 329.87 亿元增长到 478.65 亿元，增幅高达 45.10%，比同期印刷业工业总产值 16.92% 的增长率高 28.18 个百分点，比同期包装装潢印刷品印刷产值 19.74% 的增长率高 25.36 个百分点；实现金属罐包装印刷工业增加值由 86.00 亿元增长到 103.57 亿元，增长率达到 20.43%，比同期印刷业工业增加值 21.06% 的增长率略低 0.63 个百分点，比同期包装装潢印刷品印刷工业增加值 19.44% 的增长率高 0.99 个百分点。

值得注意的是，2017 年，在涉足金属罐包装印刷业务的企业数量与上年持平的情况下，金属罐包装印刷产值同比增幅达到 14.10%，创五年来的最好水平，比同期印刷业的整体增速高出近 10 个百分点，说明金属罐包装印刷市场向好势头明显。(见表 24、图 32、图 33)

表 24　2013—2017 年金属罐包装印刷业务关键数据指标及增长情况

年份	企业数量(家)	企业数量增长率	产值(亿元)	产值增长率	增加值(亿元)	增加值增长率
2013	499	—	329.87	—	86.00	—
2014	711	42.48%	354.85	7.57%	101.63	18.17%
2015	594	-16.46%	402.88	13.54%	95.60	-5.93%
2016	579	-2.53%	419.50	4.12%	106.37	11.27%
2017	579	0	478.65	14.10%	103.57	-2.63%

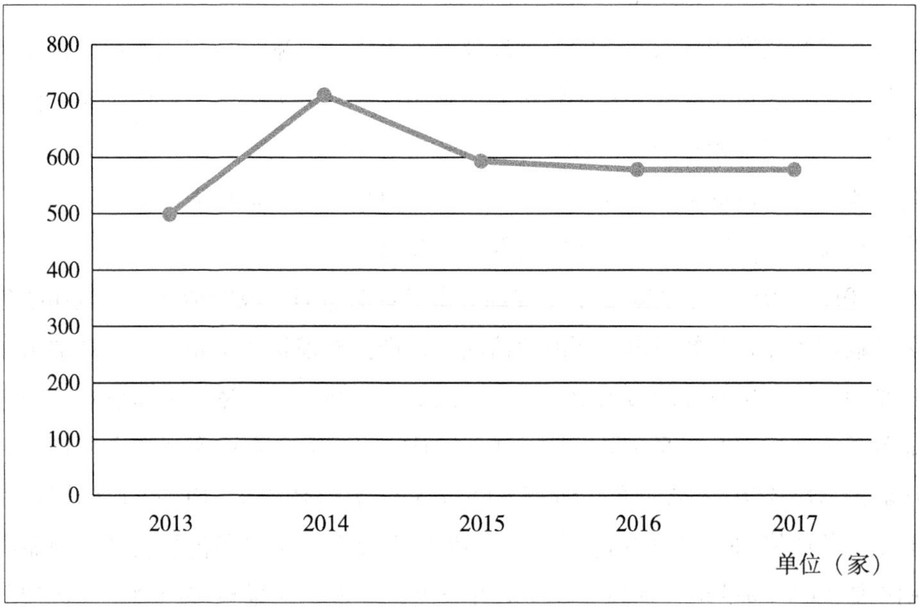

图 32　2013—2017 年涉足金属罐包装印刷业务的企业数量变化情况

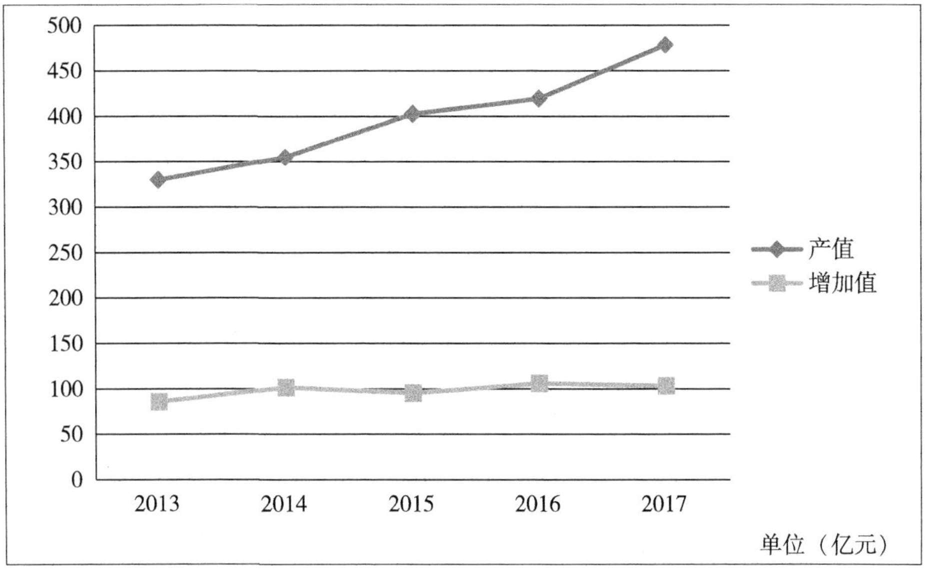

图 33　2013—2017 年金属罐包装印刷产值、增加值变化情况

（五）塑料软包装印刷业务发展态势

在各种常见包装制品中，塑料软包装服务的下游行业十分广泛，从食品到医药、日化及其他很多快消品，都将塑料软包装作为主要的包装形式。从而，这使塑料软包装印刷成为包装装潢印刷品印刷中仅次于纸包装印刷的第二大产品门类。

2013—2017 年，塑料软包装印刷的各项指标有所波动，但在整体上保持了区间正增长。在此期间，涉足塑料软包装印刷的企业数量由 6252 家增长到 7196 家，增加了 15.10%，与金属罐包装印刷企业数量的增幅基本相当。这部分企业实现的塑料软包装印刷产值由 1073.90 亿元增至 1319.99 亿元，增长率为 22.92%，比同期印刷业工业总产值 16.92% 的增长率高 6.00 个百分点，比同期包装装潢印刷品印刷产值 19.74% 的增长率高 3.18 个百分点；实现的塑料软包装印刷工业增加值由 228.50 亿元增长到 287.34 亿元，增长率为 25.75%，比同期印刷业工业增加值 21.06% 的增长率高 4.69 个百分点，比同期包装装潢印刷品印刷工业增加值 9.44% 的增长率高 6.31 个百分点。

在各年份中，塑料软包装印刷的各项指标大起大落的特征较为明显。2014 年与 2013 年相比，无论是企业数量，还是产值指标均出现了大幅增长，工业增加值甚至翻番有余。2016 年与 2015 年相比，三项指标又同步出现了较大幅度的下滑，工业增加值的跌幅超过 50%。2017 年，三项指标再度实现较快增长，与行业内塑料软包装印刷企业由于遭遇环保挑战发展趋缓的直观印象形成鲜明对比。

之所以会出现大起大落的情况，部分原因可能是统计范围出现了非正常波动。不过，需要指出的是，2017 年涉足塑料软包装印刷的企业数量已经恢复到 2015 年的正常水平，还出现了小幅增长，实现的塑料软包装印刷产值却仍有 8.22% 的差距，工业增加值的差距更是高达 40.38%。这在一定程度上突显了塑料软包装印刷面临的调整压力。(见表 25、图 34、图 35)

表 25　2013—2017 年塑料软包装印刷业务关键数据指标及增长情况

年份	企业数量(家)	企业数量增长率	产值(亿元)	产值增长率	增加值(亿元)	增加值增长率
2013	6252	—	1073.90	—	228.50	—
2014	7056	12.86%	1342.04	24.97%	491.42	115.06%
2015	7026	-0.43%	1438.25	7.17%	481.99	-1.92%
2016	5869	-16.47%	1125.10	-21.77%	238.47	-50.52%
2017	7196	22.61%	1319.99	17.32%	287.34	20.49%

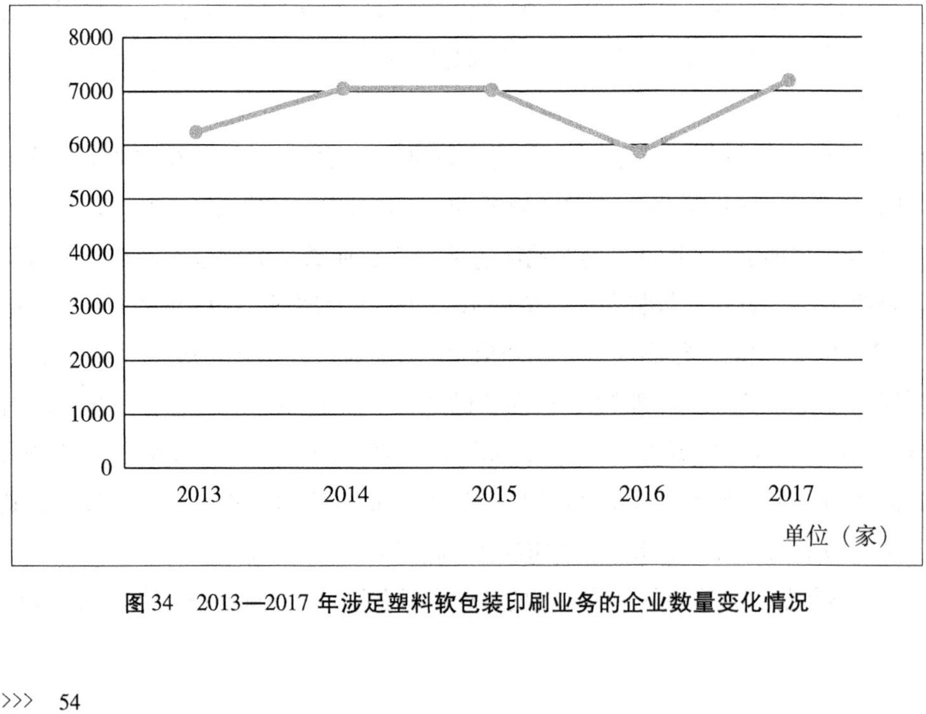

图 34　2013—2017 年涉足塑料软包装印刷业务的企业数量变化情况

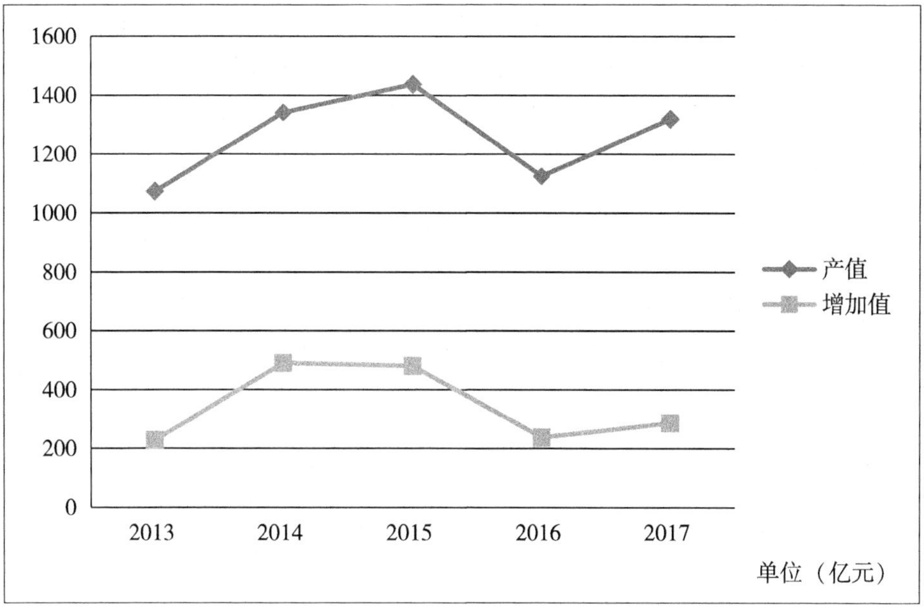

图 35　2013—2017 年塑料软包装印刷产值、增加值量变化情况

（六）普通票据印刷业务发展态势

普通票据是社会经济生活中重要的交易凭证。由于产品尺寸较小、工艺相对简单等特点，普通票据在印刷业主要产品中一般被归入社会零件业务，客单价较低，整体市场规模有限，但由于需求广泛，涉足的企业数量较多。

2013—2017 年，普通票据印刷市场表现相对疲弱，主要原因可能是受到了票据电子化的冲击。在此期间，涉足普通票据印刷业务的企业数量由 5521 家降至 4951 家，减少了 10. 32%。这部分企业实现的普通票据印刷产值由 156. 67 亿元降至 144. 82 亿元，降幅为 7. 56%，比同期印刷业工业总产值 16. 92% 的增长率低 24. 48 个百分点，比同期其他印刷品印刷产值 15. 62% 的增长率低 23. 18 个百分点；实现的普通票据印刷工业增加值由 45. 81 亿元增至 47. 26 亿元，增长率为 3. 17%，比同期印刷业工业增加值 21. 06% 的增长率低 17. 89 个百分点，比同期其他印刷品印刷工业增加值 15. 62% 的增长率低 12. 45 个百分点。

在此期间，普通票据印刷的指标在 2014 年前后出现非正常的下滑和反弹，同样可能是受统计范围变动的影响。从整体上看，涉足普通票据印刷的企业数量逐步走低，普通票据印刷产值在波动中向下，只有工业增加值实现了区间小幅增长。这表明，普通票据印刷市场的发展前景存在一定的不确定性，相关企业需要未雨绸缪，早做准备。(见表 26、图 36、图 37)

表 26　2013—2017 年普通票据印刷业务关键数据指标及增长情况

年份	企业数量(家)	企业数量增长率	产值(亿元)	产值增长率	增加值(亿元)	增加值增长率
2013	5521	—	156.67	—	45.81	—
2014	3996	-27.62%	129.95	-17.05%	35.72	-22.03%
2015	5198	30.08%	153.92	18.44%	40.53	13.47%
2016	5036	-3.12%	161.36	4.83%	39.20	-3.28%
2017	4951	-1.69%	144.82	-10.25%	47.26	20.56%

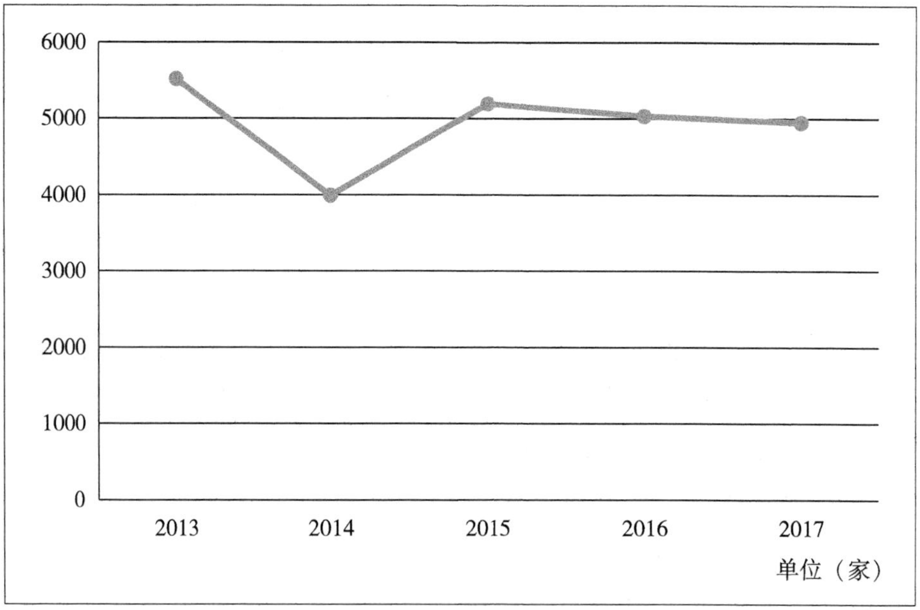

图 36　2013—2017 年涉足普通票据印刷业务的企业数量变化情况

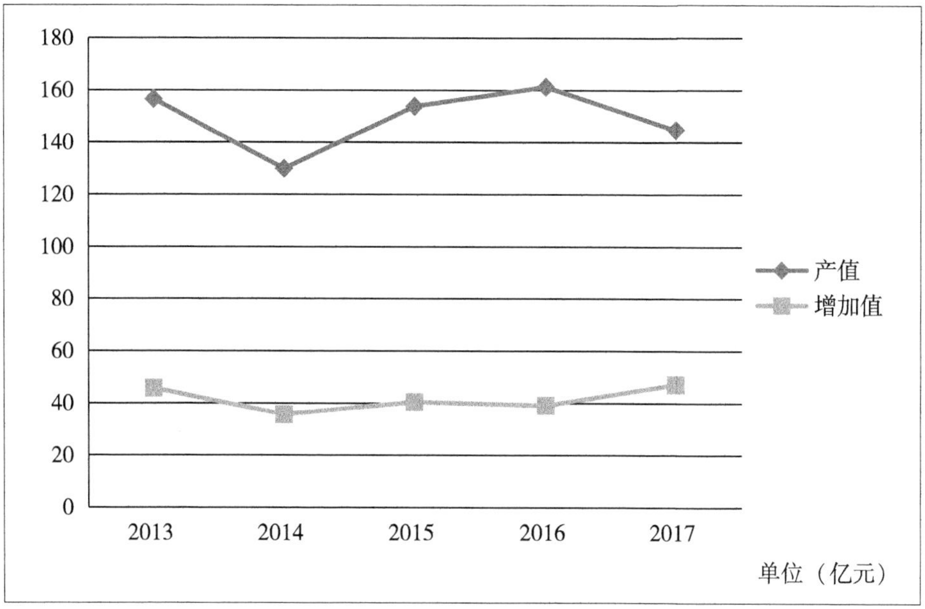

图 37　2013—2017 年普通票据印刷产值、增加值量变化情况

（七）安全印刷业务发展态势

安全印刷与普通票据印刷一样，是其他印刷品印刷的一个细分门类，且安全印刷涉及的金融、票证、有价证券等本质上也是票据产品。只不过，由于对安全防伪性能要求较高，这部分产品的生产加工工艺与普通票据差距较大，单独成为一个细分门类。由于技术、工艺和业务资质门槛相对较高，安全印刷相对于普通票据印刷而言，盈利能力要高很多，但同样受到票据电子化的冲击。

2013—2017 年，涉足安全印刷的企业数量由 920 家减少至 772 家，减少了 16.09%。这部分企业实现的安全印刷产值由 235.16 亿元降至 138.52 亿元，降幅为 41.10%，比同期印刷业工业总产值 16.92% 的增长率低 58.02 个百分点，比同期其他印刷品印刷产值 15.62% 的增长率低 56.72 个百分点；实现的安全印刷工业增加值由 96.44 亿元降至 48.25 亿元，降幅为 37.91%，比同期印刷业工业增加值 21.06% 的增长率低 58.97 个百分点，比同期其他印刷品印刷工业增加值 15.62% 的增长率低 53.53 个百分点。

在此期间，安全印刷的产值和工业增加值指标连续出现非正常大幅波动，这同样可能是由于统计范围和统计口径的不稳定性导致的。(见表 27、图 38、图 39)

表 27　2013—2017 年安全印刷业务关键数据指标及增长情况

年份	企业数量(家)	企业数量增长率	产值(亿元)	产值增长率	增加值(亿元)	增加值增长率
2013	920	—	235.16	—	96.44	—
2014	774	-15.87%	119.13	-49.34%	52.07	-46.01%
2015	789	1.94%	207.01	73.77%	85.87	64.92%
2016	722	-8.49%	122.57	-40.79%	48.25	-43.81%
2017	772	6.93%	138.52	13.01%	59.88	24.10%

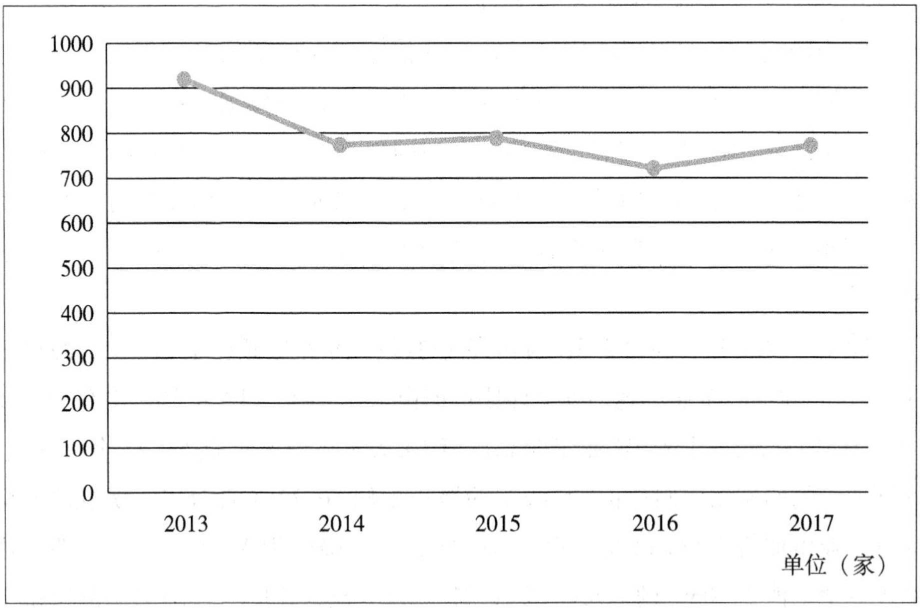

图 38　2013—2017 年涉足安全印刷业务的企业数量变化情况

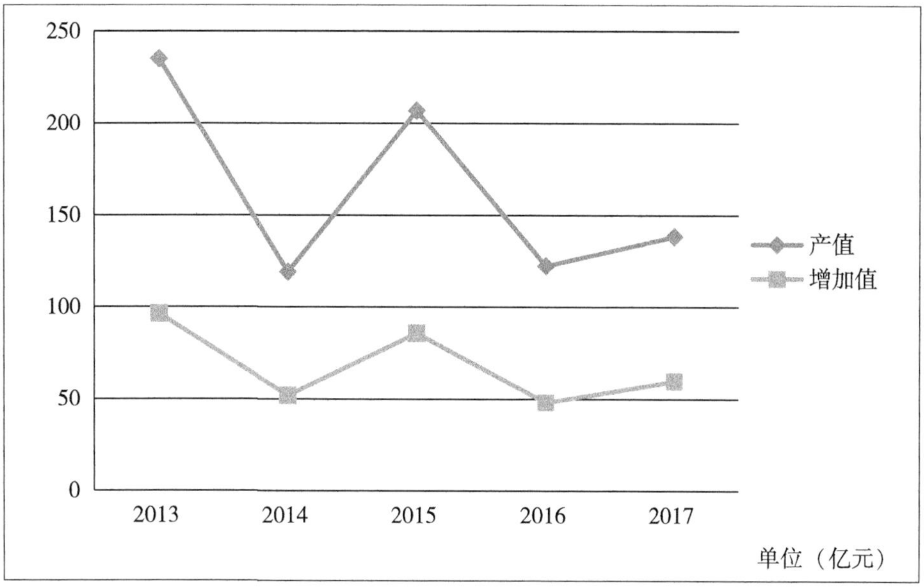

图 39　2013—2017 年安全印刷产值、增加值变化情况

上述七类主营业务之外的玻璃、陶瓷包装印刷，标签印刷，其他包装装潢印刷，由于只有 2016 年和 2017 年的统计数据，不再展开论述。

五、规模以上重点印刷企业发展态势

按照国家新闻出版署的认定标准，"规模以上重点印刷企业"是指年产值超过 5000 万元的大型印刷企业。根据历年统计数据，规模以上重点印刷企业在印刷企业总量中的占比迄今尚未突破 4%。然而，这部分企业却是我国印刷业发展的主力军和引导力量。在历年印刷业资产总额、工业总产值、增加值、利润总额等关键指标，规模以上重点印刷企业的占比均超过 50%，有的指标超过 60%。

2013—2017 年，我国印刷企业总量连年下滑，累计减少近 7000 家，规模以上重点印刷企业的数量却基本保持了持续增长，只在 2016 年出现了微幅下跌。这表明，我国印刷业的产业集中度有所提升，规模以上重点印刷企业在行业转型升级、新旧动能转换以及进一步实现高质量发展中的引领作用进一步突显。但是随着行业平均利润率的走低，规模以上重点印刷企业实现的利润总额也有所下滑。

(一)规模以上重点印刷企业发展的基本情况

2017 年，我国规模以上重点印刷企业各项指标走势良好，企业数量同比增长 15.05%，达到 3723 家；资产总额同比增长 11.65%，达到 7913.65 亿元；工业总产值同比增长 11.64%，达到 6926.24 亿元；工业增加值同比增长 11.25%，达到 1766.80 亿元；利润总额同比增长 10.23%，达到 466.84 亿元。各项指标同比增长均在 10% 以上，且优于行业整体表现，说明规模以上重点印刷企业的运行情况相对良好。

2013—2017 年，我国规模以上重点印刷企业各项指标表现平稳，除利润总额外，均实现了区间正增长。2017 年与 2013 年相比，我国共有规模以上重点印刷企业数量增长 21.07%；规模以上重点印刷企业的资产总额、工业总产值、工业增加值分别增长 26.67%、19.08%、19.11%，利润总额则出现 6.37% 的下滑。其中，企业数量指标在 2016 年出现微幅下滑，资产总额、工业总产值、工业增加值三项指标则实现了持续增长，利润总额指标波动最大，在 2014 年、2016 年均出现了较大幅度的下滑，整体也表现为负增长。各项指标中，资产总额增长最快，说明规模以上重点印刷企业的投资意愿和投资能力保持稳定；工业总产值与工业增加值增速相当，说明印刷业的创富能力没有明显变化；利润总额出现负增长，则体现了当前印刷企业普遍面临的利润率下滑的问题。(见表 28、图 40)

表 28　2013—2017 年规模以上重点印刷企业资产总额、工业总产值、工业增加值和利润总额

年份	企业数量(家)	资产总额(亿元)	资产总额增长率	工业总产值(亿元)	工业总产值增长率	工业增加值(亿元)	工业增加值增长率	利润总额(亿元)	利润总额增长率
2013	3075	6247.53	—	5816.38	5.75%	1483.36	—	498.62	—
2014	3125	6291.52	0.70%	5855.30	0.67%	1520.47	2.50%	442.81	-11.19%
2015	3247	6822.81	8.44%	6085.64	3.93%	1583.99	4.18%	459.07	3.67%
2016	3236	7087.72	3.88%	6204.00	1.94%	1588.14	0.26%	423.52	-7.74%
2017	3723	7913.65	11.65%	6926.24	11.64%	1766.80	11.25%	466.84	10.23%

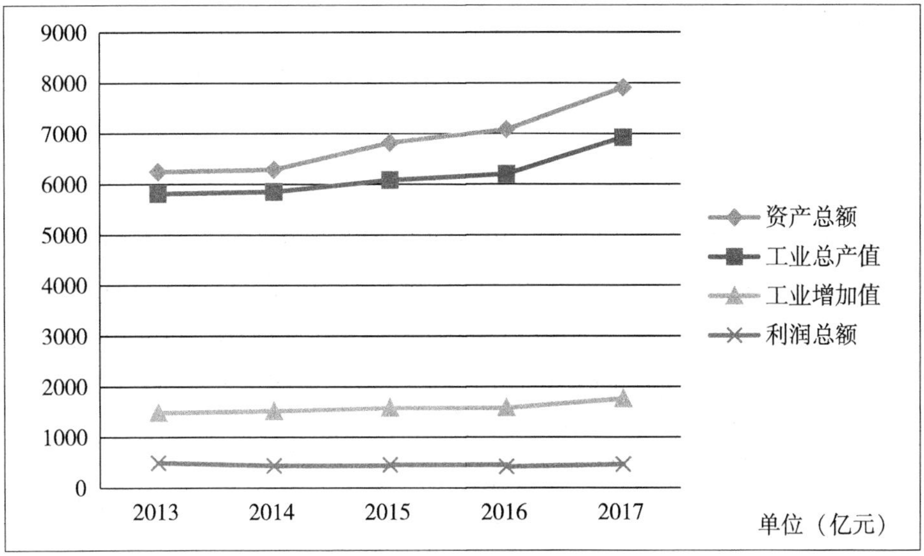

图 40　2013—2017 年规模以上重点印刷企业资产总额、工业总产值、工业增加值和利润总额变化情况

2013—2017 年，我国印刷业总产值保持正向增长，印刷企业总量连年持续下滑，而规模以上重点印刷企业数量稳步向上，除工业增加值外，各项指标在行业中的占比均有不同程度的提升，说明随着市场环境的变化，我国印刷企业已经进入分化与整合期，产业集中化趋势日渐清晰。

2017 年，规模以上重点印刷企业在印刷企业总量中的占比为 3. 76%，与 2013 年的 2. 90% 相比提高 0. 86 个百分点；资产总额在印刷业资产总额中的占比为 58. 22%，与 2013 年的 56. 67% 相比提高 1. 55 个百分点；工业总产值在印刷业工业总产值中的占比为 57. 44%，与 2013 年的 56. 10% 相比提高 1. 34 个百分点；工业增加值在印刷业工业增加值中的占比为 63. 23%，与 2013 年的 64. 57% 相比降低 1. 34 个百分点；利润总额在全国印刷业利润总额中的占比为 69. 00%，与 2013 年的 64. 57% 相比提高 4. 43 个百分点。

在各项指标中，除企业数量占比实现了持续提升外，其他指标占比均波动明显。其中，资产总额占比的低点出现在 2014 年，为 53. 49%；工业总产值占比的低点出现在 2016 年，为 53. 74%；工业增加值占比的低点出现在 2015 年，为 61. 10%；利润总额占比的低点出现在 2014 年，为 62. 00%。而除工业增加值外，其他各项指标占比的高点均出现在 2017 年，说明这一年产业整合的力度有所加强。

在各项指标中，资产总额和工业总产值的占比十分接近，而工业总产值和利润总额的占比基本相当，且后两项指标的占比明显高于前两项指标，说明规模以上重点印刷企业的产品附加值和利润率要优于行业整体水平。(见表 29、图 41)

表 29　2013—2017 年规模以上重点印刷企业关键数据指标在全国印刷业中的占比

年份	企业数量	资产总额	工业总产值	工业增加值	利润总额
2013	2. 90%	56. 67%	56. 40%	64. 26%	64. 57%
2014	2. 98%	53. 49%	53. 93%	60. 83%	62. 00%
2015	3. 14%	55. 21%	54. 11%	61. 10%	65. 71%
2016	3. 19%	54. 92%	53. 74%	61. 48%	62. 72%
2017	3. 76%	58. 22%	57. 44%	63. 23%	69. 00%

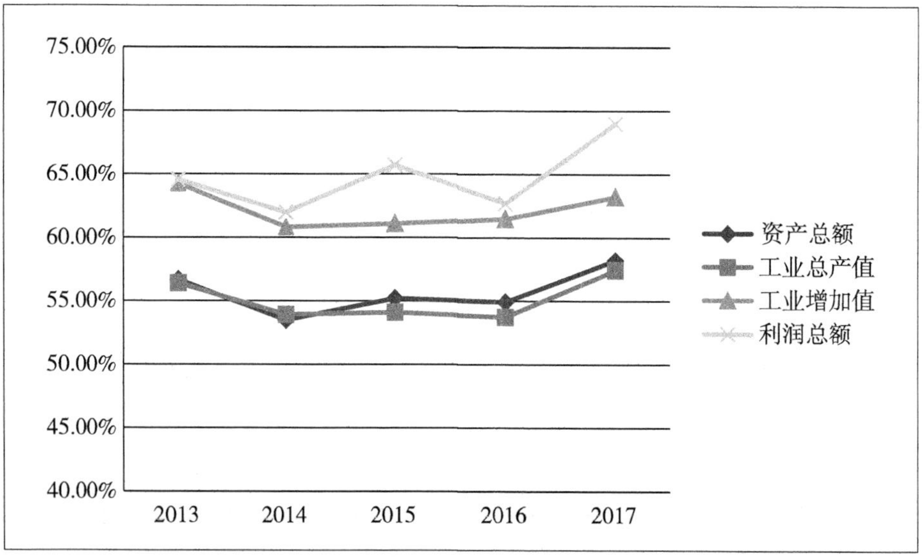

图 41　2013—2017 年规模以上重点印刷企业关键数据指标在全国印刷业的占比变化情况

规模以上重点印刷企业的达标线是年产值 5000 万元。2013—2017 年，我国规模以上重点印刷企业的平均产值水平有所波动，但基本稳定在 1. 9 亿元上下，远高于达标线。其中，规模以上重点印刷企业平均产值的高点出现在 2016 年，达到 19171. 83 万元；低点出现在 2017 年，为 18603. 92 万元，比 2016 年低 2. 96%，比 2013 年低 1. 64%。随着规模以上重点印刷企业数量的增长，平均产值规模的下降有一定的合理性。即便如此，2017 年规模以上重点印刷企业的平均产值仍是行业整体水平的 15. 28 倍。

规模以上重点印刷企业投资能力相对较强，技术、设备水平相对领先，因而人均创造产值的效率明显领先。2017 年，规模以上重点印刷企业从业人员总数为 95. 35 万人，占印刷业从业人员总量的 33. 84%；每家企业的平均用工数量约为 256 人，与 2013 年相比降低 23. 06%；人均产值为 72. 64 万元，与 2013 年相比增长 27. 84%，是全行业人均产值水平的 1. 70 倍。2017 年，在印刷业从业人员数量比 2016 年减少 8. 84% 的情况下，规模以上重点印刷企业从业人员数量逆势增长，这主要是由于规模以上重点印刷企业数量增加导致的。（见表 30、图 42、图 43）

表 30　2013—2017 年规模以上重点印刷业企业平均产值和人均产值

年份	企业数量（家）	工业总产值（亿元）	企业平均产值（万元）	企业平均产值增长率	从业人数（万人）	人均产值（万元）	人均产值增长率
2013	3075	5816. 38	18915. 06	—	102. 36	56. 82	—
2014	3125	5855. 30	18736. 96	-0. 94%	92. 66	63. 19	11. 21%
2015	3247	6085. 64	18742. 36	0. 03%	91. 47	66. 53	5. 29%
2016	3236	6204. 00	19171. 83	2. 29%	93. 73	66. 19	-0. 51%
2017	3723	6926. 24	18603. 92	-2. 96%	95. 35	72. 64	9. 75%

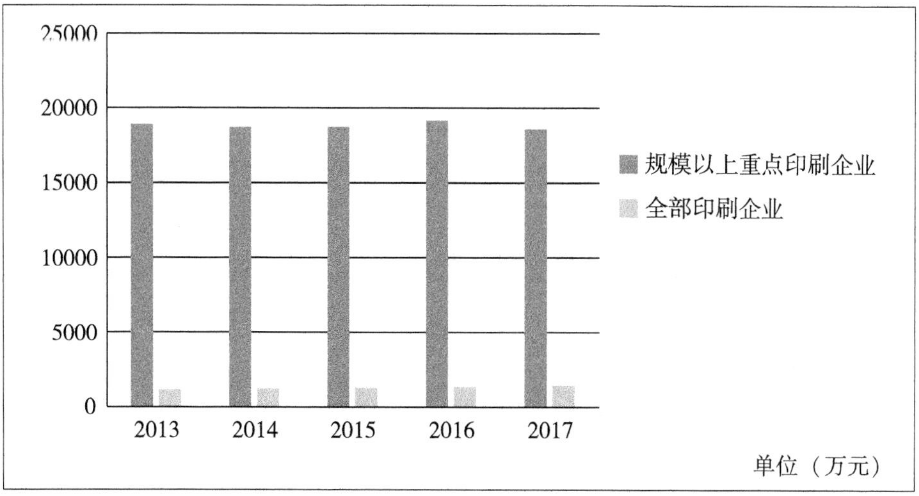

图 42　2013—2017 年规模以上重点印刷企业和全部印刷企业平均产值变化情况对比

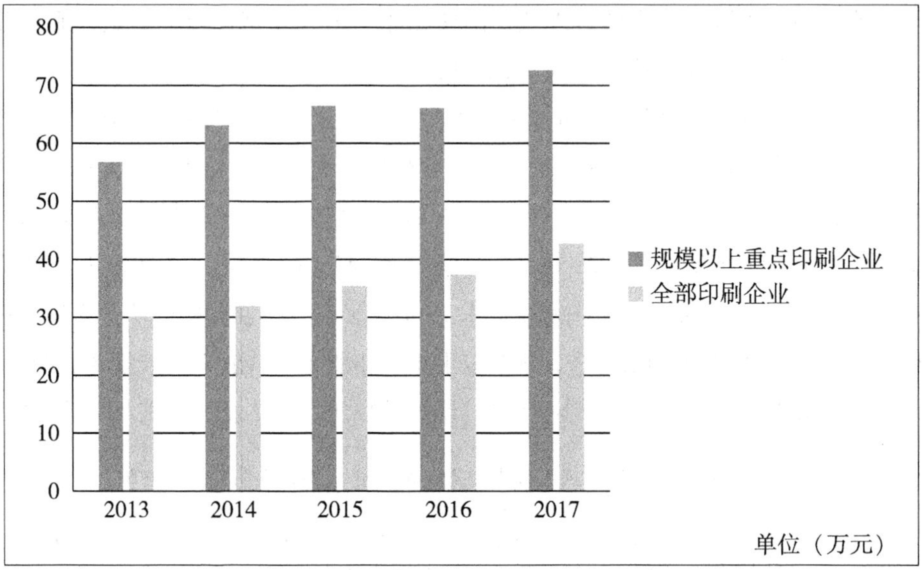

图43　2013—2017年规模以上重点印刷企业和全行业人均产值变化情况对比

2013—2017年，规模以上重点印刷企业数量基本实现稳步增长，利润却有所起伏，整体呈现下行趋势，2017年比2013年下滑6.37%。在此期间，两项指标的不同表现，导致规模以上重点印刷企业的平均利润逐年下滑。2013年，规模以上重点印刷企业的平均利润为1621.53万元，位于区间高点。经过连续下滑，2017年跌至1253.93万元，降幅为22.67%，位于区间低点。2013年，规模以上重点印刷企业的平均利润是行业整体水平的22.23倍，2017年降至18.36倍。

同期，规模以上重点印刷企业人均利润在5万元上下频繁波动，但幅度不大。其中，区间高点出现在2015年，为5.02万元；区间低点出现在2016年，为4.52万元；2017年为4.90万元，同比提高8.36%，比区间高点低2.39%，比2013年微增0.62%，是全行业人均利润水平的2.04倍。

2013—2017年，规模以上重点印刷企业平均利润下降22.67%，比同期全部印刷企业平均利润-6.35%的增长率低了16.32个百分点；人均利润增长0.62%，比同期全行业人均利润6.19%的增长率低5.57个百分点。这在一定程度上说明，规模以上重点印刷企业与全行业一样，也面临着如何提升盈利能力的问题，压力还有可能更大一些。（见表31、图44、图45）

表 31　2013—2017 年规模以上重点印刷企业平均利润和人均利润

年份	企业数量（家）	利润总额（亿元）	企业平均利润（万元）	企业平均利润增长率	从业人数（万人）	人均利润（万元）	人均利润增长率
2013	3075	498.62	1621.53	—	102.36	4.87	—
2014	3125	442.81	1416.99	-12.61%	92.66	4.78	-1.90%
2015	3247	459.07	1413.83	-0.22%	91.47	5.02	5.02%
2016	3236	423.52	1308.78	-7.43%	93.73	4.52	-9.99%
2017	3723	466.84	1253.93	-4.19%	95.35	4.90	8.36%

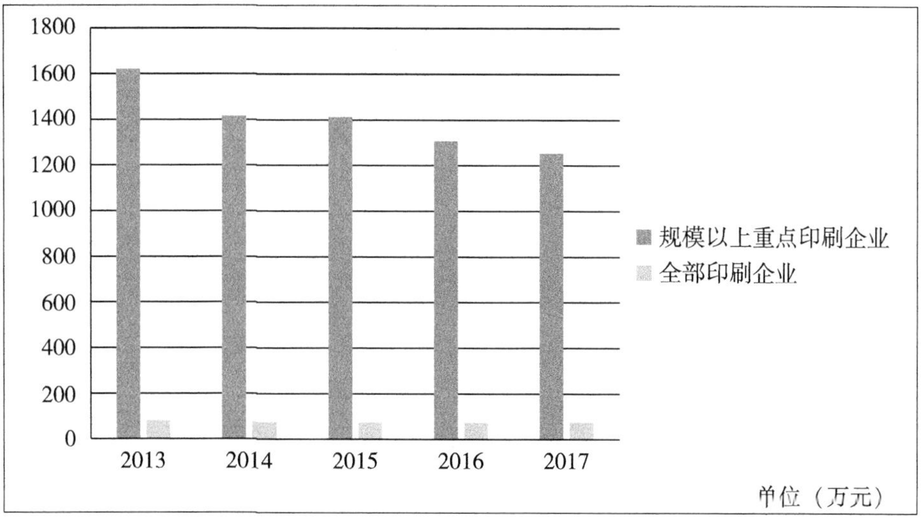

图 44　2013—2017 年规模以上重点印刷企业和全部印刷企业平均利润变化情况对比

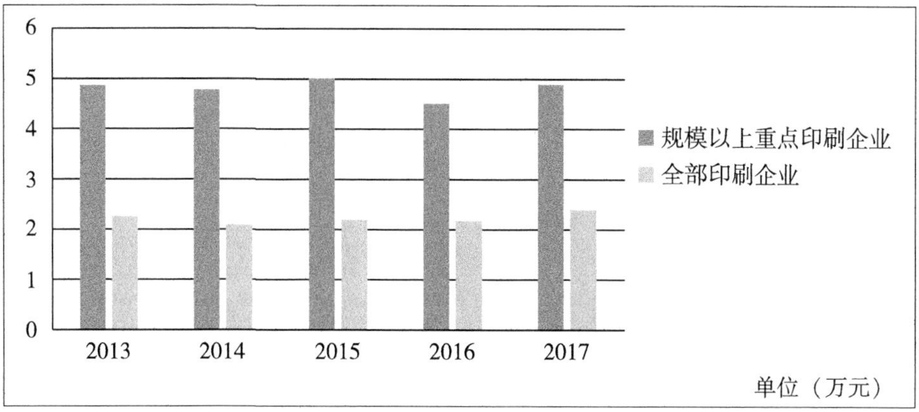

图 45　2013—2017 年规模以上重点印刷企业和全部印刷企业人均利润变化情况对比

凭借相对更有优势的技术能力、营销能力和人才储备，规模以上重点印刷企业还是我国印刷业开展对外加工贸易的主力军。2013—2017 年，规模以上重点印刷企业对外加工贸易额实现持续增长，且增速逐年提高，而全行业对外加工贸易额则走势跌宕增幅不高，这导致规模以上重点印刷企业对外加工贸易额在全行业的占比提升明显。

2013—2017 年，规模以上重点印刷企业实现对外加工贸易额由 592.79 亿元增至 652.80 亿元，增长 23.22%。其中，2017 年同比增速达到 13.18%，创近年来的高点。同期，印刷业对外加工贸易额由 2013 年的 841.48 亿元增长至 2017 年的 841.85 亿元，微增 0.04%，近乎持平。在 2017 年还出现了 3.71% 的负增长。

在此期间，规模以上重点印刷企业对外加工贸易额在行业总量中的占比由 62.96% 增长至 77.54%，提高了 14.85 个百分点。其中，2013—2016 年由 62.96% 提升至 65.97%，走势相对平稳，2017 年则突然发力，比 2016 年提高了 11.57 个百分点。（见表 32、图 46）

（二）规模以上重点印刷企业的区域分布

规模以上重点印刷企业的分布情况，是一个地区印刷业整体实力的重要表现，反映了当地社会经济发展的整体水平。我国规模以上重点印刷企业的区域分布特点，与整个印刷业的格局相一致。珠三角、长三角、环渤海和中部地区，既在全国经济发展中发挥着渐次推进、梯度发力的作用，又具有雄厚的印刷产业基础，集中了国内超过 80% 的规模以上重点印刷企业。

表 32　2013—2017 年规模以上重点印刷企业对外加工贸易额和行业对外加工贸易额

年份	规模以上重点印刷企业对外加工贸易额（亿元）	规模以上重点印刷企业对外加工贸易额增长率	行业对外加工贸易额（亿元）	行业对外加工贸易额增长率
2013	529.79	—	841.48	—
2014	535.18	1.02%	866.17	2.93%
2015	552.86	3.30%	865.18	-0.11%
2016	576.77	4.32%	874.28	1.05%
2017	652.80	13.18%	841.85	-3.71%

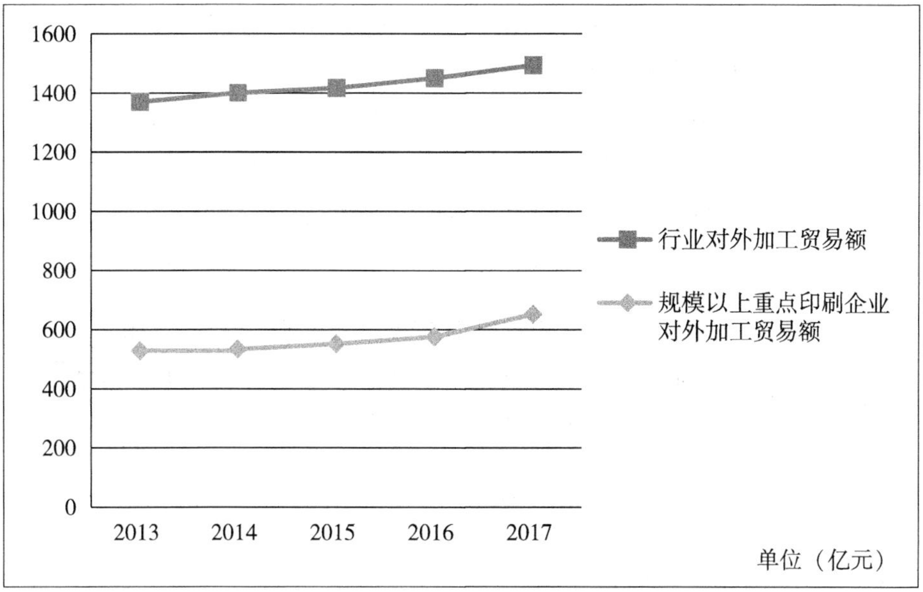

图 46 2013—2017 年规模以上重点印刷企业对外加工贸易额和行业对外加工贸易额变化情况对比

2017 年，我国内地 31 个省、自治区、直辖市中，除了青海省外，均有规模以上重点印刷企业分布。其中，广东作为全国印刷业规模最大、技术底蕴最为深厚的省份，拥有的规模以上重点印刷企业数量遥遥领先，达到 829 家，占全部规模以上重点印刷企业的 22.27%。拥有一批大型外资印刷企业，产业规模位居全国第二的江苏省，拥有 513 家规模以上重点印刷企业，仅次于广东省，与其他省份相比同样具有较为明显的领先优势。此外，浙江省、山东省分别拥有 388 家、301 家规模以上重点印刷企业，在各省份中分别位居第三、第四；上海拥有 270 家规模以上重点印刷企业，位居第五。福建省、安徽省、四川省、湖北省、天津市拥有的规模以上重点印刷企业数量均在 100—200 家之间，分别为 177 家、150 家、137 家、130 家、100 家，占据第六到第十位。在规模以上重点印刷企业数量位居全国前十的省份中，有 8 家出自四大产业带，分别是珠三角地区的广东省，长三角地区的江苏省、浙江省、上海市，环渤海地区的山东省、天津市，中部地区的安徽省、湖北省。出自四大产业带之外的是福建省、四川省。

2017 年，全国排名前十的省份共拥有规模以上重点印刷企业 2995 家，占全国规模以上重点印刷企业总量的 80.45%。这部分企业拥有的资产总额为 6498.40

亿元，占全国规模以上重点印刷企业资产总额的82.12%；实现的工业总产值、工业增加值、利润总额分别为5670.08亿元、1457.87亿元、372.09亿元，在全国规模以上重点印刷企业相应指标中的占比分别为81.86%、82.51%、79.71%。排名前十的省份拥有的规模以上重点印刷企业的数量及其他各项指标，在全国总量中的占比均在80%左右，远超在内地省份数量中的占比，这再次表明，我国印刷业发展并不均衡，部分省份起步较早，领先优势明显。(见表33)

表33　2017年我国拥有规模以上重点印刷企业数量最多的十个省份

序号	省份	企业数量(家)	资产总额(亿元)	工业总产值(亿元)	工业增加值(亿元)	利润总额(亿元)
1	广东	829	1754.34	1600.98	486.36	95.46
2	江苏	513	958.90	992.21	227.58	69.64
3	浙江	388	786.59	662.85	158.10	37.97
4	山东	301	540.20	475.30	77.56	27.81
5	上海	270	916.85	634.72	200.35	52.68
6	福建	177	453.99	392.36	107.30	27.92
7	安徽	150	280.18	256.44	54.34	22.06
8	四川	137	244.65	282.02	61.30	15.98
9	湖北	130	381.33	212.17	54.09	17.44
10	天津	100	181.37	161.03	30.90	5.13
合计		2995	6498.40	5670.08	1457.87	372.09

将四大产业带分别作为一个整体进行对比，拥有规模以上重点印刷企业最多的是长三角地区。2017年，长三角地区拥有的规模以上重点印刷企业达到1171家，在全国规模以上重点印刷企业总量中的占比为31.45%；长三角规模以上重点印刷企业的资产总额、工业总产值、工业增加值、利润总额四项指标在四大产业带中也位居首位，分别为2662.33亿元、2289.78亿元、586.03亿元、160.29亿元，在全国规模以上重点印刷企业相应指标中的占比分别为33.64%、33.06%、33.17%、34.34%，略高于企业数量占比。

珠三角地区以广东一省之力，拥有829家规模以上重点印刷企业，企业数量仅次于长三角地区，在全国规模以上重点印刷企业总量中的占比为22.27%；珠三角规模以上重点印刷企业的资产总额、工业总产值、工业增加值、利润总额分别为1754.34亿元、1600.98亿元、486.36亿元、95.46亿元，与长三角地区有一定差距，但大幅领先于环渤海和中部地区，在全国规模以上重点印刷企业相应指标中的占比分别为22.17%、23.11%、27.53%、20.45%。

环渤海地区拥有613家规模以上重点印刷企业，企业数量在四大产业带中位居第三，在全国规模以上重点印刷企业总量中的占比为16.47%；环渤海规模以上重点印刷企业的资产总额、工业总产值、工业增加值、利润总额分别为1219.51亿元、1058.70亿元、233.07亿元、66.22亿元，在全国规模以上重点印刷企业相应指标中的占比分别为15.41%、15.29%、13.19%、14.19%，均低于企业数量的占比，说明其规模以上重点印刷企业的平均规模偏小。

在四大产业带中，中部地区涵盖的省份数量最多，拥有的规模以上重点印刷企业最少，为513家，在全国规模以上重点印刷企业总量中的占比为13.78%；中部地区规模以上重点印刷企业的资产总额、工业总产值、工业增加值、利润总额分别为1089.07亿元、861.55亿元、183.22亿元、60.98亿元，在全国规模以上重点印刷企业相应指标中的占比分别为13.76%、12.44%、10.37%、13.06%，均位居第四。

2017年，四大产业带共拥有规模以上重点印刷企业3126家，占全国规模以上重点印刷企业总量的83.96%。这部分企业拥有的资产总额达到6725.26亿元，占全国规模以上重点印刷企业资产总额的84.98%；实现的工业总产值、工业增加值、利润总额分别达到5811.02亿元、1488.67亿元、382.96亿元，在全国规模以上重点印刷企业相应指标中的占比分别为83.90%、84.26%、82.03%。

四大印刷产业带之外的其他16个内地省份，一共拥有规模以上重点印刷企业597家，在全国规模以上重点印刷企业总量中的占比为16.04%；这部分企业拥有的资产总额为1188.39亿元，在全国规模以上重点印刷企业总量中的占比分别为15.02%；实现的工业总产值、工业增加值、利润总额分别为1115.22亿元、278.13亿元、83.88亿元，在全国规模以上重点印刷企业相应指标中的占比分别为15.02%、16.10%、15.74%、17.97%。

将这16个省份作为一个整体与四大产业带对比，其拥有的规模以上重点印刷企业数量和资产总额仅高于中部地区，位居第三；实现的工业总产值、工业增加值、利润总额三项指标略高于环渤海地区，但与仅有广东一省的珠三角地区还有一定差距，位居第三。我国印刷业区域发展水平之间的鸿沟，由此可见一斑。（见表34、图47、图48、图49、图50、图51）

表 34　2017 年珠三角、长三角、环渤海和中部地区规模以上重点印刷企业数量、资产总额、工业总产值、工业增加值和利润总额

区域	企业数量（家）	资产总额（亿元）	工业总产值（亿元）	工业增加值（亿元）	利润总额（亿元）
珠三角	829	1754. 34	1600. 98	486. 36	95. 46
长三角	1171	2662. 33	2289. 78	586. 03	160. 29
环渤海	613	1219. 51	1058. 70	233. 07	66. 22
中部地区	513	1089. 07	861. 55	183. 22	60. 98
其他地区	597	1188. 39	1115. 22	278. 13	83. 88

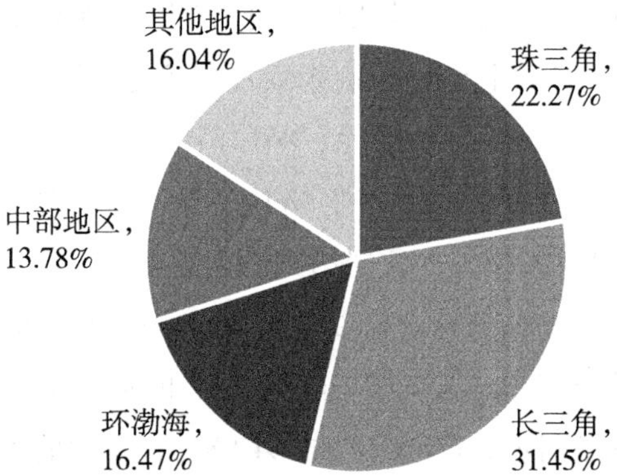

图 47　2017 年珠三角、长三角、环渤海和中部地区规模以上重点印刷企业数量在全国规模以上重点印刷企业总量中的占比

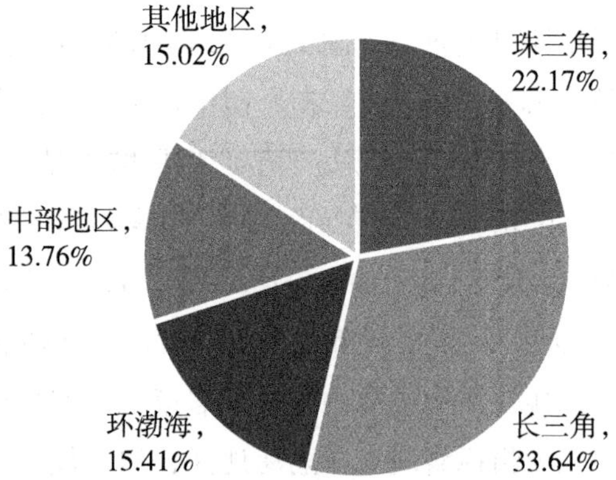

图 48　2017 年珠三角、长三角、环渤海和中部地区规模以上重点印刷企业资产总额在全国规模以上重点印刷企业资产总额中的占比

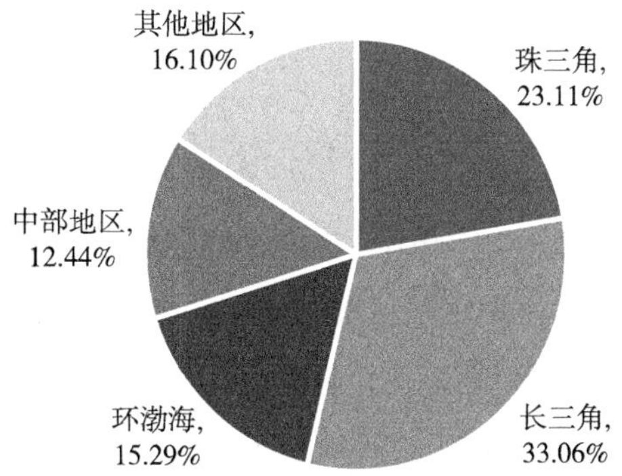

图 49　2017 年珠三角、长三角、环渤海和中部地区规模以上重点印刷企业工业总产值在全国规模以上重点印刷企业工业总产值中的占比

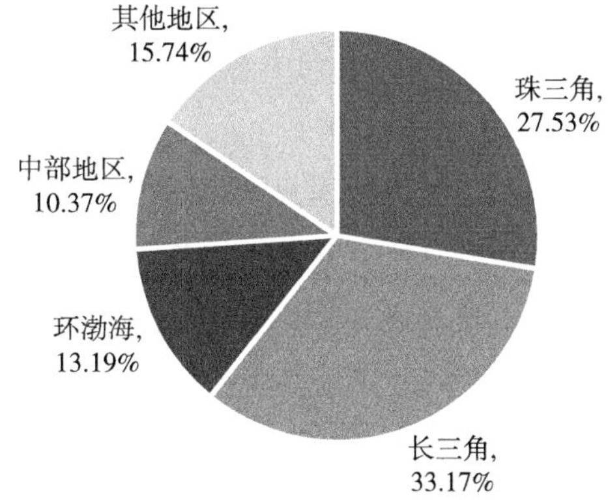

图 50　2017 年珠三角、长三角、环渤海和中部地区规模以上重点印刷企业工业增加值在全国规模以上重点印刷企业工业增加值中的占比

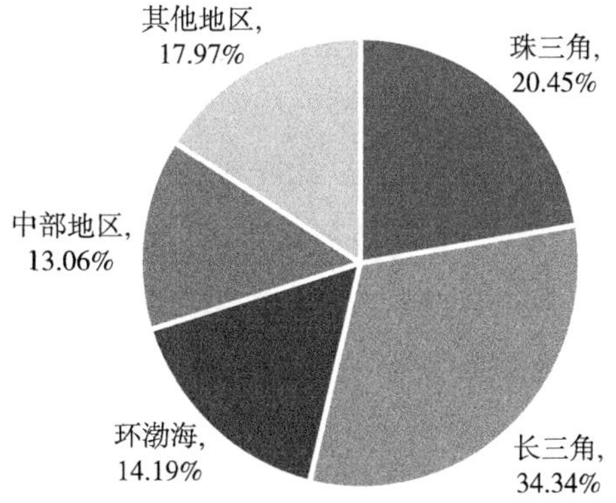

图 51　2017 年珠三角、长三角、环渤海和中部地区规模以上重点印刷企业利润总额在全国规模以上重点印刷企业利润总额中的占比

六、结束语

从整体上看，2017年我国印刷业呈现发展态势稳中趋强、产业结构不断优化、发展方式加速转变、创新活力加速释放的特点。在各种因素的共同作用下，印刷总产值同比增速触底反弹，利润总额止跌微升。与此同时，企业总量继续减少，规模以上重点印刷企业数量较快增长，产业集中度稳步提升。

在整体企稳向好的情况下，印刷业各细分市场的走势有所分化。其中，期刊和报纸印刷总量受新媒体冲击，下滑趋势明显；图书印刷走势平稳，仍保持着小幅增长；纸包装、塑料软包装、金属罐包装等各类包装装潢印刷品印刷增长势头良好，成为行业发展的主要推动力；普通票据印刷受票据无纸化的影响，涉足企业数量和产值均出现了下滑。

印刷市场环境的变化以及环保治理、纸价波动等“黑天鹅”因素的影响，使印刷企业的分化、整合成为一种趋势。部分中小企业受市场变化或环保压力等各种因素影响退出市场，导致印刷企业总量减少。与此同时，业务资源向部分优势企业集中，带动了规模以上重点印刷企业数量的提升。尤其是，在行业利润总额基本持平的情况下，规模以上重点印刷企业的平均利润率与行业整体水平的差距有拉大之势，说明印刷企业的分化在加速。

从区域布局来看，广东及其代表的珠三角地区印刷业在经过前几年的调整之后，呈现出积极向好的发展势头，成为2017年行业回暖的主要动力源，长三角地区、中部地区印刷产业带走势相对平稳，环渤海受各种因素影响，印刷总产值出现下滑。

经过改革开放40年的快速发展，我国印刷业已经进入了供给侧结构性改革和新旧动能转换的关键期。对印刷企业而言，现阶段的印刷市场挑战与机遇并存，只有准确把握市场发展趋势，做出科学合理的战略规划，才有可能在产业的整合期脱颖而出，实现高质量可持续发展。

专题报告

中国印刷业智能化发展报告（2018）

国家新闻出版署

前　言

印刷业具有意识形态和制造服务双重属性。印刷业是学习宣传贯彻习近平新时代中国特色社会主义思想的重要技术支撑，是我国实体经济的重要组成部分，也是我国文化产业发展的主力军。

智能制造是深化供给侧结构性改革、推动我国经济实现高质量发展的国家战略，是质量变革的有效手段，效率变革的关键抓手，动力变革的重要支撑。

印刷智能制造是基于新一代信息通信技术与印刷先进制造技术深度融合，贯穿于设计、生产、管理、服务等印刷制造的各个环节，具有自感知、自学习、自决策、自执行、自适应等功能的新型生产方式。印刷业智能化发展是推进印刷智能制造的螺旋上升过程，集智能手段和智能系统等新兴技术于一体，是印刷自动化和数字化发展的新阶段。推进印刷业智能化发展，对更好地承担举旗帜聚民心育新人兴文化展形象的使命任务、加快建设印刷强国、引领产业高质量发展具有重要意义。

为发挥国家发展规划的战略导向作用，国家新闻出版署从2018年开始编制发布《中国印刷业智能化发展报告》，计划以后每两年发布一次，对我国推进印刷业智能化发展做出指导引领和专题系统规划。

《中国印刷业智能化发展报告（2018）》由印刷发行司联合中国新闻出版研究院组织业内专家集体编制完成。该报告在系统分析印刷业发展现状的基础上，通过实地考察、专题调研、专家研讨、技术研判等方式，提出了我国推进印刷业智能化发展的总体要求、推进路径、重点任务和保障措施。

一、现状和形势

(一) 发展现状

经过改革开放40年来的努力，我国印刷业的生产能力、覆盖范围、市场运行和产业规模已位居世界前列。根据2018年印刷企业年度报告，2017年我国印刷业态势稳中缓升，印刷总产值为12057.7亿元，同比增长4.6%，一举扭转2012年以来增长速度的下滑态势，发展速度触底反弹、控量提质趋势渐显、新动能接续转换，新窗口期效应正在显现。然而，与发达国家相比，我国印刷业仍然大而不强，产品量大而不精，在设备水平、管理能力、全员劳动生产率，特别是智能化建设方面，还有很大的提升空间。

1. 发展阶段起步探索

智能化建设是印刷业全新的课题和实践，没有成熟的经验可以遵循。目前，我国印刷业智能化发展整体上处于破题、探索和起步阶段。

多数企业信息化系统覆盖率较低，即使规模、效益、技术领先的国家印刷示范企业，实现系统集成或一体化的比例低于25%。部分企业在生产过程的局部环节达到一定的自动化、数字化水平，如山东鲁信天一印务有限公司的生产环节、上海翔港包装科技股份有限公司的物流环节。个别企业具备了智能制造的雏形，如鹤山雅图仕印刷有限公司、江苏彩华包装集团实现生产机台实时监控和在线生产管控以及物流跟踪，并积极探索无人车间。

2. 发展水平多化并存

目前，我国印刷企业在装备上已经基本实现机械化、自动化，但数量众多的中小企业数字化基础薄弱，缺少系统建设规划。部分大中型印刷企业较早开展数字化、网络化建设，引入企业资源计划（以下简称“ERP”）系统、生产制造执行系统（以下简称“MES”）等，购置先进自动化设备，发展智能物流，具备了实现智能化的良好基础，如安徽新华印刷有限公司、河南新华印刷集团有限公司、江苏利特尔绿色包装股份有限公司等。

在今后相当长的时期内，我国印刷业仍将处于数字化的普及期、网络化的推广期、智能化的探索示范期，阶梯性共生现象将会长期存在。

3. 区域布局离散碎片

我国印刷业呈现典型的区域性分布特征，珠三角、长三角、环渤海区域长期领跑产业发展，印刷产值占全国印刷业总产值的66.9%，产业集群优势明显。尽管基础较好，但在上述区域中，也只有部分企业开始有意识地进行智能化建设，个别企业提出了规划方案，智能化聚集水平与产业集群尚不匹配。中西部地区印刷产业基础相对落后，多数企业规模较小、资金有限、技术装备落后，缺少开展智能化建设的主动性、自觉性，发展水平相对滞后。

从整体上看，我国印刷业智能化建设整体呈现点状分布，产业聚集度不高，区域布局离散化、碎片化特征明显。

4. 发展方向渐成共识

印刷业目前面临产能过剩、成本上升、环保刚性约束增强等多重压力，利润率持续走低，传统的劳动密集型生产方式难以为继。越来越多的企业认识到，智能化能够提升作业效率和有效劳动时间，减少劳动力需求，降低综合成本，是企业转型发展的新方向。以国家印刷示范企业为例，已有83%的企业制订了智能化相关规划，并有一部分企业已着手实施。鹤山雅图仕印刷有限公司贺卡生产车间印后环节实施智能化改造后，用工数量减少70%，而产量不降反增。

在装备技术水平稳步提升的基础上，通过智能化建设优化存量资源配置，扩大优质增量供给，带动全行业转型升级，实现高质量发展，逐渐成为行业共识。

（二）面临的形势

1. 推进路径模糊

印刷业智能化发展仍处于起步阶段，没有成熟的经验和路径可以借鉴。多数企业对智能化建设的解决方案、推进路径、关键技术等认识不清晰。部分企业对智能化建设的理解存在误区，过分注重高端生产装备，视无人车间为智能工厂，将自动化等同于智能化，忽视信息化建设的基础性作用。

2. 基础条件薄弱

我国印刷企业精益管理、精益生产水平有待提高，有的计划执行不到位，成本核算不精确，生产方式较为粗放。生产装备方面，有的无接口或者虽有接口但无数据，开放性不足；软件方面，应用水平参差不齐，各行其道，集成度有待提高。同时，印刷生产流程的标准化和规范化水平不高，智能化建设的基础亟待夯实。

3. 体系链条破碎

智能化建设是系统工程，需要印刷产业链上下游和业内外协同创新共建。一方面，受产能相对过剩、成本持续上升、融资渠道相对单一的制约，产业链上下游内生动力不强；另一方面，尽管产业整体规模较大，但对外软硬件市场需求相对较小且增长缓慢。生态体系链条破碎，成为制约印刷业推进智能化发展的主要短板。

4. 人才支撑缺乏

智能化建设是全新的探索和实践，需要大量既精通印刷技术和企业管理，又了解互联网、大数据、人工智能等现代信息技术的高素质、复合型创新人才。我国现有 19 所高校涉及印刷类教育，主要集中在技术工艺、装备制造、材料应用、生产管理等方面，缺乏跨学科跨领域的新型人才培养体系。同时，现有技能型人才培训体系发展相对滞后，难以满足行业对智能化建设人才的多方面需求。有 76% 的国家印刷示范企业认为人才缺乏是阻碍其智能化发展的重要因素。

二、总体要求

（一）指导思想

认真学习宣传贯彻习近平新时代中国特色社会主义思想和党的十九大精神，贯彻落实全国宣传思想工作会议精神，扎实推进《中国制造 2025》落实，增强“四个意识”、坚定“四个自信”，深化供给侧结构性改革，以加强阵地建设为目标，以提质增效为中心，以信息技术与印刷技术深度融合为主线，坚持“标准先行、夯实基础，数据驱动、融合发展，模式创新、示范引领”24字发展方针，探索智能化建设的可行路径，推动印刷业质量变革、效率变革、动力变革，加快建设印刷强国，实现高质量发展。

（二）工作原则

1. 坚持统筹规划、系统推进

统筹整合优势资源，加强顶层设计，调动全产业链的积极性，全力推动印刷业智能化建设。针对印刷业智能化建设中的薄弱与关键环节，通过系统部署关键印刷技术和装备创新、示范试点探索、标准体系建设等举措，补齐智能化建设过程中的短板，推进智能制造在印刷业的实践。

2. 坚持夯实基础、成熟先行

立足国情，遵循智能化建设的发展规律，循序渐进推进智能化建设。准确把握新一轮科技革命和产业变革趋势，不断提升印刷业的软硬件水平、标准化水平、精益生产水平等，夯实智能化基础。鼓励和支持条件成熟的企业率先开展印刷智能工厂/数字化车间建设，发展和完善新型制造和商业模式，发挥辐射带动作用，推动全行业智能化建设。

3. 坚持多点突破、整体提升

正视不同地区、不同企业的发展基础和水平差异，针对出版物印刷企业、包装装潢印刷品印刷企业、其他印刷品印刷企业的特点，加强分类施策，支持若干重点项目，实现多点突破。坚持印刷业发展全国一盘棋和分层指导相结合，合理布局，明确方向，加快推动智能化建设能力整体提升。

4. 坚持协同创新、为我所用

建立健全“政、产、学、研、用、金”协同创新机制，实现技术、人才、知识、资本等各类创新要素的有效对接，竞相成长，各展其能，激发印刷产业链上下游的创新活力。应用国内外先进技术成果，借鉴业内外成熟方案模式，博采众长，融会贯通，为我所用，着力掌握关键核心技术，形成自主发展能力。

（三）发展目标

根据当前印刷业发展的实际情况，结合《印刷业“十三五”时期发展规划》，到2020年为我国印刷业智能化的启动期，通过形成共识、夯实基础，解决难题、探索方案，在智能制造标准体系、数字化水平、支撑能力、创新能力、示范试点等方面取得阶段性进展，加速推动印刷业实现“两化融合”，培育新型发展模式，为实现更高水平的智能化奠定基础。

1. 智能制造标准体系形成思路

制订《印刷智能制造标准体系表》，启动参考模型、术语定义等基础通用标准和数据格式、通讯协议与接口等关键技术标准的起草工作，逐步形成面向印刷生产服务全流程的智能设备、智能管理、智能服务标准，印刷智能制造通用技术、行业关键技术在示范试点企业得到验证应用，对智能制造标准体系的构建形成思路，为印刷业智能化建设提供有力支撑。

2. 企业的数字化建设全面推开

基于新一代信息通信技术，印刷生产自动化和数字化发展到新阶段，基本的信息技术/系统在规模以上重点印刷企业实现全覆盖，在中小型印刷企业逐步应用。数字化贯穿于设计、生产、管理、服务等印刷制造的各个环节，初步实现纵向、横向和端到端的信息互联。通过设计数字化、生产自动化、装备智能化、服务网络化、管理信息化，实现减少人工、节能减排、精益生产，初步完成印刷生产过程由分段操作、集中控制向分散式增强型控制模式的转变。

3. 软硬件的支撑能力明显提升

通过建设测试平台等方式，培育整合具有较强创新能力、实施能力的智能化系统解决方案供应商，研发一批实现互联互通、信息融合等的生产管理软件共性技术，一批具备数据通讯、参数预置等智能制造关键技术特征的国产印刷装备，生产数据开放应用率达60%以上，为从自动化、数字化向智能化过渡打下基础。

4. 产业模式创新能力得到提高

基于互联网、大数据和人工智能技术，实施柔性化生产、精益化管理，满足定制化、小批量的市场需求，提高印刷企业生产、服务模式创新能力，初步实现由被动加工向主动服务的转变。印刷生产与信息技术、装备制造和新型材料等跨界融合效果显著，印刷业与上下游之间信息紧密互联，提升产业科技含量和服务属性比重，全产业链的业务价值整合与系统优化水平明显提高。

5. 智能制造示范试点取得突破

推动智能印刷示范试点企业率先开展印刷设备智能化升级、印刷工艺流程优化与改造、基础数据采集与集成、实时在线检测与控制、智能决策支持等试点应用，解决印刷业智能化中的共性技术难题，实现运营成本下降，生产周期缩短，全员劳动生产率平均提高20%以上，不良品率平均降低15%以上，能耗平均降低10%以上。具备较强的市场竞争力，形成有效推进智能化发展的路径和模式，在全行业具有较高示范推广价值。

6. 成为全国智能制造关注领域

《中国制造2025》的核心是实现制造业智能升级，强调要加快推动新一代信息技术与制造技术融合发展，把智能制造作为两化深度融合的主攻方向。遵循《中国制造2025》规划蓝图，推进印刷生产过程智能化，建设印刷智能工厂/数字化车间，加快人机智能交互、工业机器人、智能物流管理等技术和装备在印刷生产中的应用，深化互联网在印刷领域的应用，发展基于互联网的个性化定制、众包设计、印刷电商、网络云印刷等新型产业模式，使印刷业成为全国智能制造关注领域。

三、推进路径和重点任务

（一）推进路径

工信部、财政部发布的《智能制造发展规划（2016—2020年）》明确了我国智能制造发展的基本原则、发展目标、重点任务，特别指出，要加快智能制造装备发展、加强关键共性技术创新、建设智能制造标准体系、加大智能制造试点示范推广力度、推动重点领域智能转型、促进中小企业智能化改造、培育智能制造生态体系等，为我国智能制造的发展指明了方向。此外，中国工程院在《新一代智能制造》专题研究报告中提出了智能制造的三种基本范式：数字化制造范式、数字化网络化制造范式、数字化网络化智能化制造范式。其中，数字化是基础，网络化是关键，智能化是方向。

对标《智能制造发展规划（2016—2020年）》，参照智能制造的三种基本范式，结合我国印刷业发展的实际情况，印刷业智能化建设可以探索“并行推进、融合发展”的推进路径：一是夯实扩大数字化基础，二是提升推广网络化应用，三是启动试点智能化制造。

1. 夯实扩大数字化基础

数字化制造是在数字化技术和制造技术融合的背景下，通过对产品信息、工艺信息和资源信息进行数字化描述、分析、决策和控制，快速生产出满足用户要求的产品。其主要特征是：数字技术在产品中得到普遍应用，形成数字化的创新产品；广泛应用数字化设计、建模仿真、数字化装备、信息化管理；实现生产过程的集成优化。

对印刷业而言，要引导还没有完成数字化转型的广大中小印刷企业，围绕自身特点和发展战略，针对印刷生产工艺流程，开展印刷生产过程数字化和智能管控方向建设，通过应用 ERP 等信息系统，不断提升企业数字化建设水平，推动信息化和工业化初步融合，实现数据驱动下的印刷加工能力提升和精益生产。

2. 提升推广网络化应用

通过互联网将人、流程、数据和事物连接起来，实现企业内、企业间的协同和各种社会资源的共享与集成，重塑制造业的价值链，从而使产品实现网络连接，制造实现横向集成、纵向集成和端到端集成，打通整个生产过程的数据流、信息流，是实现智能化的关键。

对印刷业而言，鼓励数字化水平较高的部分印刷企业，以新一代信息网络技术为基础，实现设备互联互通，保障信息安全和功能安全，增强智能化建设的支撑能力。基于 MES 建设印刷智能工厂/数字化车间，深入推进印刷交易环节的数字化和网络化，发展印刷电商、个性化定制等新型商业模式，推动生产和服务模式的变革。

3. 启动试点智能化制造

智能化制造是新一代人工智能技术与先进制造技术深度融合。其特征是重塑设计、制造、服务等产品全生命周期的各环节及其集成，催生新技术、新产品、新业态、新模式。

对印刷业而言，支持理念先进、技术水平高、创新能力强的印刷企业，特别是具备较好基础的印刷企业，加强与互联网、云计算、人工智能等先进技术的融合，推进大数据驱动下的印刷智能制造共性技术和赋能技术研发与应用。基于信息物理系统（CPS）研发印刷生产过程的智能传感、模式识别、学习、分析、推理、决策、执行等智能化支撑技术和赋能工具，完善印刷业智能制造支撑体系，部分企业先行先试，初步实现智能化转型。

（二）重点任务

1. 坚持正确方向，做好制度设计

国家新闻出版署每两年发布一次《中国印刷业智能化发展报告》，对印刷业智能化发展做出专题专项规划，明晰发展目标和方向，规划产业布局，定期开展行业智能化建设调查研究，推动建立智能印刷示范试点企业，推进印刷业的智能化发展进程。相关单位和机构持续开展印刷智能化发展协同创新研究，探索建设模式，分解技术任务，打破技术壁垒，打通信息孤岛，实现产业链的信息互联，不断提升智能化建设的服务配套能力，激发印刷企业智能化建设的内生动力。

2. 出台标准体系，加快标准制订

充分发挥标准在推进印刷业智能化建设中的支撑和引领作用，在国家智能制造标准前提下，基于现有智能制造基础通用和关键技术标准，制订《印刷智能制造标准体系表》。针对智能制造标准跨行业、跨专业、跨领域的特点，不断研究、完善印刷智能制造标准体系的框架结构。制订涵盖基础通用、智能印刷设备、印刷智能工厂、智能印刷服务等四类行业应用标准，完成立项、制订标准 15 项。联合产业链上下游企业、高校、科研机构共同推进标准体系不断更新，满足印刷智能制造发展的需求。加强宣贯培训，通过召开标准体系研讨会、培训班等多种形式培养标准化人才，加快印刷智能制造标准的推广应用。

3. 开展协同研发，弥补装备短板

生产装备的智能化是印刷业智能化的重要基础。围绕印刷业智能化建设需求，推动装备制造企业协同创新，争取建立 5 家具备较高水平的智能化装备研发中心，开展印刷装备运行状态监测、智能管控等技术研发，重点解决印刷装备数字化水平不高、接口开放性不足、通讯能力差、稳定性可靠性低等短板。实现印刷生产中的实时监控、在线质量检测、生产信息提取等功能，提高国产装备数字化、智能化水平。加强与机械臂、AGV、仓储物流设备等智能化通用设备企业的联系与合作，提高自身技术集成能力，弥补智能化装备配套能力不足的短板。

4. 丰富系统应用，促进数据联通

在普及实施 ERP 系统基础上，引入 MES、产品生命周期管理（PLM）、高级计划排产系统（APS）、仓库管理系统（以下简称“WMS”）等信息化管理手段。基于 ERP、MES、APS 以及数据采集等，实现柔性化生产与拉动式生产，生产过程可监控，生产过程与物料、设备、信息系统、人员连接，提升基于数据的预测、分析、执行能力。基于 WMS、数据采集和智能物流线，联通物流系统与搬运工具及生产设备，使物流仓储自动运行并具有自主决策功能，优化库存量。基于设备与设备、设备与系统的有效连接，使设备具备自感知、自决策、自执行模式，可基于数据对设备进行预防性维护，实现生产设备的智能化。基于 ERP、PLM、移动客服、自感知，实现产品设计过程的智能化，使产品能够进行信息化识别，能够与信息系统相连，并能基于数据进行预测、分析和改进，以涵盖整个产品生命周期的管理，实现产品的智能化。通过系统间数据的互联互通，对生产过程中物流、资金流、信息流进行全面管理，优化资源利用，推进精益生产。

5. 打造数字车间，建设智能工厂

鼓励具备条件的印刷企业发挥资源优势，打造数字化改造重点项目，建设 20 个数字化车间，利用工业云平台，实现印刷生产过程中设备与设备、设备与人以及其他生产要素的智能互联，衔接生产流程中的“信息孤岛”和“物料孤岛”；启动建设 15 个智能工厂，基于数字化印刷工艺设计、智能化生产流程管理与调度、数字化印刷设备、印品质量闭环控制和物料配送为重点的系统集成，实现印刷生产中实时监控、检测和现场信息提取等智能管控，建立数据驱动生产决策、质量管控的智能工厂。印刷企业智能工厂/数字化车间建设要根据实际情况分阶段、分步骤逐步推进。建设初期配置 ERP、MES、中央控制室，实现车间作业可视化、生产汇报自动化、订单下达无纸化、数据分析智能化、质量管理追溯化。在此基础上，增加智能仓储、设备智能配套、智能物流、智能包装线等配置，逐步实现生产全流程的智能化。

6. 支持网络云印，发展印刷电商

重点建设 10 个网络云印刷平台，面向印刷企业生产服务网络化，通过 ERP 系统、MES 与电子商务平台互联，上下游与企业内部生产信息共享，缩短印刷产业链各环节之间的距离，实现生产资源和产能的优化配置。支持建设5个印刷电商平台，实现面向客户的接单、设计、报价、印刷与交易等业务网络化；对生产作业流程进行升级改造，满足个性化定制、小批量多批次的业务模式，适应分布式服务和制造的生产形态。重点强化大数据、互联网对于行业创新发展的引领作用，利用大数据分析技术实现企业运营、管理和决策的智能化，打造服务型印刷产业新业态。

7. 细分应用场景，优化建设模式

根据印刷产品特点，分类优化建设模式。出版物印刷企业以满足多元化需求为目标，侧重通过互联网平台打通出版、发行、印刷、服务数据链。采用数字流程改进生产工艺，实现出版物全生产流程的高效协同、精益生产；积极采用数字印刷技术，实施柔性生产，满足按需出版的服务需求。包装装潢印刷品印刷企业以拓展印刷品价值空间为目标，侧重从生产设备数字化和产品智能化入手，提升生产效率和产品效能，实现价值增长。推进生产设备/生产线的数字化、智能化，提高精准生产、敏捷制造能力。通过横向价值网络的协同创新，推进印刷加工与印刷服务的集成，基于物联网提供产品溯源、防伪、营销等增值服务，拓展盈利模式，提高核心竞争力。其他印刷品印刷企业产品门类较多、质量管控难度较大，智能化建设以实现生产全过程管控为目标，侧重从产品末端控制向全流程控制转变，基于印品质量控制需求实现生产过程数字化到智能化。在印刷生产、过程管理等单个环节信息化基础上，构建覆盖全流程的可追溯质量体系；通过上下游企业间的信息共享，促进内外部资源协同，提高企业运营效益。

8. 强化示范引领，培育生态体系

在全行业内选择创新意识强、实力雄厚、理念先进，具有代表性的优秀企业作为试点，推动建立10家智能印刷示范试点企业，支持其优先实施自动化生产线、数字化车间、智能工厂建设。鼓励、组织、指导符合条件企业申报国家智能制造综合标准化与新模式应用项目，承担国家级智能制造试点示范专项行动项目，在产业政策和资金支持上给予倾斜，使其率先享受到智能制造政策的红利，形成一批具有借鉴意义的典型案例和实施方案。发挥印刷智能制造测试线的技术探索、协同创新和效应示范作用，共享创新资源。不断探索、有效推进智能化建设的经验、方法和模式，加深对印刷智能制造的认识，调动全行业参与智能化建设的积极性。通过构建网络化的印刷电子商务、数字化的印刷生产流程、智能化的生产管理系统、集成化的智能印刷设备、多态化的智能印刷产品，以互联网思维构建大数据驱动下的印刷智能制造生态体系，培育行业增长新动能。

四、保障措施

（一）加强统筹协调

印刷业智能化建设涉及生产模式、管理模式、商业模式等重大变革，是一个庞大的系统工程。国家新闻出版署实施印刷智能制造示范试点工程，推动市场要素流动、资源整合和优势产能融合。各级新闻出版行政部门应积极与财政、金融、税务、发展和改革等部门沟通协调，采取有效措施，加强政策引导和扶持，争取将印刷业智能化建设纳入到相关规划中。

（二）完善创新体系

聚焦国家需求，强化规划引领，探索印刷智能化发展的系统布局。整合重点企业、高等院校、科研院所的智力和创新资源，充分发挥产业、科技、人才等方面的优势，建立印刷智能制造创新联合体，打造创新共享平台和公共服务平台，开展基础和关键共性技术攻关、成果推广运用、人才培养培训等服务，完善智能化支撑基础。建立市场化的创新方向选择机制和鼓励创新的风险分担、利益共享机制，弥合技术研发与产业化应用的鸿沟。

（三）搭建对接平台

积极搭建智能化建设对接平台，定期举办中国印刷业创新大会，组建印刷智能制造产业联盟，加强联系与合作，充分整合资源，推动印刷业智能化建设。与有关金融机构对接，形成产融对接机制，对印刷企业的智能化建设给予必要的资金扶持。力争建立中央到地方统筹规划部署、管理部门政策支持、行业协会协调引导、印刷企业主动实践的良好产业发展机制，充分发挥科研院所、高等院校、行业协会等在制订规划、调查研究、教育培训、资格认证、信息咨询、搭建交流平台、参与产业基地建设管理等方面的积极作用。

（四）加快人才培养

不断完善印刷业的人才培养体系，构建多层次人才队伍，培养一批能够突破智能制造关键技术、带动印刷业智能化建设的高层次领军人才，一批既擅长印刷企业管理又熟悉信息技术的复合型人才，一批能够开展智能化印刷技术开发、技术改进、业务指导的专业技术人才，一批技艺精湛、爱岗敬业的高技能人才。进一步健全人才培养机制，创新技术技能人才教育培训模式，促进企业和院校共同开展人才培养工作，建设智能印刷实训基地，培养满足智能化建设需求的高素质技能型人才。

五、结束语

2018 年是我国印刷业全面推进智能化发展元年。我国印刷业智能化发展虽刚刚起步，但千里之行始于足下，全行业必须坚持正确政治方向，不断增强智能化发展信心。既要登高望远，结合自身客观实际，辨析自动化、数字化、网络化、智能化发展阶段，探索自身特色发展之路；又要星火燎原，以点带面，加快培育印刷智能化生态体系，推动质量变革、效率变革、动力变革，引领产业高质量发展。

附录一　国家印刷示范企业智能化发展情况调查报告（略）

附录二　典型案例（略）

北京市出版物印刷服务首都核心功能建设升级指南

中央宣传部印刷发行局
北京市委宣传部
北京印刷学院
中国印刷技术协会
中国印刷及设备器材工业协会
北京印刷协会

出版物印刷是学习宣传贯彻习近平新时代中国特色社会主义思想的重要技术支撑，是推动社会主义文化繁荣兴盛的重要物化途径，是提升首都核心功能不可或缺的重要组成部分。当前，在疏解非首都功能和绿色发展进程中，北京市出版物印刷暴露出供需结构不均衡、服务保障不充分、升级方向不明确的新问题。有时，重大政治印制任务难以按时保质保量完成。为贯彻落实习近平总书记对建设和管理好首都的指示精神，引领首都出版物印刷高质量发展，原国家新闻出版广电总局印刷发行司联合原北京市新闻出版广电局，立足问题导向，强化形势研判、风险防范，深化顶层设计，于2018 年4 月至7 月，组织北京印刷学院、中国印刷技术协会、中国印刷及设备器材工业协会、北京印刷协会等单位，对生态环境部，北京市发展和改革委员会、原北京市经济和信息化委员会、原北京市环境保护局、北京市城市规划设计研究院，以及人民出版社等10 家出版单位和北京新华印刷有限公司等98 家印刷企业，开展了专题调研，编制形成了本指南。

一、现状和形势

（一）发展现状

党的十八大以来，北京市出版物印刷贯彻新发展理念，勠力同心、迎难而上，提质增效、开拓进取，实现了产业总量、结构和质量的深层次变革。目前，北京市现有出版物印刷企业553家，资产总额266.2亿元，从业人员近3万人。2017年，北京市出版物印刷总产出167.5亿元，占北京市新闻出版总产出的12.7%；实现利税总额21.7亿元，占北京市新闻出版利税总额的11.2%。呈现出3个特点：

1. 成为首都政治中心建设的贡献者。北京市出版物印刷提升政治站位，紧密服务首都政治中心建设，近年来承担了党的十八大、十九大以及在北京市召开的党和国家重大会议文件的全部印制任务，承担了《中国共产党章程》《中华人民共和国宪法》《政府工作报告》等党和国家重要文献首批印制任务，承担了《习近平谈治国理政》（一、二卷）《党的十九大报告辅导读本》《习近平新时代中国特色社会主义思想三十讲》《共产党宣言》等重大主题出版物的首批印制任务。北京市出版物印刷坚持弘扬主旋律、传播正能量，为首善之区政治和文化建设做出了重大贡献。

2. 成为支撑出版集群建设的主力军。北京市作为全国文化中心，汇集了全国41%的出版社、20%的期刊社和10%的报社，是全国新闻出版集群化发展的战略高地。作为配套支撑，北京市出版物印刷规模实力雄厚，技术装备领先，管理质量优良。2017年，北京市出版物印刷企业数量居全国第二[1]，人均产值是全国印刷业人均产值的1.3倍；全国在京出版单位36.6%的印制任务由北京市出版物印刷企业承担，印制数量超过13.2亿册。2018年，北京市出版物印刷获得中国出版政府奖印刷领域四分之一的奖项。

3. 成为推进绿色印刷实施的重要示范者。北京市连续6年实施绿色印刷工程[2]，有力引领了我国绿色印刷实施进程。目前，北京市获得绿色印刷认证的企业数量 178 家，占全市出版物印刷企业总量的 32.2%，数量和占比均列全国首位。北京市中小学教科书已经连续三年实现绿色印刷全覆盖。北京市采用绿色印刷方式印制的图书期刊册数，占全市图书期刊印制总册数的 22.8%。获得北京市绿色印刷工程奖励的优秀青少年读物 7728 种，印制总册数达到 2.4 亿册。北京市绿色印刷产品已经由出版物向票据票证拓展。

(二) 面临的形势

近两年来，疏解转移、环保治理、纸价上涨等诸多制约性因素纠缠叠加，矛盾问题相互交织，极大地挤压着北京市出版物印刷发展空间，有的企业生存成为突出问题，给北京市出版物印刷转变发展方式、优化产业结构、转换增长动力带来巨大压力。新时代新征程，要求北京市出版物印刷深入学习宣传贯彻习近平新时代中国特色社会主义思想和党的十九大精神，不断强化政治自觉、提高政治站位、坚定“四个自信”，牢牢把握我国印刷业发展触底反弹、控量提质新窗口期机遇，努力探索并破解服务首都核心功能不平衡不充分不明确、影响产业高质量发展的主要矛盾，推动北京市出版物印刷加快质量变革、效率变革、动力变革。

1. 北京市出版物印刷高质量发展对疏解转移精准化提出更高要求。以疏解北京非首都功能为“牛鼻子”推动京津冀协同发展，是党的十九大做出的重要战略部署。北京市印刷业积极响应北京市“疏解整治促提升”工作安排，严格落实《北京市新增产业的禁止和限制目录》有关要求，持续加大一般包装印刷企业特别是塑料软包装印刷企业的疏解转移力度，结构调整取得成效。据了解，出版物印刷并未纳入《北京市新增产业的禁止和限制目录》，但是在疏解转移过程中，由于部分地区和部门思想认识不到位、沟通协调不全面、执行政策不精细，忽视出版物印刷的意识形态和文化的特殊属性，简单化地将出版物印刷视作一般制造业，“一刀切”“一窝风”地予以疏解转移。截至目前，已有 100 多家北京市出版物印刷企业外迁至周边省份。

2. 北京市出版物印刷高质量发展对环保约束科学化提出更高要求。据了解，北京市对于制造业建设项目的污染物排放总量实行“减二增一”[3]管理。

出版物印刷作为实体经济中的文化制造业，其产能新增、扩建或者迁移都受到污染物排放总量指标的严格控制。北京市在空气重污染预警期间实行停限产管理。各区（县）在提出停限产企业名单时，主要考虑其 VOCs[4] 排放总量，而不是单位产值的排放量。有时会出现大型骨干企业停限产、小微企业开工的不合理现象，使得高端产能受到大幅抑制。但北京市大型骨干印刷企业大都通过了绿色印刷认证和清洁生产审核，环保水平较高，VOCs 在进行末端治理前已基本达标[5]。目前，由于污染物排放总量和停限产的限制，北京市出版物印刷事实上很难产生增量，也难以迁移存量。

3. 北京市出版物印刷高质量发展对产业升级高端化提出更高要求。北京市深化供给侧结构性改革，建设现代化印刷经济体系，需要研发品种丰富、形式多样，设计精美、制作精良的印刷产品，满足人民日益增长的更加旺盛的精神文化需求；需要继续加快优化升级推动融合发展，更高层次融入国家文化创意产业和先进制造业的核心生产体系；需要引导产业迈向全球价值链中高端，培育具有国际竞争力的企业集团，提升我国印刷业的国际影响力渗透力竞争力。目前，北京出版物印刷仍然存在着低端产能占比偏大、全要素生产率偏低、自主创新能力偏弱、知识技能创新型人才偏少等诸多问题，与深化供给侧结构性改革、服务保障首都核心功能的任务需求相比，还存在着较大差距，“绿色化、数字化、智能化、融合化”发展迫在眉睫。

从当前情况看，北京市出版物印刷疏解转移方向不明、停产限产标准失衡，很多企业投资经营信心不足，出版物印刷产能下滑趋势明显，印制周期由原来的一周内延长至半个月以上。很多企业外迁后，服务半径被动增加，一定程度上影响了生产效率和文化安全。去年，在临时应急协调保障机制下，北京市出版物印刷完成了党的十九大文件文献、学习辅导读物和重大主题出版物的印制任务。如果北京市出版物印刷产能供给量继续下滑，低于首都核心功能建设任务需求量，尽管可以通过部市间协调机制进行应急协调，但许多印制任务仍将难以完成。产能保障相对不足已成为北京市出版物印刷服务首都核心功能的“灰犀牛”事件，必须高度重视，加以解决。

二、总体要求

(一) 指导思想

认真学习宣传贯彻习近平新时代中国特色社会主义思想和党的十九大精神，深入学习贯彻习近平总书记两次视察北京的重要讲话精神和对北京工作的一系列重要指示，牢牢把握意识形态工作主导权，发展中国特色社会主义文化，坚持正确政治方向，维护意识形态和文化安全，不断深化改革创新，不断强化统筹规划和协调指导，落实好首都政治中心、文化中心、国际交往中心、科技创新中心（以下简称“四个中心”）城市战略定位，落实好《北京城市总体规划（2016 年 – 2035 年）》（以下简称《总体规划》）工作要求，以疏解北京非首都功能为“牛鼻子”推动京津冀协同发展，在服务党和国家工作大局中实现北京市出版物印刷对首都核心功能的高水平保障，推动北京市出版物印刷全面升级，形成引领全国出版物印刷高质量发展的新格局。

(二) 工作原则

1. 坚持顶层设计。紧贴保障首都核心功能任务需求，围绕产业高质量发展要求，认真落实意识形态工作责任制，研究北京市出版物印刷保障服务范围，确定产业优化升级目标，综合设计政策措施，条块结合构建矩阵，形成管理合力，实现保障和升级工作的针对性、全面性和科学性。

2. 坚持有力保障。始终把保障服务首都核心功能建设作为北京市出版物印刷优化升级工作的出发点和落脚点，对标保障任务要求，聚焦问题补齐短板，精准发力促进提升，综合协调完善机制，责任到位狠抓落实，确保保障服务任务的高质量完成。

3. 坚持协同发展。立足京津冀功能定位，明确发展重点和特色，强化整体协同，形成区域间产业合理分布和上下游联动机制，推进要素资源有序流动，整合提升资源使用效率，构建优势互补、联动发展、相互协同的保障点、保障区、后备区和预留承载区体系。

4. 坚持进退有序。加大淘汰落后技术、工艺、装备和材料的力度，疏解转移一般包装印刷企业特别是溶剂型塑料软包装印刷企业，鼓励扶持绿色印刷、数字印刷、智能印刷、创意印刷、印刷网络服务平台等新兴印刷业态发展，推动产学研合作和产融合作，加快新旧动能接续转换。

（三）发展目标

北京市出版物印刷要学习贯彻落实习近平总书记重要讲话精神，对标首都核心功能建设要求，贯彻“五大”发展理念，坚持印刷业“四化”发展方向，全面持续地完成服务保障首都核心功能建设任务，加快实现“三个”变革，成为疏解产能促提升的全国样板。

从现在到2020年，是北京市出版物印刷服务保障首都核心功能的巩固期。要紧紧围绕党和国家工作大局，建立完善北京市出版物印刷服务首都核心功能的多维保障体系，形成科学合理的产能保障布局和动态调整的产能保障机制，在向印刷业“四化”转型升级过程中取得重要突破，服务保障北京“四个中心”建设和落实《总体规划》取得良好效果。

从2020年到2035年，是北京市出版物印刷服务保障首都核心功能的提升期。到那时，北京市出版物印刷内生动力显著增强，产业规模、技术支撑、产品服务与首都核心功能建设需求基本适应，机制调整和动态管理规范化、科学化，服务首都核心功能建设的能力得到全面提升，初步实现绿色化、智能化、融合化发展，全面彰显北京市出版物印刷在全国范围的示范引领作用。

三、重点任务

（一）提高认识，确保保障能力稳定可靠

1. 明确行业特殊属性，强化政治保障责任。党的十九大鲜明宣示，中国特色社会主义进入新时代。党和国家事业发展迈进新征程，迫切需要文化的发展

进步和引领支撑。党的十八大以来，我国日益走近世界舞台中央，迫切需要加快提升国家文化软实力。北京作为首都，是政治中心、文化中心和国际交往中心，是传播习近平新时代中国特色社会主义思想和中国共产党执政理念的核心思想文化阵地。出版物印刷作为思想和文化传播的重要载体，具有鲜明的意识形态和文化属性，在传播习近平新时代中国特色社会主义思想、发展中国特色社会主义文化、传承中华优秀传统文化的过程中发挥着极其特殊、极其关键的作用。对北京市出版物印刷的发展和管理，要旗帜鲜明讲政治、理直气壮讲导向，充分认识到其特殊属性和地位。各部门各单位应为出版物印刷企业安全生产、持续发展创造良好的政策环境；北京市出版物印刷企业要提高政治站位，将保障首都核心功能建设作为履行社会政治责任的首要任务，始终把社会政治责任放在首位，实现社会效益和经济效益相统一。

2. 借鉴国外首都经验，完善服务首都功能。从发达国家经验看，出版物印刷在服务首都功能建设中发挥着重要的特殊作用。例如，美国是世界第一印刷大国印刷强国，在首都华盛顿设立了政府印刷局（GPO），专门负责印制美国政府有关印刷产品，并统筹协调其他印刷企业的政府印制业务。日本是世界第三印刷大国，东京是日本的政治中心和文化中心，汇集了日本近 70% 的出版单位，也汇集近 2000 家印刷企业为其提供配套服务，在日本 47 个行政区中排名第一。我国是世界第二印刷大国，北京作为首都，是全国的政治、文化、国际交往和科技创新中心。全国 584 家出版单位中有 238 家在北京。北京市出版物印刷应借鉴美日等国家的先进经验，提升服务的集约化和专业化水平，为首都建设和运行提供更为稳定可靠的保障。

3. 推动新旧动能转换，发挥示范引领作用。释放产业发展活力创造力，加快新旧动能接续转换，是改革开放 40 年来取得巨大成就的关键所在，是进入新时代，全面深化改革的重要指向。北京市出版物印刷要深刻认识加快新旧动能转换的重要意义，以服务保障首都核心功能建设为目标，以深化供给侧结构性改革为主线，以提高出版物印刷供给体系质量为主攻方向，坚持去落后低端产能、降原料人工成本、补管理技术短板，优化装备人才资金配置，扩大高端印刷增量供给，推动产业质量变革。北京市出版物印刷具有代表性、指向性和示范性，要有担当精神，勇于开拓，率先走出调整蓄能、克服阵痛、谋划新机的“蛰伏”期，为全国出版物印刷新旧动能转换提供可复制、能推广的经验借鉴，努力为全国起到表率作用，为全行业高质量发展赋能。

（二）对标规划，构建多维精准保障体系

1. 精细梳理产品产能。根据《印刷业管理条例》，印刷品分为出版物、包装装潢印刷品和其他印刷品 3 大类。据印刷企业年度报告数据，2017 年，全国印刷企业数量 99054 家，实现印刷总产值 12057.7 亿元。其中，出版物、包装装潢印刷品和其他印刷品 3 大类产品的产值比例见图 1。

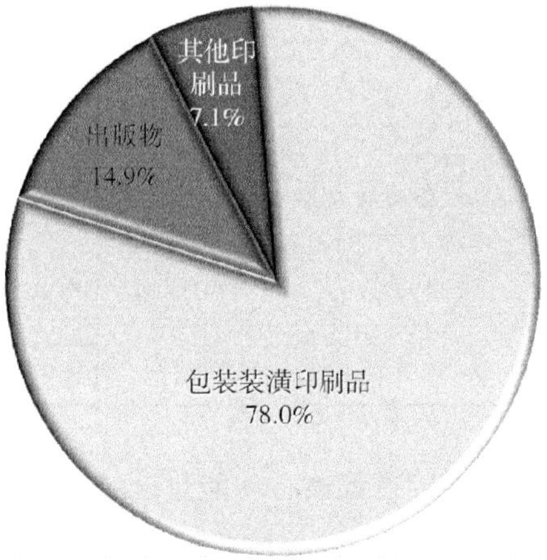

图 1　全国 3 大类印刷产品产值比例图

据国家统计局统计数据，2017 年，我国印刷业规模以上企业（2000 万元以上）营业收入占文化及相关产业规模以上企业营业收入的 8.88%，印刷业已经成为我国文化产业的主力军。

为更好的服务保障首都核心功能，按照科学评估、精准分类的原则，在现有出版物、包装装潢印刷品和其他印刷品 3 大类印刷产品分类的基础上，经反复考量，拟进一步将北京市印刷品细化为 11 类。其中，用于保障首都核心功能建设的有 5 类，用于保障首都城市运行的有 6 类。11 类产品分类图见图 2。

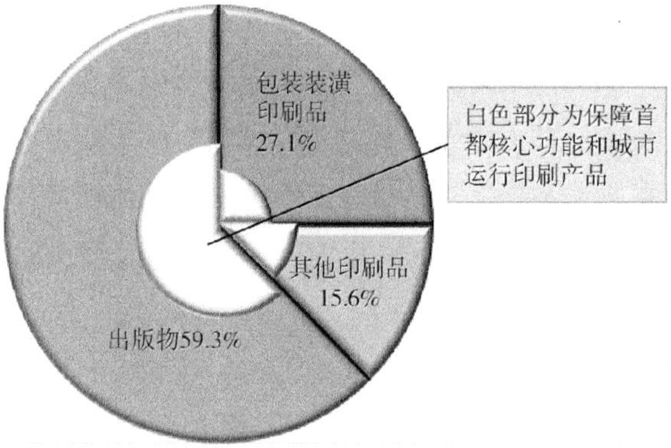

图 2　保障首都核心功能和城市运行印刷产品示意图

表 1　保障首都核心功能和城市运行印刷产品分类表

保障首都核心功能印刷品	党和国家重要文件文献
	重大主题出版物
	重要报纸期刊
	少儿出版物
	北京市中小学教科书
保障首都城市运行印刷品	涉密印刷品
	票据票证
	宣传印刷品
	艺术印刷品
	文创印刷品
	功能印刷品

保障首都核心功能建设的 5 类印刷品主要是出版物，具体内容：一是党和国家重要文件文献。主要包括党和国家的决议、决定、会议公报，颁布的法律、法规，重要国家领导人的报告、讲话、文稿、著作等。如《中国共产党章程》《十九大报告单行本》《习近平谈治国理政》（一、二卷）等。二是重大主题出版物。主要包括围绕国家经济、政治、文化、社会、生态文明等方面的工作大局，就党和国家发生的一些重大事件、重大活动、重大题材、重大理论问题等为主题的出版物，如《习近平新时代中国特色社会主义思想三十讲》《全面从严治党面对面》《习近平的七年知青岁月》等。三是重要报纸期刊，主要包括服务各级党政军机关的报纸期刊，如《人民日报》《求是》《紫光阁》《北京日报》《前线》等。四是少儿出版物。主要包括以少年儿童为服务对象，印制工艺较高的出版物，如《世界儿童文学典藏馆》《儿童百科全书》等。五是北京市中小学教科书。主要包括供北京市中小学生使用的教学用书。五类保障首都核心功能的出版物印刷品占北京市出版物印刷品总产量的比例见图 3。

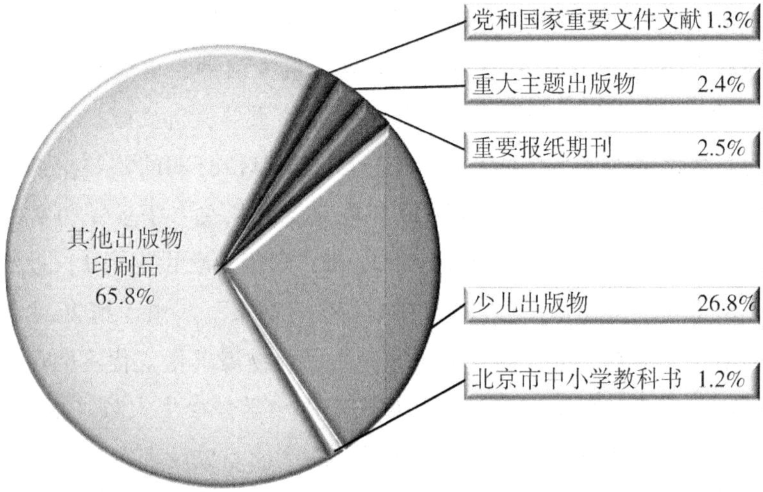

图 3　保障首都核心功能出版物占北京市出版物印刷总产量比例图

保障首都城市功能运行的 6 类印刷品包括涉密印刷品、票据票证、宣传印刷品、艺术印刷品、文创印刷品、功能印刷品等[6]。在首都功能建设过程中，上述 6 类产品为确保首都城市功能正常运行发挥了不可或缺的重要作用，亦应重视上述 6 类产品的保障供应。

2. 科学评估高线低线。根据原北京市新闻出版广电局 2017 年度行业统计数据，汇总分析得出 2017 年 5 类用于保障首都核心功能的印刷品的实际用纸量为 787. 7 万令，占北京市 2017 年出版物印刷产品用纸量的 1/3。其中，党和国家重要文件文献用纸量 30. 9 万令，重大主题出版物用纸量 55. 3 万令，重要报纸期刊用纸量 58. 4 万令，少儿出版物用纸量 614. 5 万令，北京市中小学教科书用纸量 28. 6 万令。

根据政策性、有效性、科学性、实用性原则，选取党和国家的重大会议、事件数量，重大外事活动数量，重大纪念日活动数量，各类赛事活动数量等，作为党和国家重要文件文献、重大主题出版物需求的影响因素；将在京的政府机关及人员数量作为重要报纸期刊需求的影响因素；将新生儿出生率作为少儿出版物需求的影响因素；将中小学在校生人数作为北京市中小学教科书需求的影响因素，选取 2010 年至 2017 年的数据，构建影响因素和出版物印刷需求的灰色关联模型[7]，依据公式评估上述五类出版物印刷产品需求和影响因素之间关联度。通过评估发现，出版物印刷与印刷需求之间的关联度系数均大于 0. 8，各影响因素的变化对出版物印刷需求的变化产生直接影响。

梳理从当前到2020年举办的重大会议、重大活动、重大纪念日的频次要高于2012年至2017年，经专家论证将党和国家重要文件文献、重大主题出版物的产能系数设定为1.5；在京党政机关和事业单位订阅的重要报纸期刊数量占其北京总印量的80%以上，到2020年在京党政机关和事业单位数量和人员数量基本稳定，经专家论证将重要报纸期刊的产能系数设定为1；近5年北京市新生儿出生率维持在8.5‰左右，在当前生育政策下，预计到2020年北京市新生儿的出生率基本稳定，经专家论证少儿出版物需求量变化不明显，因此将少儿出版物的产能系数设定为1；到2020年中小学在校生人数基本稳定在120万左右，经专家论证将北京市中小学教科书的产能系数设定为1。

以2017年保障首都核心功能的5类出版物印刷品的实际用纸量作为产能低线，根据专家论证所得的产能系数，测算出2018年至2020年产能高线如下表2所示。由表2计算得出，到2020年上述5类保障首都核心功能的出版物印刷品产能低线占2017年北京市出版物印刷品全部实际产能的34.3%，产能高线占2017年北京市出版物印刷品全部实际产能的36.2%。

表2　北京市出版物印刷产能表

分类 \ 产能	2017年实际用纸量（万令）	2018－2020年各类产能系数	2020年高线用纸量（万令）
党和国家重要文件文献	30.9	1.5	46.4
重大主题出版物	55.3	1.5	83.0
重要报纸期刊	58.4	1	58.4
少儿出版物	614.5	1	614.5
北京市中小学教科书	28.6	1	28.6
总计	787.7		830.9

3. 优化保障空间布局。以北京市现有开发区为基础（见图4），根据现有出版物印刷企业空间分布情况（见图5），按照效率优先、成本最低的原则，选取亦庄经济技术开发区、天竺空港经济开发区、光机电一体化产业基地园区、中关村科技园区、丰台科技园区、大兴经济开发区、北京包装印刷产业基地、通州经济开发区东区、瀞县开发区、金马工业区等十个开发区作为北京市

出版物印刷服务首都核心功能的保障区。鼓励保障区周边及未来计划新增的出版物印刷企业进入保障区，形成产业集群。将生产保障首都核心功能印刷产品且位于保障区外的印刷企业设置为保障点。保障区及保障点分布见图6。

图4 北京市工业园区分布图

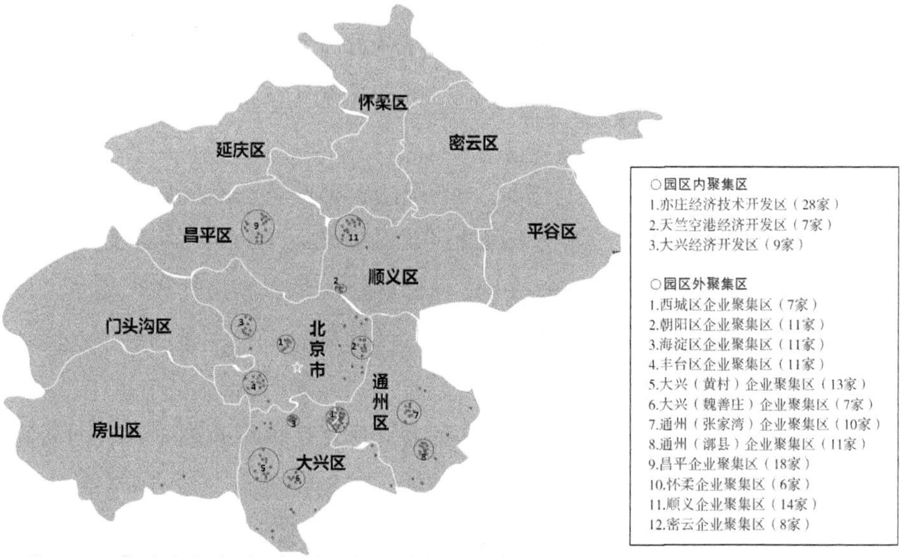

图5 北京市出版物印刷现有空间分布图

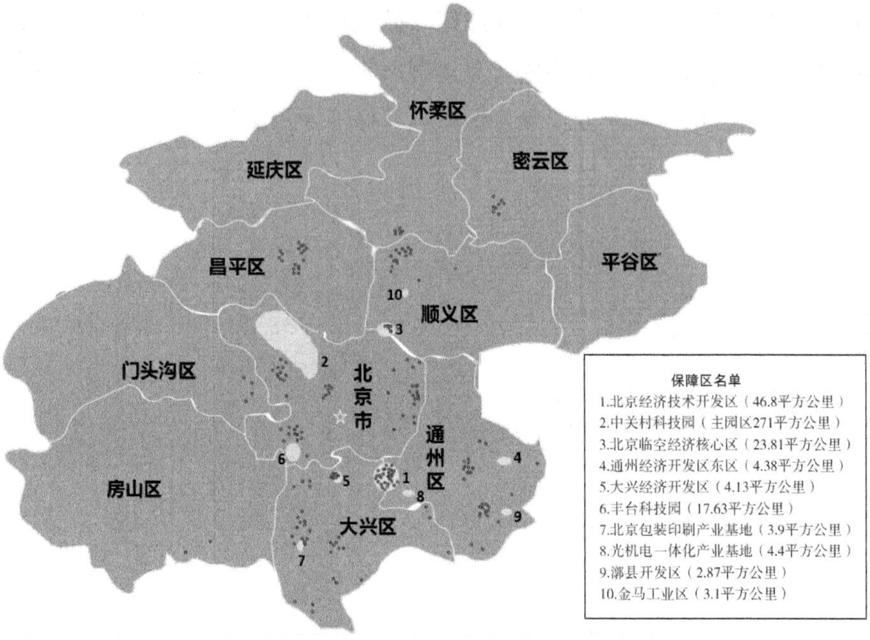

图 6　北京市出版物印刷保障区及保障点示意图

以《总体规划》区域及功能分布为指引，鼓励各保障区、保障点调整自身产业结构，就近服务保障首都城市相应功能。

首都功能核心区（一核）：包括东城区、西城区，是全国政治中心、文化中心和国际交往中心的核心承载区，是展示国家首都形象的重要窗口地区。鼓励位于核心区的出版物印刷保障点承担党和国家重要文件文献、重要报纸期刊等印制任务。

中心城区（一主）：包括东城区、西城区、朝阳区、海淀区、丰台区、石景山区，是首都核心功能的集中承载地区，是建设一流的和谐宜居之都的关键地区。鼓励位于中心城区的出版物印刷保障区、保障点承担党和国家重要文件文献、重大主题出版物、重要报纸期刊、宣传印刷品、艺术印刷品、文创印刷品等印制任务。

北京城市副中心（一副）：是指通州区，是北京市行政副中心、国际商务新中心、文化发展创新区、和谐宜居示范区。鼓励位于副中心的出版物印刷保障区、保障点承担党和国家重要文件文献、重大主题出版物、重要报纸期刊、宣传印刷品，以及部分涉及民生保障的票据票证印制任务。

5个位于平原地区的新城（多点）：包括顺义、大兴、亦庄、昌平、房山，是首都面向协同发展的重要战略门户，是承接中心城区人口及适宜功能的重点地区，是建设高新技术和战略性新兴产业的集聚区。鼓励位于多点区的出版物印刷保障区、保障点承担重大主题出版物、重要报纸期刊、少儿出版物、北京市中小学教科书、涉密印刷品、艺术印刷品、文创印刷品，以及涉及民生保障和城市运行的票据票证、功能印刷品等印制任务。

北京市出版物印刷保障首都核心功能的空间布局汇总见表3。

表3　北京市出版物印刷保障首都核心功能空间布局汇总表

空间结构	所含区域	功能定位	鼓励类别	保障区、保障点名称
一核：首都功能核心区	东城区 西城区	全国政治中心 文化中心 国际交往中心	重要文件文献、重要报纸期刊	东城区、西城区内的出版物印刷保障点
一主：中心城区	东城区 西城区 朝阳区 海淀区 丰台区 石景山区	首都核心功能的集中承载地区	党和国家重要文件文献、重大主题出版物、重要报纸期刊、宣传印刷品、艺术印刷品、文创印刷品	中关村科技园出版物印刷保障区、丰台科技园等两个出版物印刷保障区以及分布于中心城区的出版物印刷保障点
一副：北京城市副中心	通州区	行政副中心 国际商务新中心 文化发展创新区 和谐宜居示范区	党和国家重要文件文献、重大主题出版物、重要报纸期刊、宣传印刷品、票据票证	光机电一体化产业基地、漷县开发区、西集开发区等三个出版物印刷保障区以及周边出版物印刷保障点
多点：5个位于平原地区的新城	顺义区 大兴区 亦庄开发区 昌平区 房山区	承接中心城区人口及适宜功能的重点地区 高新技术和战略性新兴产业的集聚区	重大主题出版物、重要报纸期刊、少儿出版物、北京市中小学教科书、涉密印刷品、艺术印刷品、文创印刷品、票据票证、功能印刷品	北京经济技术开发区、天竺空港工业区、金马工业区等三个出版物印刷保障区以及分布于多点区的出版物印刷保障点

4. 打造后备预留区域。依据《京津冀协同发展规划纲要》，对照雄安新区建设规划要求，为雄安新区集中承载北京非首都功能做好保障工作，经专家论证，在河北曹妃甸、滦县、故城、安次、肃宁、元氏和天津宝坻区、武清区、北辰区、东丽区等地设立出版物印刷后备保障区[8]。根据有关省份的印刷发展规划，综合考虑环京津冀地区的产业基础和服务半径，经专家论证，在山东济南、泰安、淄博、临沂、烟台、威海、青岛、德州，山西太原、运城、晋中，辽宁沈阳、抚顺、营口、丹东、桓仁、喀左、绥中，内蒙古呼和浩特、包头、鄂尔多斯等地设立出版物印刷服务首都核心功能的预留承载区[9]，保障特殊时期首都核心功能建设对出版物印刷的特殊需求。

（三）协调联动，动态优化调整产能布局

1. 评估调整优化模型系数。以供需动态平衡为目标，建立两年一评估的常态化机制。在梳理未来两年产能影响因素的基础上，经授权，由北京市委宣传部组织相关管理部门、行业协会、出版单位、印刷企业等方面的专家对未来两年各类出版物印刷产品产能系数进行论证，动态调整未来北京出版物印刷产能供给。

2. 动态梳理保障企业名单。以保障首都核心功能建设为目标，对现有北京市出版物印刷企业进行梳理核对，按照保障有力、产能匹配原则，参考未来两年北京市出版物印刷的产能高线和低线，结合保障区和保障点的企业数量及产能现状，由北京市委宣传部每年提出保障建议名单，建立保障建议名单动态调整制度。

3. 构建统筹协调发布机制。按照集体决策、统一发布、完善监督原则，由北京市委宣传部联合北京市发展和改革委员会、北京市经济和信息化局、北京市规划和自然资源委员会、北京市生态环境局等部门研究确定并发布北京市出版物印刷服务首都核心功能建设保障名单。同时，各方联合研究工作中的突出困难和问题，提出解决方案。

（四）持续升级，引领印刷业高质量发展

1. 全面提升绿色化，打造绿色印刷产业新体系。宣传推广绿色印刷理念，调整完善绿色印刷实施机制，培育扩大绿色印刷消费市场。继续深入实施“北

京市绿色印刷示范工程”，组织开展京津冀绿色印刷协同发展活动，制定北京市绿色印刷原辅材料目录，加强北京市绿色印刷产品质量检测，培育一批北京市绿色印刷标杆企业，构建宏观引导有效、市场机制倒逼、企业主体主动的绿色印刷产业新体系。

2. 大力推广数字化，打造“互联网+”产业新业态。支持新建数字印刷企业和互联网印刷服务平台，扶持阳光印网、印书网等骨干互联网印刷平台发展，扶持中科纳新等纳米印刷新技术发展，鼓励新一代信息技术在印刷生产经营管理中应用推广，逐步扩大数字化印刷产值的占比。整合北京市出版物印刷上下游全产业链基础业务数据，开发建设北京市出版物印刷大数据云服务平台。

3. 试点推进智能化，打造提质增效产业新样板。鼓励引导北京市出版物印刷进行机械化、自动化改造升级，加强与互联网、云计算、大数据、人工智能等的融合，进一步提升北京市出版物印刷的智能化水平。大力推动北京盛通、北京华联等企业的智慧印厂项目落地实施，推动印刷与无线射频标签、物联网的结合，培育若干家出版物印刷智能试点企业和3－5家示范企业。

4. 鼓励支持融合化，打造共建共享产业新模式。提高北京出版物印刷的科技含量和服务属性比重，加深与信息技术、装备制造和新型材料等的融合，实施产品结构战略升级，由被动加工向主动服务转变。鼓励北京市出版物印刷向按需出版、数据管理、创意设计、发行物流和提供综合解决方案等方向延伸。打造以北京雅昌为中心的全艺术产业链综合服务示范基地和以东方宝笈为中心的珂罗版艺术复制基地。

四、保障措施

（一）将“出版物印刷保障体系建设”作为贯彻落实北京城市总体规划的重要内容

各部门各单位要高度重视北京市出版物印刷服务首都核心功能建设的重要作用，将“出版物印刷保障体系建设”作为落实《总体规划》的重要政策参考，统筹做好“出版物印刷保障体系建设”和《总体规划》的有机衔接。通过条块结合，构建北京市出版物印刷服务保障首都核心功能的管理矩阵。北京市委宣传部要主动加强与其他有关部门的政策协调，规划和监督北京市出版物印刷的产能调整、布局优化和环保达标。

（二）研究出台推动京津冀印刷业协同发展政策措施

中央宣传部将指导有关省份宣传部门，发布京津冀印刷业协同发展后备保障区和预留承载区名单，把北京市出版物印刷保障首都核心功能建设放到京津冀一体化大局中谋划推动，并适时进行动态调整。降低京津冀印刷业协同发展的门槛，中央宣传部将指导京津冀三地宣传部门加强沟通协调，联合有关部门，在资质互认、园区建设、市场管理、投资核准、土地使用、银行贷款等方面出台专项政策措施，全面激发京津冀出版物印刷协同发展的活力。

（三）对“出版物印刷保障体系建设”持续进行评估和优化

北京市委宣传部针对北京市出版物印刷产能保障和空间布局，建立“出版物印刷保障体系建设”实施情况的定期自评估制度。中央宣传部委托第三方机构对此进行综合评估。通过自评估和第三方综合评估相结合的评估机制，及时收集反馈各类信息，对影响“出版物印刷保障体系建设”的问题环节和问题要素进行优化和调整。同时，汇总分析建设过程中暴露出的新问题和新诉求，联系协调有关部门予以研究解决，提升“出版物印刷保障体系建设”的科学化水平。

（四）给予“北京市出版物印刷服务首都核心功能建设升级”工作专项支持

中央宣传部沟通协调北京市委市政府，为北京市出版物印刷服务首都核心功能建设升级创造良好的政策环境。北京市委宣传部协调北京市发展和改革委员会、北京市经济和信息化局、北京市财政局、北京市规划和自然资源委员会、北京市生态环境局等部门，加大对服务首都核心功能建设升级工作的扶持力度；加强与行业协会和科研院校之间的联系，加大教育培训力度，为北京市出版物印刷服务首都核心功能建设升级提供人才支撑。

注释：

1. 据统计，2017 年，广东出版物印刷企业数量全国第一。

2. 北京市绿色印刷工程：是原北京市新闻出版广电局贯彻落实原国家新闻出版广电总局关于实施绿色印刷的指示要求，于2012 年立项实施的专项工程，其内容主要包括宣传培训、支持认证、培育市场、强化质检等主要工作，综合施策、系统推进绿色印刷。“十三五”以来，北京市绿色印刷工程已从打牢基础阶段进入到深化推进阶段，工作重点转移到示范引领和打造品牌方面。目前，北京市绿色印刷工程已连续实施六年，为推进北京市出版物印刷绿色发展发挥了重要作用。

3. “减二增一”：北京市从严控制污染增量，对新增排放量的工业建设项目，要求只有减少 2 个单位污染物排放量的前提下才能新增 1 个单位污染物排放量，对未取得排放指标、排放量未能“减二增一”的建设项目，一律不予许可。

4. VOCs（挥发性有机物）：在常温常压下，任何能自挥发的有机液体或固体。

5. 北京市大型骨干出版物印刷企业 VOCs 排放情况：据北京市环境保护科学研究院介绍，北京市大型骨干出版物印刷企业通过使用环保原辅材料替代，进行源头削减，VOCs 排放浓度一般在 20 毫克/立方米左右，已经低于北京市印刷业挥发性有机物排放 30 毫克/立方米的标准，实际上不需要采取 VOCs 活性炭吸附、催化燃烧等末端治理措施。

6. 涉密印刷品是指保密法规规定的需要保守秘密的印刷品，主要包括政府机构、科研院所及企事业单位的涉密文件资料等。票据票证是指税务发票、财政票据、海关单据、银行票据和其他商业票据等各类支付凭证和有价证券。宣传印刷品是指发挥宣传和广告作用的印刷品，如广告宣传册、展板、灯箱等。艺术印刷品是指承载艺术创作类内容的印刷品，如高仿真复制印刷品等。文创印刷品是指具有一定文化价值的创意设计类印刷品，如立体书等。功能印刷品是指区别于传统图文印刷品，具备光、电、力、化学、生物等特性的印刷品，如 RFID 标签印刷等。

7. 灰色关联度模型是在小样本数据分析领域被广泛应用的预测分析方法，具有数据量要求较低、计算量较小、预测精度较高的优点。

8. 后备保障区设置参考依据

省份	后备保障区	依据
河北省	曹妃甸（唐山市）	唐山市曹妃甸区人民政府建设出版印刷智慧生态园区相关文件（园区规划面积 851 亩，计划投资 25 亿元）。
	滦县（唐山市）	经与原河北省新闻出版广电局沟通确定。
	故城（衡水市）	《故城县人民政府关于申请“河北 · 故城出版印刷产业园区”的报告》提出：故城县出版印刷产业园区总规划面积 3000 亩。
	安次区（廊坊市）	《河北省特色小镇建设工作联席会议办公室关于公布河北省特色小镇创建类和培育类名单（2018）的通知》提出：在廊坊市安次区培育印创小镇。
	肃宁（沧州市）	经与河北省新闻出版广电局沟通确定。
	元氏（石家庄市）	《石家庄文化建设三年行动计划（2018 – 2020 年）》提出：大力推动元氏印刷产业园项目谋划建设。
天津市	宝坻区	经与原天津市新闻出版局沟通确定。
	武清区	经与原天津市新闻出版局沟通确定。
	北辰区	经与原天津市新闻出版局沟通确定。
	东丽区	经与原天津市新闻出版局沟通确定。

9. 预留承载区设置参考依据

省份	预留承载区	依据
山东省	济南	《山东省文化产业发展规划（2018 – 2022）》提出：引导印刷企业园区集聚化发展，提升印刷产业的集约化程度，重点打造济南出版传媒印刷基地……。
	泰安	《山东省文化产业发展规划（2018 – 2022）》提出：引导印刷企业园区集聚化发展，提升印刷产业的集约化程度，重点打造泰安出版印刷小镇……。
	淄博	《山东省文化产业发展规划（2018 – 2022）》提出：引导印刷企业园区集聚化发展，提升印刷产业的集约化程度，重点打造淄博印刷发行产业基地……。

续表

省份	预留承载区	依据
山东省	临沂	《山东省文化产业发展规划（2018－2022）》提出：引导印刷企业园区集聚化发展，提升印刷产业的集约化程度，重点打造临沂印刷物流园……。
	烟台	《山东省文化产业发展规划（2018－2022）》提出：引导印刷企业园区集聚化发展，提升印刷产业的集约化程度，重点打造烟台商务印刷产业基地……。
	威海	《山东省文化产业发展规划（2018－2022）》提出：引导印刷企业园区集聚化发展，提升印刷产业的集约化程度，重点打造威海商务印刷产业基地……。
	青岛	《山东省文化产业发展规划（2018－2022）》提出：引导印刷企业园区集聚化发展，提升印刷产业的集约化程度，重点打造青岛创意印刷产业基地……。
	德州	《山东省文化产业发展规划（2018－2022）》提出：引导印刷企业园区集聚化发展，提升印刷产业的集约化程度，重点打造德州印刷产业园……。
山西省	太原	《山西省"十三五"文化改革发展规划》提出：实施重大文化产业项目带动战略，推动形成"一个中心区（太原）、三个产业带（运城，晋中、吕梁，大同）"的印刷复制产业布局。
	运城	《山西省"十三五"文化改革发展规划》提出：实施重大文化产业项目带动战略，推动形成"一个中心区（太原）、三个产业带（运城，晋中、吕梁，大同）"的印刷复制产业布局。
	晋中	《山西省"十三五"文化改革发展规划》提出：实施重大文化产业项目带动战略，推动形成"一个中心区（太原）、三个产业带（运城，晋中、吕梁，大同）"的印刷复制产业布局。
辽宁省	沈阳	《辽宁省人民政府关于印发推进文化创意和设计服务与相关产业融合发展行动计划的通知》提出：加快以包装印刷为核心的沈阳胡台印刷产业园建设……，促进印刷复制加工向综合创意和设计服务转变。
	抚顺	《辽宁省人民政府关于印发推进文化创意和设计服务与相关产业融合发展行动计划的通知》提出：依托抚顺沈抚新城现代印刷产业园和出版产业园，引进大型出版印刷企业，建成集出版、印刷、发行、创意设计、文化旅游于一体的新型出版印刷产业基地。

续表

省份	预留承载区	依据
辽宁省	营口	《辽宁省人民政府关于印发推进文化创意和设计服务与相关产业融合发展行动计划的通知》提出：加快以印刷设备制造为核心的营口印刷产业园建设……，促进印刷复制加工向综合创意和设计服务转变。
	丹东	《辽宁省人民政府关于印发推进文化创意和设计服务与相关产业融合发展行动计划的通知》提出：加快以纳米材料以及纳米数字制版机等为主要内容的丹东印刷产业园建设……，促进印刷复制加工向综合创意和设计服务转变。
	桓仁（本溪市）	《辽宁省人民政府关于印发推进文化创意和设计服务与相关产业融合发展行动计划的通知》提出：加快以石头纸制造为核心的桓仁包装印刷产业园建设……，促进印刷复制加工向综合创意和设计服务转变。
	喀左（朝阳市）	《关于同意喀左利州工业园设立辽宁省印刷包装产业基地的批复》提出：辽宁省新闻出版广电局同意喀左利州工业园设立辽宁省印刷包装产业基地。
	绥中（葫芦岛市）	经与原辽宁省新闻出版广电局沟通确定。
内蒙古自治区	呼和浩特	经与原内蒙古自治区新闻出版广电局沟通确定。
	包头	经与原内蒙古自治区新闻出版广电局沟通确定。
	鄂尔多斯	经与原内蒙古自治区新闻出版广电局沟通确定。

绿色印刷发展报告（2017）

王　勤　祝小霖　樊　凡

一、产业现状

2017 年，我国印刷行业绿色转型发展稳健，相关政策法规与标准深入细化，绿色工艺创新不断，绿色应用成果丰硕，行业的环保意识显著增强。

据统计，截至 2017 年 11 月 8 日，全国共有绿色印刷认证企业 1246 家。绿色印刷产品已经涵盖出版物、票据票证、纸塑包装等各领域。31 个省（自治区、直辖市）的部分印刷企业具备绿色印刷生产能力，其中 210 家企业通过清洁生产审核，中小学教科书已经连续三年实现绿色印刷全覆盖，12 亿册中小学教科书和 亿册青少年读物实现绿色印刷，采用绿色印刷的出版物涉及全国 45% 的出版单位，京东、当当等网站已设立绿色印刷出版物专区，60% 的票据实现绿色印刷。印刷业正成为我国生态文明建设的重要参与者、奉献者、引领者。

纵观我国印刷业绿色发展之路，通过十多年的推进，绿色印刷理念深入人心、绿色印刷实施取得重大进展、绿色印刷体系建设实现全面推进。然而当前，产业内中小印刷企业依旧为主体，他们依然在使用传统的制版、印刷、印后加工工艺进行生产，整体而言，印刷行业还未能摆脱粗放式发展特点。因此，绿色印刷的发展不是独行之路，一方面需要政府的政策法规扶持，另一方面需要全产业链上下游用心经营，行业协会的推动、社会大众环保意识的培养也必不可少。我国印刷业的环保之路任重道远。

因此，整合政策要求，观察与思考我国绿色印刷发展现状，探究未来的发展趋势与动向，对于正处于转型升级中的印刷产业具有重要的参考意义。

（一）宏观环境

1. 指导思想

在原国家新闻出版广电总局和环境保护部指导和大力推动下，我国印刷业2010年启动绿色发展战略，2011年统筹制度设计，2012年开始分领域逐步实施。特别是党的十八大以来，印刷业贯彻节约资源和保护环境的基本国策，牢固树立新发展理念，落实生态文明建设各项要求，加强协调统筹，坚持问题导向，突出工作重点，绿色印刷实施深入推进、蔚然成风、取得突破，实现了全行业较深层次的产业变革。这在我国印刷业发展历程上前所未有，生动诠释了党的十八大以来我国文化产业蓬勃发展和生态文明建设的显著成效。

党的十九大是在全面建成小康社会决胜阶段、中国特色社会主义进入新时代的关键时期召开的一次十分重要的大会，在党和国家发展史上具有重大的里程碑意义。以习近平新时代中国特色社会主义思想为指导，以更高的政治责任感和使命感，推动印刷业在学习宣传贯彻党的十九大精神上做到先学一步、深学一层，自觉地把思想认识统一到党的十九大精神上来，把行动落实到党的十九大各项部署上来，真正做到对党的十九大精神学懂、弄通、做实，把党的十九大精神转化为推动印刷业改革发展的强大思想动力。因此，持续推进绿色印刷是充分满足人民日益增长的美好生活需要的必然要求，是印刷业贯彻落实党的十九大精神的重要举措。

绿色印刷为全行业加快推进生态文明建设奠定了基础，树立并践行了“创新、协调、绿色、开放、共享”五大发展理念，进而促进印刷行业发展方式的转变，加快建设印刷强国，推动生态文明、环境友好型社会建设。这是实施绿色印刷的宗旨，是我国印刷业主动贯彻“节约资源和保护环境”基本国策的战略选择。

2. 政策标准

2017年4月5日，环保部印发的《国家环境保护标准“十三五”发展规划》指出，“十三五”期间，我国将启动约300项环保标准制修订项目，以及20项解决环境质量标准、污染物排放（控制）标准制修订工作中有关达标判定、排放量核算等关键和共性问题项目，发布约800项环保标准。其中印刷包装业大气污染物排放标准拟于2018年发布。该标准的落地实施将对印刷企业的排污和环保治理工作产生重要影响。

2017年5月18日，环保部发布《环境保护部关于修改〈环境保护主管部门实施按日连续处罚办法〉的决定（征求意见稿）》的通知，对正在实施的《环境保护主管部门实施按日连续处罚办法》进行修改。此次修改部分主要有四项条款，包括增加按日连续处罚的使用行为范围，删除对违法排污行为复查的期限等。虽然2015年1月1日实施的新环保法中首次将按日连续处罚条款纳入其中，被业界誉为“史上最严苛环保政策”，但是从颁布两年后的实施情况上看，却不尽如人意。这一次环保部拟升级相关政策，就是对原先规划部署的重新调整，进一步加大执法力度。

2017年8月2日，为贯彻《中华人民共和国环境保护法》，完善环境技术管理体系，指导污染防治，保障人体健康和生态安全，引导造纸行业绿色循环低碳发展，环境保护部组织制定了《造纸工业污染防治技术政策》（以下简称《政策》）。《政策》分别从生产过程污染防控、污染治理及综合利用、二次污染防治、鼓励研发新技术等方面进行规定与指导，这对于印刷行业而言，又是一次严峻的考验，需要认真掌握加以执行。

2017年底，作为我国第一部推进生态文明建设的单行税法，准备多年的《中华人民共和国环境保护税法》由全国人大常委会第二十五次会议审议通过，将环保“费改税”提出落地方案，自2018年1月1日起征收环保税，排污费同时停征。此次“费改税”影响面涉及近10万家印刷包装企业。

在环保压力愈加增大的背景下，2017年印刷业继续大力实施绿色印刷，提升产业绿色发展水平，按照《印刷业“十三五”时期发展规划》中提出的坚持绿色发展道路、增强绿色印刷实效的要求，将绿色化作为“十三五”重要发展目标。完善绿色印刷实施机制，积极融入国家绿色产品认证工作，发展市场化检测认证。加快绿色印刷标准体系建设，按照“源头削减和过程控制是重点、兼顾末端治理”的思路推动VOCs（挥发性有机物）治理。实施“绿色印刷推广工程”，推动企业降成本、节能耗、减排放，制定绿色原辅材料产品目录，鼓励使用绿色材料和工艺，推动产业链协同发展。推动印刷与出版等上游环节对接，扩大绿色印刷产品范围和市场，形成市场倒逼机制，提高企业的积极性和主动性。组织加大绿色印刷宣传力度，广泛宣传绿色理念，支持绿色印刷对接交流活动。

（二）各地状况

在以“绿色化”为关键词进行问卷调查时，2017 年全国各省（自治区、直辖市）及新疆生产建设兵团新闻出版广电局共收回有效问卷 25 份。调查结果显示，各地印刷业主管单位为本地印刷业的绿色化发展做了大量卓有成效的工作。

1. 扶持政策

从调查结果可以看到，截至 2017 年 12 月，北京、河北、山西、吉林、上海、江苏、安徽、福建、湖北、广西、重庆、西藏、甘肃、青海、新疆等 15 个省（自治区、直辖市）出台了相应的绿色印刷扶持政策，并积极将绿色印刷的发展纳入本地新闻出版广电业“十三五”规划中。同时，从绿色印刷企业的数量、绿色印刷产品覆盖率、VOCs 排放量降低率等维度制定了各地印刷业绿色化发展切实可行的目标。

2. 资金支持

调查结果显示，全国 12 个省（自治区、直辖市）为推动本地印刷业的绿色化发展对印刷企业的绿色化发展提供了资金支持。

作为全国推行绿色印刷的排头兵，北京绿色印刷工程——“优秀青少年（婴幼儿）读物绿色印刷示范奖励项目”自 2012 年启动以来，每年拿出 1000 万元资助国内出版单位和北京地区的绿色印刷企业。据统计，截至 2017 年底北京市新闻出版广电局累计推出优秀青少年绿色印刷示范读物近 1.9 亿册，参与的出版单位、印刷企业也由最初的 13 家、6 家分别增长到 2017 年的 44 家、34 家。

上海对企业的绿色化发展和转型的支持亦不遗余力。从 2016 年到 2017 年，为了引导上海印刷业的绿色化转型发展，支持绿色环保印刷项目建设，上海市新闻出版局共资助 10 项绿色印刷项目，扶持资金达 495 万元。

除了对绿色印刷相关研发项目进行资助，上海市新闻出版局还给予金山国家绿色创意印刷示范园区 300 万元扶持资金，用于园区绿色发展。此外，上海也对实施绿色印刷较为积极的企业进行专项资金补助。调查结果显示，2016 年及 2017 年，两年内上海有 46 家印刷企业获得 VOCs 后端治理专项补贴资金 1227 万元。

同处于长三角印刷带的江苏，对印刷企业的绿色化发展扶持也颇为亮眼。江苏的省级现代服务业发展专项资金，重点扶持江苏省内的绿色印刷技改项目，先后向 13 家绿色印刷企业发放 1200 万元的政策红包。

青海虽地处经济较为落后的西部地区，但当地政府对印刷企业的绿色化发展扶持也是“一掷千金”。调查显示，青海四家印刷企业共得到扶持资金 2290 万元。

3. 宣传推广

调查结果显示，在原国家新闻出版总署和环保部每年 11 月举办的绿色印刷宣传周精神的示范带动下，23 个省（自治区、直辖市）结合本地实际情况开展了一系列主题鲜明、形式各异的绿色印刷宣传活动，包括举办绿色印刷主题高峰论坛、开展绿色印刷宣传周活动以及对印刷企业负责人进行绿色印刷专题培训等形式多样的活动。活动开展普及绿色印刷知识，提高全行业的绿色印刷意识，提高了印刷企业对绿色化转型的认识，提升了企业的责任担当。

北京、天津、河北、吉林和山东帮助企业了解绿色印刷的前沿技术及发展趋势，均举办了以绿色印刷为主题的高峰论坛。在 2017 年绿色印刷推进会相继举办，由原国家新闻出版广电总局指导、北京市新闻出版广电局联合中国新闻出版传媒集团有限公司举办的第二届中国出版印刷者大会主题围绕“数字·贯通·融合”议题将绿色化主题深化。北京市新闻出版广电局还举办了印刷业可持续发展论坛以及“绿色会客厅”等多场以绿色印刷为主题的高峰论坛。

调查结果还显示，广东作为印刷大省，无论是在绿色印刷宣传推广的活动类型、活动频次还是惠及企业数量等方面，在全国都名列前茅。从 2011 年开始至今，广东省新闻出版广电局与广东省印刷复制业协会共同举办的绿色印刷培训班已达 14 次，共有 6200 家广东印刷企业的负责人参与。同期，据统计，广东举办了绿色印刷宣传贯彻会、“绿色印刷全国行”宣传活动、绿色印刷发展工作座谈会、印刷行业清洁生产与挥发性有机污染物减排技术现场交流会、绿色印刷认证辅导、推广绿色印刷材料活动、广东省绿色印刷调研等活动共计 72 次，惠及 7572 家印刷企业。

此外，天津、江苏、湖北、重庆、贵州、云南、西藏、甘肃和青海等省（自治区、直辖市）也开展了以绿色印刷为主题的培训。其中湖北除举办绿色印刷主题培训班外，还将环保与智能化发展相结合，举办了印刷智能环保新技术研讨会，吸引了湖北省内 60 余家印刷企业负责人参会。甘肃先后三次举办绿色印刷法规培训主题讲座，吸引当地 210 余家印刷企业参与学习，进一步加深了甘肃印刷企业对绿色印刷在法律法规层面的认识。

表 1　重点地区绿色印刷扶持政策及扶持情况表

省份	政策名称/重点扶持项目	扶持资金（万元）	惠及企业数量（家/年）	资金来源
北京	北京市绿色印刷工程——优秀青少年（婴幼儿）读物绿色印刷示范奖励项目	1000/年	43	北京市财政
河北	河北出版传媒集团提高对其所属出版单位教材绿色印刷工价	5000	20	自筹
山西	《山西省级文化产业发展专项资金》/支持印刷企业技术改造，开展绿色设备更新和流程改造	60	2	山西省财政
上海	绿色环保印刷相关项目建设	795	10	上海市新闻出版专项资金
江苏	《省级现代服务业发展专项资金》/绿色印刷技改项目	1200	13	江苏省财政
福建	《福建省印刷企业转型升级扶持项目管理暂行办法》/扶持绿色印刷项目	95	8	福建省局自有结转资金
广西	绿色印刷补助资金	50	6	自治区财政
重庆	《重庆市绿色印刷扶持资助专项资金》/绿色印刷认证补贴/绿色印刷产能补贴/推进绿色印刷标兵	100	26	
甘肃	天水新华秘密载体绿色环保印刷设备技术改造提升	100		中央财政、省财政、中央财政

续表

省份	政策名称/重点扶持项目	扶持资金（万元）	惠及企业数量（家/年）	资金来源
安徽	安徽省省级文化强省建设专项资金管理暂行办法			
湖北	关于加快绿色印刷产业发展的实施意见			
吉林	吉林省级文化产业发展引导资金扶持项目			
西藏	《“十三五”新闻出版文化产业发展专项资金项目》/扶持西藏数字印刷中心	1000	1	中央预算内投资
青海	中央、省级文化产业资金扶持项目印刷企业绿色印刷项目	2290	4	中央、省级文化产业发展资金
新疆	《关于延续宣传文化增值税和营业税优惠政策的通知》	9659.6	63	财政部、国家税务总局

4. “费改税”落地

2017年底发布的《中华人民共和国环境保护税法》将环保“费改税”提出落地方案，那么如何计算印刷企业VOCs排污量？计算方法又有何改变？据了解，当前全国尚没有出台针对印刷企业细化的征收方案，但会根据印刷企业的实际情况采取循序渐进的方式，根据新情况、新形势，对环保税的征收进行调整和细化。

根据《中华人民共和国税收征收管理法》及其实施细则、《中华人民共和国环境保护税法》及其实施条例，环保税征收主要有排污系数算法和物料衡算法两种。印刷业未被纳入2008年《污染源普查产排污系数手册》体系，因此排污系数算法并不适用于印刷业。印刷企业生产涉及的原辅材料较多，计算难度大，且每项产品涉及的污染物类别较多，故不好实施和监控，因此物料衡算法同样不适用于印刷业。根据印刷行业的特殊性，现只能采用末端排口监测法计算。

“费改税”之前，印刷企业环保费的主要征收办法是根据印刷企业的油墨使用总量来计算。采用末端排口监测法后，绿色环保做得好的印刷企业的环保负担将会减轻；反之，做得不好的企业则缴费将会提高。北京华联印刷有限公司战略发展部高级战略专员赵清阁举例，以前平版印刷工艺按照 70% 的油墨使用量进行缴费，轮转印刷按照 0.6% 的使用量进行缴费，其他印刷工艺也有一定的征收比例，实际上对一些环保做得较好的印刷企业来说是吃亏的。现在按照末端排口监测法计算会降低那些在绿色印刷方面做得比较好的印刷企业的环保费用。

“费改税”之前，印刷企业主要为 VOCs 废气中的非甲烷总烃、苯、甲苯及二甲苯合计等缴纳排污费。根据《印刷业挥发性有机物排放标准》（DB11 1201—2015），苯的排放标准限制为 0.5 毫克/立方米，而甲苯及二甲苯合计为 10 毫克/立方米，其中占“大头”的非甲烷总烃则为 30 毫克/立方米。从税目清单看，此次征收的环保税与印刷行业有关的主要为大气污染物、水污染物、固体废物和噪声四类应征税污染物。之前征收的非甲烷总烃暂不征收。业界均认为，这将为印刷企业减少约 74% 的环保费用。

环保税实施前，环保监测检查工作由环保部门负责，费改税后，所有监督检查工作由地税局负责。

“费改税”企业需自行依法计算，按季度主动申报，申报的依据是税目清单中所列应税物种，并在 15 日之内完成缴税，否则将会承担法律责任。同时，企业在申报环保税时，需要每一个季度在缴费平台上提供由第三方检测机构提供的监测报告，监测报告必须具有 CA 印章。各地地税局将通过对印刷企业的末端排口情况进行监控并征税。

表 2 “费改税”政策变化要点整理

变化要点	解 释
统计方式变化	末端排口监测法替代油墨排污系数法。
应税物种减少	去除应税“大头”非甲烷总烃。
申报频率提高	直接向环境排放应税污染物的印企，每季度均需主动申报。
认证时间缩短	第三方监测报告有效期由一年缩短为一个季度。
实行减免政策	对具有排污许可证的企业有减免条款，低于排放标准 30% 的企业，减按 75% 征收；低于排放标准 50% 的企业，减按 50% 征收。

（三）企业应用

“绿色化是印刷产业与资源环境、与其他行业良性协调、优质互动的根基和保障”，对于印刷业“十三五”时期“四化”发展方向中的“绿色化”，原国家新闻出版广电总局印刷发行司司长刘晓凯如是阐释。他表示，贯彻落实印刷业“十三五”发展规划，要深入推动绿色印刷实施。

事实上，从2011年实施绿色印刷以来，印刷企业的主动性愈发增强，累计已有千余家印刷企业获得绿色印刷认证。这背后是印刷企业角色的变化，从最初的被动接受，到如今主动研发新技术、推广新应用、探索新趋势，印刷企业成为绿色印刷的积极践行者。

1. 新技术推陈出新

在2017年10月20日结束的首届江苏印刷业创新发展博览会上，绿色环保新技术、新工艺是“重头戏”之一。

由苏州科斯伍德油墨股份有限公司研发的纸袋供墨技术，采用环保纸袋包装，与原先的铁罐包装相比，几乎不存在固废处理费用，且大大降低了油墨损耗。苏州科斯伍德油墨股份有限公司为企业算了一笔账，按一台印刷机每年消耗7吨油墨计算，采用纸袋油墨系统，每年每台印刷机可节约成本近3万元。

像这样不断推陈出新研发绿色环保技术的企业不在少数。如华新（佛山）彩色印刷有限公司的创新成果新型水性薄膜凹印复合油墨，其已在多家知名食品品牌的包装材料上进行全色系批量生产。据介绍，这项工艺在印刷过程中没有挥发性有机溶剂，其VOCs排放量经广州质量监督检测研究院检测后显示，比溶剂油墨减少90%。

在原辅材料方面进行技术革新的同时，浙江杭州骨干企业还在印刷设备的环保性能上下功夫：使用免冲洗PS印版和安装水循环处理设备。如出版物印刷企业杭州长命印刷有限公司对冲洗废水进行过滤循环使用，冲版水的利用率从原来的1张/30升大幅度提高至350张/30升，实现零排放。同时还引进了一批排放处理装置集中收集处理废气、废水。该公司主动参照上海、北京的排放标准和治理技术，聘请治理设备厂商和环保专家设计治理方案，投入资金进行设备改造。

2. 新应用加速落地

加速新应用落地既在于落细落小，还要贯通生产线、产业链。绿色先锋北京华联印刷有限公司的绿色之路循序渐进、落到实处。北京华联印刷有限公司2011年成为首批获得绿色印刷认证的企业之一，2012年进行生产辅助技术升级，2013年通过自愿清洁生产审核、规范危废管理，2014年履约二氧化碳排放，2015年引入VOCs治理设施，2016年以VOCs为重点进行清洁生产审核，2017年持续清洁生产、淘汰高耗能电机……华联从细节处减少VOCs排放、降低污染。如减少润版液配比，即可每年减少润版液用量4吨，节约成本28万元。

印刷生产线技术改造项目是湖南长沙鸿发印务实业有限公司的亮点，通过引进先进的数字印前、印刷、印后加工设备以及色彩管理系统降低综合成本，减少环境污染。如今，经过一、二期工程，鸿发印务已建成了现代化印装生产基地，并对设备进行全面升级换代。这种以科技含量高、数字智能化控制的先进自动化数字设备引进为核心，实现印前、印刷、印后加工过程资源节约和绿色环保数字智能化控制运营新模式，将最终实现绿色印刷的全覆盖。

除对传统工艺进行绿色改造外，印刷企业还开辟新的商业模式，为绿色印刷提供新的实现路径。对北京盛通印刷股份有限公司来说，其绿色印刷的实施，在于使包括材料、加工、应用和消费在内的整个供应链系统步入良性循环。盛通股份公司一直以来践行绿色印刷，利用移动互联、云计算和工业信息化技术，聚合需求、优化产能，不断延展服务链条，提升出版综合服务能力。

3. 新趋势创造引领

“环境保护的高要求客观上推动落后产能加速出局”，这是上海数字印刷行业协会秘书长潘晓东对2017年印刷业面临环保形势的判断。面对印刷产能过剩、环保要求日益提高，企业是高歌前行还是悲哀出局？他认为，顺应市场需求、完成绿色转型的企业正蓄势待发，昂首向前，这些企业将成为引领中国从印刷大国向印刷强国迈进的主力。

绿色印刷的创新升级，需要将企业的综合水平显著提升，使其成为企业的一张名片，这样才能在客户和市场中取得绿色和发展双赢。凤凰出版传媒印务管理委员会注重加快创建智能工厂模式。首先是一台智能机器，其次是一座智能工厂，最后是一个智慧产业。智能机器是提高设备高速化、自动化、多功能水平；智能工厂的核心是高自动化、无缝连接和智能控制；智慧产业则是针对整个产业链，包含用户需求、创意产品、数据处理等。

作为环境中的一分子，绿色印刷是企业需要承担的社会责任，亦是企业内的小细节，有利于改善车间员工的工作环境，关注员工健康。

显然，实施绿色印刷的企业已成为印刷行业的中坚力量。担当绿色责任，践行环保理念，研发新技术、推广新应用……这些企业为行业做出表率，发挥示范作用，正引领出一条绿色新路。

二、困难与问题

尽管我国印刷业的“绿色化”转型已经取得了跨越式的发展，然而在环保压力日益严峻的当下，其中面临的困难与问题仍不容小觑。

（一）绿色发展机制有待完善

绿色印刷实施流程标准、制度体系有待完善，印刷产品环保质量不稳定，企业实施绿色印刷的自觉性和主动性有待提高，绿色印刷领域需要进一步扩大，产业链协同发展亟待加强，特别是加快源头治理。

（二）从业人员素质有待提高

人才流失、招工难等问题比较普遍，特别是高级技术工人缺口较大。企业扩大生产和融合转型过程中缺乏管理、技术、金融、贸易、IT 等专业人才。印刷业的社会认可度和职业荣誉感有待提高。

（三）绿色印刷的成本较高

这是一直困扰企业的难题，这关系到印刷技术是否成熟、设备是否可投入使用、印后产品定价是否符合市场规律等一系列上下游环节，也会直接影响企业在印刷产业链中的种种选择，尤其在现今印刷产业转型期，这一因素至关重要。一些大型的印刷企业尚且能承担一部分上涨成本，但中小企业的承受能力相对较弱，在这样的情况下，他们依旧会选择使用传统的印刷手段进行产品生产。

三、方向与探索

处在新一轮的发展“窗口期”，推动绿色印刷，实现产业转型升级，建设现代化印刷工业体系，满足人民日益增长的美好生活需要，印刷业改革发展面临新方向、新任务、新要求。

（一）发展方向

按照习近平总书记提出的“新时代要有新气象，更要有新作为”战略要求，勇于创新、深入协调，优化布局、强化监管，推动我国印刷业绿色化发展开启新时代，踏上新征程，续写新篇章。为此，原国家新闻出版广电总局印刷发行司司长刘晓凯在讲话中曾明确提出四项要求。

1. 完善绿色印刷发展体制机制

通过制度创新，破除制约绿色印刷发展的体制、机制弊端，进一步释放出印刷业绿色发展的带动力、推动力。针对当前实施绿色印刷存在的工作途径相对单一、协同推进力度不够等制约性问题，从有利于更好地服务行业、有利于更好地落实执行的角度，加快推动实施绿色印刷的顶层设计和制度建设。一要完善绿色印刷市场准入和退出机制，增强部门间的工作协调统筹，加快建设市场化绿色印刷认证途径。二要完善绿色印刷标准体系及采信机制，强化绿色印刷标准的刚性执行和引导作用，推进绿色印刷标准与设备器材等标准的有效对接。三要健全行业主管部门绿色印刷监督管理职责，完善绿色印刷质量管理制度，建立绿色印刷违规通报查处机制，探索实施绿色印刷企业分级分类管理。四要加强产业政策与财政货币等各项政策的深度协调与有效衔接，推动奖励补贴机制的建立。

2. 构建和发展绿色印刷市场体系

我国印刷产业体量大、企业数量多，服务领域广、产业链条长，需要行政和社会力量共同推进绿色印刷的实施。同时，还要进一步发挥好市场在调动企业实施绿色印刷积极性方面的作用，扩大市场主体范围，壮大我国印刷业整体竞争能力。一是引导和扩大绿色印刷消费市场，在更多出版物类别中实施绿色印刷，支持和联合报纸、食品、医药、快递包装等领域加大实施绿色印刷的范围，争取早日实现全覆盖。二是发挥好政府的引导作用，扩大政府采购绿色印刷服务范围，推动绿色供给跨区域自由流动，培育绿色印刷议价优势，化解目前价格竞争困局。三是搭建金融服务平台，推动金融机构完善支持绿色印刷的投融资渠道。四是探索市场监管手段，加强对绿色印刷主体和绿色印刷产品的双重监管。

3. 打造产业链上下游共建共享新格局

实施绿色印刷，必须要有大视野、大格局、大思路。在战略布局和工作安排上，既要以绿色印刷为支点，贯彻落实印刷业现代化生产体系建设的要求和部署，又要充分引领和带动产业链上下游融入生态文明建设，以社会主义文化繁荣兴盛目标为导向，努力打造全行业共同参与、共同实施、共享发展的新格局。一是要与上下游共同助推绿色市场发展。要强化与出版发行、食品药品等重点行业的合作，在推广绿色理念和绿色印刷方面取得共识，廓清发展障碍。二是要与产业链共同构建绿色空间格局。深化印刷企业与设备器材和纸张生产厂商的需求对接，共同推动环保油墨、循环纸张和环保印刷设备等关键领域的技术创新，推动印刷业实现降成本、节能耗、减排放发展。三是要发挥行业协会、科研机构、高等院校等组织的重大作用，针对热点难点问题，加强交流对接，推动建立绿色印刷标准、技术攻关机构和实施路径，实现共享共赢。

4. 营造绿色印刷持续发展的良好环境

各级行业主管部门要为绿色印刷发展营造良好的政策环境。一是加强宣传教育。要广泛宣传、树立典型、加强指导，发挥示范企业的辐射引领作用，发挥行业组织的普及推广作用，将绿色发展理念转化为全行业的情感认同和行为习惯。二是实施技能培训。行业协会、质检机构、科研机构等有关部门，要广泛开展面向企业的绿色印刷技能培训，培育绿色发展理念，培养良好绿色习惯。三是鼓励交流和对接。行业主管部门大力支持行业开展的绿色印刷研发活动、展示活动、宣传推广活动等，推动印刷企业间加强协同合作，共同提高绿色印刷能力。

如上绿色印刷成绩源于国家新闻出版广电总局等相关部门的统筹协调，各地印刷管理部门贯彻落实，行业协会大力推动，广大企业积极实施。

（二）积极探索

制定科学规划，引领印刷产业实施绿色转型升级，各省（自治区、直辖市）印刷业主管部门根据当地实际情况设定合理的发展目标。

据调查，重庆计划在“十三五”末，本地绿色印刷企业数量达到30家，出版物印刷企业中绿色印刷企业占比达到30%。吉林“十三五”期末的发展目标为绿色印刷企业达到30家、教辅绿色印刷全覆盖、包装产品覆盖率达10%。江苏计划在“十三五”期末，符合绿色印刷环保要求的印刷企业数量占到全省印刷企业总数的50%以上，绿色印刷环保体系基本建成。安徽则对绿色印刷图书的品种数量提出了要求，明确规定实施绿色印刷推广工程，积极培育绿色印刷消费市场，鼓励引导印刷企业实施绿色印刷，不断提高绿色印刷产能在印刷业中的比重，除教科书以外的皖版绿色印刷图书品种超过4000种。

绿色印刷发展成果令人鼓舞，目标催人奋进。如何落到实处？各省（自治区、直辖市）也制定了符合本地特色的实施措施。如江苏除采取严格落实国家相关环保标准与要求、实施绿色印刷推广工程等措施外，进一步明确了绿色印刷宣传的作用。江苏省新闻出版“十三五”规划中要求加大绿色印刷宣传力度，培育绿色印刷市场需求，提高企业认识和全员参与水平，将绿色印刷标准落到实处。

四、结束语

绿色印刷是中国印刷产业走可持续发展道路的必然选择，也是建设资源节约型、环境友好型社会的必经之路。绿色节能是社会发展的大势所趋，选用绿色节能原料生产出来的商品，更容易为社会接受、大众认可。从长远看，绿色印刷的要求督促整个行业的设备与技能进行革新与换代，推动技术进步。绿色印刷符合传统印刷企业结构调整和提升竞争力的要求，这对于传统印刷企业是一个机遇，也是挑战。

“十三五”时期，印刷行业要向国家生态文明建设的新要求看齐，贯彻落实“创新、协调、绿色、开放、共享”五大发展理念，坚定印刷业“绿色化、数字化、智能化、融合化”发展方向，团结奋斗，继续坚定不移地推动绿色印刷实施。实施绿色印刷责任重大、任务艰巨，相信在政府牵头，行业引领，企业响应的带动下，我国的印刷绿色发展一定会迎来新形势，打开新局面。

数字印刷产业报告（2017）

郭春涛　李　洋　刘泽辉

数字印刷技术的出现和发展带来的不仅是设备的更新，它从根本上影响了印刷生产模式以及整个印刷工业，是印刷工业发展变革的方向。数字印刷技术在不断进步，数字印刷的潜力还在被继续挖掘，成为一个充满生命力的印刷方式。

数字印刷技术不断进步，成像质量、印刷速度、颜色稳定性等方面的表现愈发优异，因此其应用领域也愈发广泛，从最开始的用于打字复印，做工程标书这类简单的输出业务，向短版的商务印刷进军，如印刷宣传单、菜谱等产品；越来越多地用于开发个性化产品，如基于互联网技术的微信书、旅行相册等产品；为断版书和短版图书市场服务，为文化传承做出贡献；用于开发高附加值的文创产品，为印刷品赋能，如故宫博物院开发的一系列有版权的笔记本、手机壳等文创产品；数字印刷对承印材料不再“挑剔”，越来越多的小批量个性化的包装也出现在我们的生活中，为日常生活增添色彩。数字印刷正在凭借其短版、可变、快速、环保等优势在印刷市场上快速崛起，成为目前市场上广受欢迎，也是最有价值的印刷技术。

一、我国数字印刷应用发展概述

从2012年开始，我国印刷业发展增速逐年走低（2012—2016年，印刷业总产值增速分别为9.6%、8.4%、5.3%、3.6%、2.7%），特别是2016年，是改革开放以来印刷业发展最艰难的一年。需求下降、调整加剧、环保加码、纸价上涨、增速低谷、增产减利，全年印刷业总产值增长率为2.7%，利润总额下降3.3%，年产值5000万元以上的规模以上重点印刷企业数量首次减少。虽然当前我国印刷业的整体环境不容乐观，这主要是受到环保刚性要求增大、人力资源紧缺等诸多不利因素的影响，但印刷业正在逐渐克服阵痛，调整结构进行自我革命升级，呈现出科技带动、融合创新、资源聚集的发展趋势。

我国印刷业正在向数字化、智能化方向转型升级，数字印刷发展在其中承担着举足轻重的作用。个性化包装、商业广告印制、按需出版等领域的数字印刷应用堪为典范。第一，应用于按需出版的高速喷墨印刷技术正在呈现铺开的态势，2017年国内新增12台，每一台高速喷墨印刷设备都创造了非常可观的产能，截至2017年底，国内高速喷墨印刷设备装机总量55台。第二，在商业印刷领域，国内已经安装了9台高速喷墨印刷设备，大幅面高速喷墨印刷设备为商业印刷提供更多发展，这也是需要持续关注的市场。第三，在包装标签印刷领域，高速喷墨印刷作为配合消费需求升级的需要，在标签包装小批量、个性化定制领域有着很大的发展潜力，这将是未来市场增长的一个重点。

目前，数字印刷技术已经在以下7个领域中发挥重要作用。

1. 商业印刷

众所周知，在商业印刷里，数字印刷的作用是传统印刷的补充，主要应用体现在数字打样、超短版印刷、可变数据印刷、个性化印刷、按需印刷及补单印刷等，数字印刷在传统商业印刷企业里的应用占比约达15%。

2. 图文快印

大多数码快印企业以建筑图文、商务文件印刷为主，行业门槛不高，经过前几年高速增长之后，现在增速也在放缓。目前，国内数字印刷快印企业约3700家，门店约有4500家，数字印刷设备的装机占比大概是62%，市场空间相对饱和。

3. 出版物印刷

数字印刷在该领域的应用主要是短版印刷和按需印刷。出版印刷领域骨干企业有800家，其中有440家企业拥有数字印刷机。

4. 包装与标签印刷

在包装标签印刷领域，因为其直接应对消费升级需求，市场空间很大，数字印刷在国内标签领域的应用主要体现在电子监管码印刷、商品防伪标签印刷和短版标签印刷。

5. 机关文印

机关文印是政府机构的配套服务，国内政府机构和企事业单位文印中心总数约 600 家。数字印刷快速便捷的优势，使得国内政府机关淘汰了传统小胶印，转型为数字印刷的生产流程，其中单张纸生产型彩色数字印刷机在机关文印的应用已经达 19%。

6. 影像输出

影像输出是大众消费者最先接触的个性化印刷尝试，数字印刷相比传统冲印具有成本低和环保的优势，加之数字印刷品质的不断提高和灵活拼版的优势，越来越多的消费者和输出中间商选择数字印刷方式输出。2017 年印刷电商 20 强中，有一半的电商可以提供数字印刷个性化影像业务。

7. 票据印刷

商业票据印刷业务以税务发票、银行票据、直邮单据等为主，涉及金融、税收、海关等行业。商业票据的生产采用专用窄幅卷筒票证印刷设备、多种印刷工艺完成，数字印刷的可变数据打印技术已经普遍应用到商业票据印刷生产领域。目前，商业票据印刷业中，300 家骨干企业的主要生产流程都配备了喷印系统，并有近一半的企业拥有通用数字印刷机。

二、我国数字印刷装机量分析

数字印刷设备的装机情况在一定程度上反映了市场活跃情况，以下将根据不同种类数字印刷设备的装机情况，分析我国数字印刷整体发展情况及区域发展情况，预测未来发展趋势。

（一）单张纸高端彩色数字印刷机

1. 单张纸高端彩色数字印刷机装机量增量创近三年最高

从表 1 中所示 2010—2017 年单张纸高端彩色数字印刷机装机量统计可以看出，截至 2017 年 7 月，单张纸高端彩色数字印刷设备装机总量达到 2096 台，在上年度的基础上增加了 271 台，增长率接近 15%，比上年度的增长率高 3 个百分点，自 2012 年开始，增长率首次呈现增长。考虑到逐年增多的单张纸高端彩色数字印刷机应用市场没有明显扩展的情况下，2017 年 15% 的增长率与近三年的增长率持平，但从年度增长率的角度看，2017 年是 2010—2017 年之间增长量第二高的年度（最高的是 2012—2013 年的增量）。《数字印刷》编辑部认为，市场在趋于理智的投资环境下，或许已经发现了新兴市场的高端业务，感知到生产能力强、输出效果好的高端彩色数字印刷设备可以完成更广阔的业务。在实际生产中，也有用户根据自己实际需要，认为高端彩色数字印刷设备更有成本优势。

值得一提的是，有赖于数字印刷供应商的不断研发和推出新设备，今年新设备的安装情况均实现破零的成绩，部分机型销量更是取得很好的成绩。

表 1　2010—2017 年单张纸高端彩色数字印刷机装机量统计

装机总量（台）	截至 2010 年 7 月	截至 2011 年 7 月	截至 2012 年 7 月	截至 2013 年 7 月	截至 2014 年 7 月	截至 2015 年 7 月	截至 2016 年 7 月	截至 2017 年 7 月
	455	644	887	1195	1433	1632	1825	2096
年度增量（台）	2009 年 8 月—2010 年 7 月	2010 年 8 月—2011 年 7 月	2011 年 8 月—2012 年 7 月	2012 年 8 月—2013 年 7 月	2013 年 8 月—2014 年 7 月	2014 年 8 月—2015 年 7 月	2015 年 8 月—2016 年 7 月	2016 年 8 月—2017 年 7 月
	101	189	243	308	238	199	193	271

2. 单张纸高端彩色数字印刷机应用领域变化

2017 年单张纸高端彩色数字印刷机应用领域分布由图 1 可以看出，图文快印领域的占比最大，为 71%，较上一年度占比下降了 4 个百分点，但图文快印仍然是高端彩色数字印刷市场的绝对主力。其他应用领域的占比在一定范围内有所微调，出版印刷占比 11%，比 2016 年增加 4 个百分点，随着按需出版印刷在出版行业的不断被认可，已有一定数量的专营按需印书企业，引入单张纸高端彩色数字印刷机与高速喷墨印刷设备配合，印制封面或样书。此外，标签包装占比 6%，比上年增加了 3 个百分点。在新的市场导向下，高端数字印刷设备在出版印刷和标签包装上有明显增长，机关文印以 5% 的占比位列第四，比上一年度下降 3 个百分点。金融、邮政、电信系统等领域的占比持续下滑，占比 4%。其他领域（主要指用于制卡或其他非主流的特殊应用）比上年提高 1 个百分点，占比 3%。

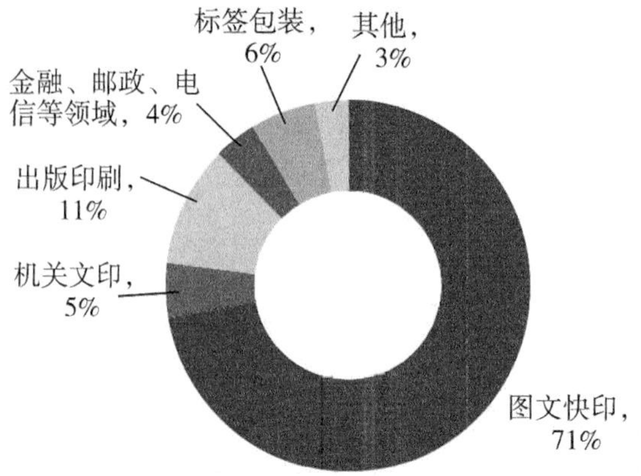

图 1 单张纸高端彩色数字印刷机应用领域分布

3. 华南地区仍是全国单张纸高端彩色数字印刷机装机量之首

2017 年单张纸高端彩色数字印刷机地域分布如图 2 所示，从中可以看出，华南、华东、华北地区仍是呈现三足鼎立的局面，占比分别达到 33%、25% 和 19%，华南地区同比上年上涨了 2 个百分点，华东地区下降了 2 个百分点，华北地区下降了 1 个百分点，预计北上广深四地高端商务业务将在较长时间内保证这三个地区的设备保有量处于领先地位。值得注意的是，华中地区占比为 12%，较上年增加了 2 个百分点，位列第四，这几年华中地区一直保持增长。西南地区和西北地区分别占比为 5% 和 4%。

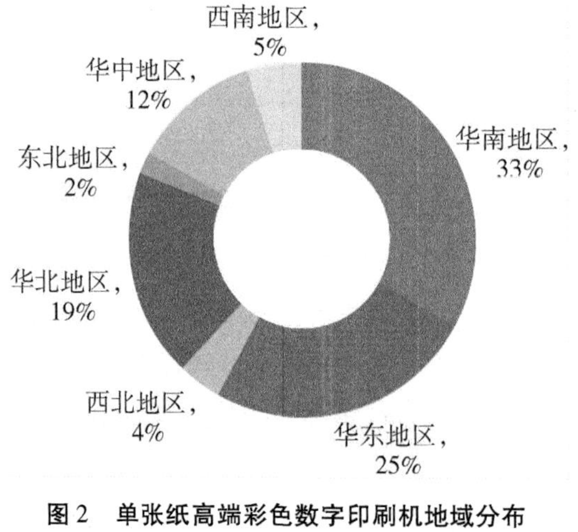

图 2 单张纸高端彩色数字印刷机地域分布

（二）单张纸生产型彩色数字印刷机

1. 单张纸生产型彩色数字印刷机装机量下降

2017 年调查延续了上一年度调查的五家数字印刷设备供应商的生产型彩色数字印刷设备，共 15 个系列。

从表 2 所示的 2010—2017 年单张纸生产型彩色数字印刷机装机量统计中可以看出，2017 年单张纸生产型彩色数字印刷机的装机总量为 7432 台，新增 886 台，增长率约 14%，比上一年降低了 8 个百分点，下降依然较多。2010—2017 年，生产型彩色数字印刷设备的新增量和增长率持续下降，《数字印刷》杂志预计没有明显模式和应用的扩展，这部分市场已进入稳健发展的新阶段。

表 2　2010—2017 年单张纸生产型彩色数字印刷机装机量统计

装机总量（台）	截至 2010 年 7 月	截至 2011 年 7 月	截至 2012 年 7 月	截至 2013 年 7 月	截至 2014 年 7 月	截至 2015 年 7 月	截至 2016 年 7 月	截至 2017 年 7 月
	1305	1856	2345	3214	4036	5377	6546	7432
年度增量（台）	2009 年 8 月 ~2010 年 7 月	2010 年 8 月 ~2011 年 7 月	2011 年 8 月 ~2012 年 7 月	2012 年 8 月 ~2013 年 7 月	2013 年 8 月 ~2014 年 7 月	2014 年 8 月 ~2015 年 7 月	2015 年 8 月 ~2016 年 7 月	2016 年 8 月 ~2017 年 7 月
	315	551	489	869	822	1341	1169	886

注：此类设备《生产型数字印刷机目录（2015）》中归属“单张纸生产型彩色数字印刷机”。

2. 机关文印应用领域增幅最大

由图 3 可以看出，2017 年单张纸生产型彩色数字印刷机主要应用仍在图文快印领域，占比为 55%，比 2016 年下降了 8 个百分点。机关文印位列第二，占比为 19%，上升 7 个百分点，而该应用的增长主要是由于某品牌数字印刷设备供应商推出了非常适用于机关文印的设备所致。排名第三的是其他类，占比为 10%，增加 2 个百分点，企业购买用于研发创新产品的情况逐渐增多。出版印刷和标签包装位列第四，占比 6%，标签包装和影像输出并列排名第五，标签包装较 2016 年占比增加 1 个百分点，影像输出占比较 2016 年下降了 2 个百分点。

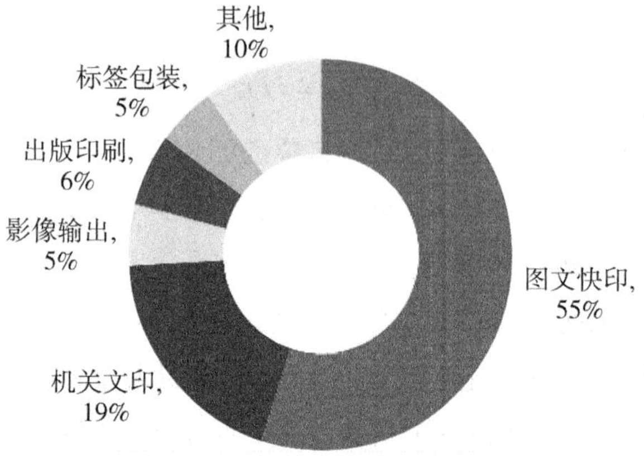

图 3　单纸张生产型彩色数字印刷机应用领域分布

3. 三大地区的区域聚集效应进一步加强

2017 年单张纸生产型彩色数字印刷机的地域分布情况与往年差别不大，由图 4 可以看出，华东、华北、华南生产型彩色数字印刷设备的装机量依然排在前三名，占比分别为 30%、23% 以及 18%，同高端设备的地理分布类似，三大区域的生产型设备仍然是生产型设备在全国装机最多的区域。西南地区、华中地区分别位列第四、五位，占比分别为 11% 和 8%。西北地区、东北地区的占比分别为 6% 和 4%，在全国各地区中占比仍较低。2017 年生产型设备在三大地区的总占有率比上年还要多 4 个百分点，聚集效应进一步加强。

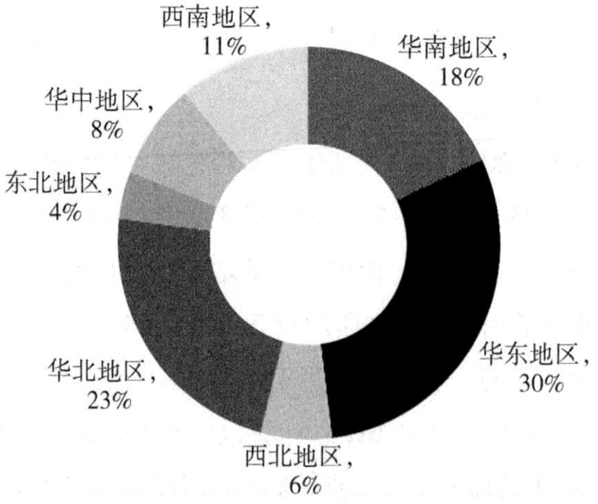

图 4　单纸张生产型彩色数字印刷机地域分布

按照《生产型数字印刷机目录（2015 年）》的分类方法，即将我们所划分的单张纸高端彩色数字印刷机与单张纸彩色生产型数字印刷机合并为“单张纸彩色生产型数字印刷机”计算，目前市场上此类主流机型的装机量为 9528 台，较 2016 年度的 8371 台增长 1157 台，增长率达到约 14%，较 2015 年度增幅（增长 19%）下降了 5 个百分点。从以上报告可以看出，市场对于设备的投资更倾向于质而非量，整体倾向投资高产能、高品质的高端设备，也代表了数字印刷市场正在变化的过程。

（三）连续纸高端彩色数字印刷机

2017 年对于连续纸高端彩色数字印刷机的调查，机型与上年度一致，新增 HP Indigo 7800。本年度连续纸高端彩色数字印刷机总装机量达到 197 台，新增装机量 37 台，同比增长约 23%，增长率几乎与 2016 年持平，发展稳健，详见表 3。在地区分布上，市场上该类设备依然集中在标签印刷的重要生产区域，即华南区域，其他地区装机量较少。在应用领域上，2017 年度绝大多数新增的连续纸高端彩色数字印刷设备主要应用在标签包装领域，其中拥有 30 英寸幅宽、应用于软包装市场的 HP Indigo 20000 在国内已装机两条生产线，HP Indigo 8000 作为刚刚上市的适用于标签印刷的设备在国内也装机一台。

表 3　2010—2017 年连续纸高端彩色数字印刷机装机量统计

装机总量（台）	截至 2010 年 7 月	截至 2011 年 7 月	截至 2012 年 7 月	截至 2013 年 7 月	截至 2014 年 7 月	截至 2015 年 7 月	截至 2016 年 7 月	截至 2017 年 7 月
	24	37	46	68	95	128	160	197
年度增量（台）	2009 年 8 月—2010 年 7 月	2010 年 8 月—2011 年 7 月	2011 年 8 月—2012 年 7 月	2012 年 8 月—2013 年 7 月	2013 年 8 月—2014 年 7 月	2014 年 8 月—2015 年 7 月	2015 年 8 月—2016 年 7 月	2016 年 8 月—2017 年 7 月
	3	13	9	22	23	33	32	37

（四）高速喷墨印刷机

本文对高速喷墨印刷技术的定义依然是采用业内对高速喷墨印刷的主流界定标准：速度在 100 米/分钟以上，分辨率达到 600dpi × 600dpi 的轮转和单张纸喷墨数字印刷设备。

1. 出版领域

从2017年的统计数据看（见表4），用于按需出版的高速喷墨印刷机新增装机量处于稳中有增的态势。2017年，全国传统印刷厂深受纸价飞涨和环保督察的影响，前者使印刷厂需要承受成本上涨的压力，后者使其随时面临停产限产的窘境，尤其是地处北京周边的传统印刷厂，这种影响来得更为猛烈。由于全国90%的出版单位都落户于北京，他们需要承受图书印刷成本上涨和生产周期延长的压力，再加上北京房租成本日益增长，仓储成本也成为影响出版单位决策的因素。面对如此困境，仿佛只有数字印刷，或者说高速喷墨印刷技术的按需印刷，可以相对减少综合成本的上涨。在上述多方因素影响和多年的高速喷墨的优势推广引导下，高速喷墨印刷逐渐进入出版单位所选择的印刷方式之中。

表4　2014—2017年出版领域高速喷墨印刷机装机情况

装机总量（套）	截至2014年12月	截至2015年12月	截至2016年12月	截至2017年12月
	27	33	43	55
年度增量（套）	2014年1月—12月	2015年1月—12月	2016年1月—12月	2017年1月—12月
	8	6	10	12

2017年，从全国的装机情况来看，首先有两家新的设备厂商及机型进入该领域，富士施乐1400和理光Pro VC60000分别在北京中献拓方科技发展有限公司和云南出版印刷（集团）有限责任公司装机，这两款设备都是首次应用在国内的出版领域，这说明技术服务商看好该领域，正在不断创新并提供相应的设备和模式服务。云南出版印刷（集团）的设备引进代表着西部地区进行数字印刷技术革新、市场渠道建设和业务拓展的改革；其次，从地域上讲（见图5），2017年度装机后，全国书刊高速喷墨印刷机分布出现明显调整，华北地区占比最高，但相较2016年降低11%，占49%；华东地区占比为23%（其中台湾地区贡献7%）；华南地区占比为18%，比去年增长2%；

西北地区占比6%；西南地区和华中地区各占2%。如前文所述，西南地区也已经拥有高速喷墨印刷技术，实现零的突破。

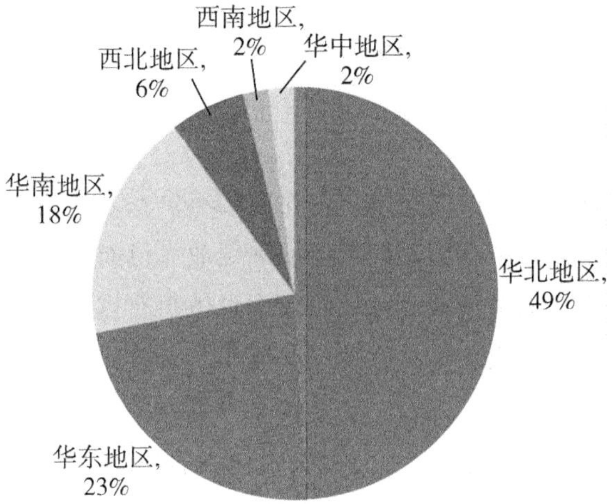

图5　用于按需出版的高速喷墨印刷系统在国内的分布

这些数据表明，拥有天然出版资源优势的北京地区依然是高速喷墨印刷技术的重要阵地，先行者的探索和尝试使得国内其他地区开始启动书刊类按需印刷的探索，尤其在台湾、云南等地快速涌现。

2. 商业印刷领域

2017年对于单页式高速喷墨印刷技术而言是落地的一年，多家印刷企业实现了从畅想、引进到最终投入生产和模式调整的实践和尝试，装机高速喷墨印刷设备需要较大的资金投入和充足的订单支撑，以及经营者对业务思维的转变，这好像也是一场以速度决定胜负的比赛。2017年单页式高速喷墨印刷设备新增装机四台（见表5）。这四台都是由小森和柯尼卡美能达共同研发的一款设备贡献的，双方分别命名为小森 Impremia IS29 和柯尼卡美能达 AccurioJet KM－1。继2016年雅昌安装了一台小森 Impremia IS29 后，2017年雅昌再装一台，另外还有一台小森 Impremia IS29 安装在了台湾健豪。山西京考印刷和裕同科技分别引进了柯尼卡美能达 AccurioJet KM－1，据悉前者计划打造数字印刷生产中心，而后者试图用该设备开拓个性化包装的新业务。

表 5　2016—2017 年商业印刷领域高速喷墨印刷机装机情况

装机总量（套）	截至 2016 年 12 月	截至 2017 年 12 月
	5	9
年度增量（套）	2016 年 1 月—12 月	2017 年 1 月—12 月
	2	4

从上面的数据和介绍可以看出，企业应用单页式高速喷墨印刷技术的探索是多方向的，他们都试图利用这种新技术继续放大已有的强势业务。从目前的情况看，市面上成熟的单页式高速喷墨印刷设备只有这一款机型，期待更多的机型进入国内市场，百家争鸣。

3. 标签领域

在标签领域，2017 年高速喷墨印刷技术在标签领域的推进也是可圈可点的（见表 6）。首先，以方正为代表的国产高速喷墨印刷设备的增量与 2016 年相似。但受药监码市场饱和的影响，方正 H 系列设备增量大幅下降。其次，以多米诺和网屏为进口品牌代表的标签高速喷墨印刷设备在国内装机有所增长，他们的装机集中在华南和台湾地区，主要用于个人消费品的包装需求。

表 6　标签领域中高速喷墨印刷机主要机型

品牌	2016 年 1 月—12 月	2017 年 1 月—12 月
方正 H 系列	188	40
年度装机总量	55	35

三、数字印刷企业经营情况

数字印刷设备装机量调查报告通过数据分析当前数字印刷产业的发展现状是客观的，科学的；数字印刷企业经营情况调查则是深入一线企业，面对面了解企业经营状况，从经营者的角度还原市场现状。

（一）样本企业年产值及变化情况

图 6 为样本企业年产值情况，值得一提的是，在本次调研中，有些大型数

字印刷连锁和生产中心企业以及按需出版印刷企业年产值都突破了亿元量级。

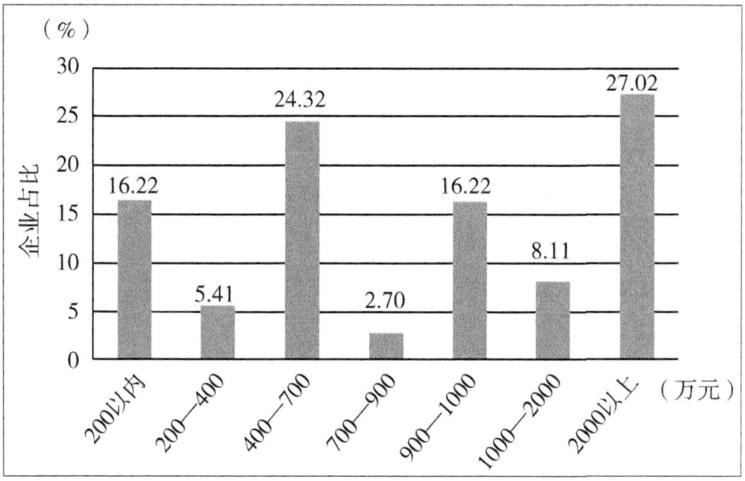

图6 样本企业年产值

从图7样本企业单店年产值来看，全国大部分数字印刷企业的年产值在200 — 400万元之间，单店产值处于这个层级的属于正常水平。年产值在800万元及以上的企业，大多以按需出版印刷领域的生产中心企业为主，如虎彩、七彩京通和中献拓方等企业。

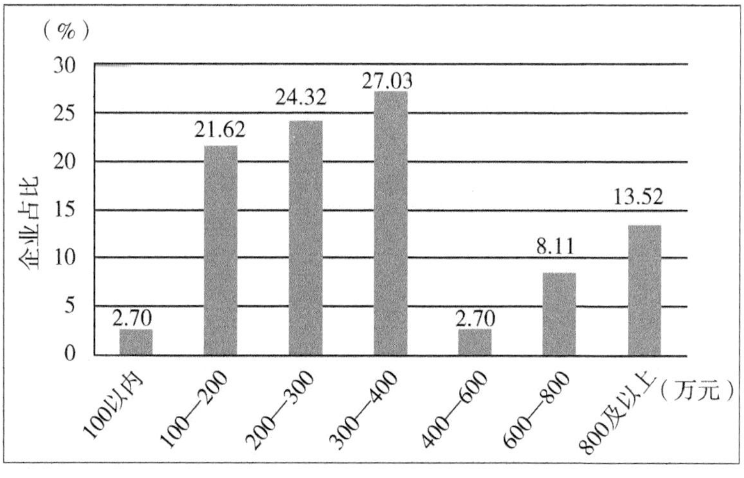

图7 样本企业单店年产值

通过分析样本企业产值以及样本企业单店产值情况，也同样证实了数字印刷企业大多以连锁，小而多的形式存在，每个店的年产值在200—400万元以内比较正常，年产值较大的企业一般是进行按需出版探索的大型数字印刷企业。总的来说，中国数字印刷企业的单店体量相对较小，如果能充分利用设备产能，产值还有很大的提升空间。

从图8样本企业产值变化率情况可以看出，2017年相较于2015年和2016年，企业年产值减少的情况仍有存在，其中9.3%的企业表示年产值减少了10%，有2.33%的企业表示年产值减少了5%，但是相较于2016年、2015年的数据，年产值降低的企业越来越少，企业的经营情况朝着利好的方向发展。有企业表示，作为产品创新型企业盈利有一定的滞后，而且模仿者层出不穷，这也给其盈利设置了障碍；更多的企业则表示受到标书电子化的影响，营业额下降很严重；甚至还有数字印刷企业受到环保政策影响，限产、停产的状况更是限制了企业的发展。

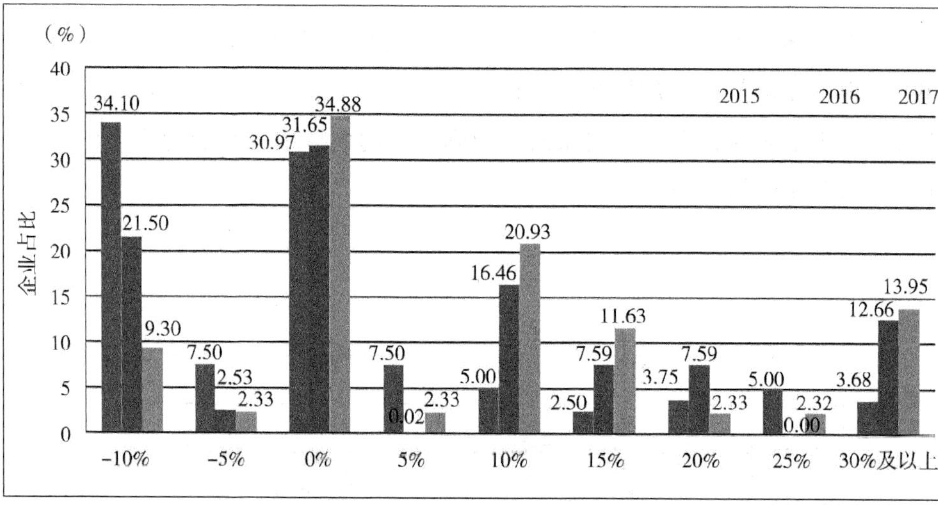

图8　样本企业产值变化率

2017年度有34.88%的样本企业表示年产值与去年持平，相较于2016年的31.65%和2015年的30.97%的数据有小幅增长。企业年产值持平的原因有两种，一种是企业自身没有做任何改变，只是维护好自家的一亩三分地，只求维稳；另一种情况是企业开拓了新客户，开展了新服务，但产值仍然只是持平的结果，更多的情况是后者。究其原因，很多企业表示，近年在不断拓展新的客户，同时提高自身服务水平，但受到价格战的冲击，产值只能维持在与2017年相当的水平；还有企业通过增添新设备和新技术，拓展了服务项目，如广告类业务，填补了下滑业务的窟窿。

2017年度53.49%的样本企业表示有不同程度的产值增加，相比于2016年44.32%和2015年27.48%的数据有明显改观。这也是2015—2017年来，样本企业首次有超过50%的企业表示产值有不同程度的增加。究其原因，主要是企业面对市场变化，做出了积极调整，有的向个性化产品和文化产品方向转型；有的企业则是通过引进新的设备，向广告类业务进发；有的则是开了新店，扩大了服务半径；有的缩减市内门店人员和设备，同时建立生产中心集中生产；有的则是修炼内功，进行企业股份制改造，激发员工的工作激情，提高工作效率。

通过对比2015—2017年三年的数据不难发现，通过市场的优胜劣汰，经营不善的企业离市，而有的企业也在积极地扭亏为赢。总地来说，目前市场上数字印刷企业的经营状况正在逐年好转。企业经营趋于利好的情况与中国经济情况不无关系，中国经济发展进入新常态后，与经济增速换挡相伴随的是结构调整和动力转换，由此促进了中国经济发展更加健康、更可持续。从近几年的经济数据看，中国经济已经稳定在6.5%左右的中高速增长平台上。这样的经济增速不仅有利于扩大就业和经济结构调整，大经济环境的利好，数字印刷企业也抓住了这个机会，积极调整企业发展步调，根据市场变化转型升级，数字印刷市场充满了积极向上的正能量，企业在稳健发展中不断壮大。

（二）样本企业经营利润率情况

通过图9样本企业利润率情况来看，利润率集中在20%及以上的企业大多是拥有产品创新能力、服务高端客户、提供高端产品、主营影像个性化和艺术品复制的企业。根据中商情报网的统计数据，在印刷包装行业中，包装印刷利润率10%—15%，出版物印刷利润率3%—5%，传统印刷行业平均利润率水平为6.4%。数字印刷作为印刷行业的一分子，利润率在整个印刷行业中处于中上游，在调研过中，也有传统印刷企业表示数字印刷的利润率明显高于传统印刷利润率。数字印刷在印刷行业中的利润率处于上游地位，盈利能力相对较强，这也是不断有传统印刷企业布局数字印刷的原因之一。

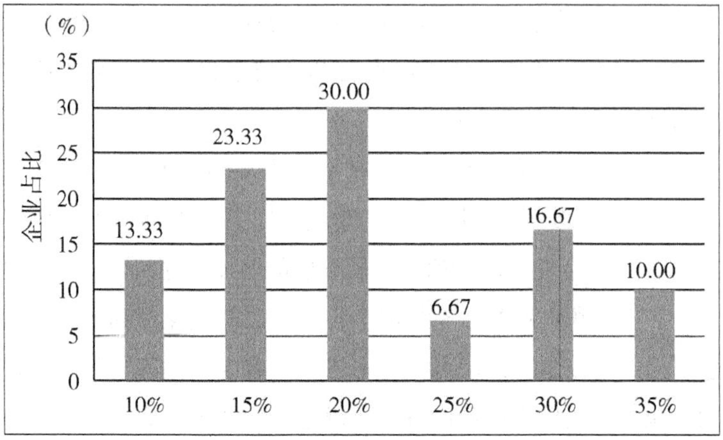

图 9　样本企业利润率

(三) 人均产值

通过图 10 样本企业人均产值情况数据来看，2017 年度分别有 28. 13% 的数字印刷企业月人均产值在 2. 0 万元和 3. 0 万元，21. 88% 的企业月人均产值在 2. 5 万元，相较于 2016 年的数据，分别有 33. 33% 的企业月人均产值在 2 万元和 3. 5 万元及以上的情况来看，人均产值分布更加集中化，人均产值在 1 万—1. 5 万元的企业越来越少。这也说明在人力成本逐渐上涨，人口红利逐渐消失的经济环境下，数字印刷企业开始重视人均产值，员工素质和管理水平均有所提升，从而提高了企业盈利能力。

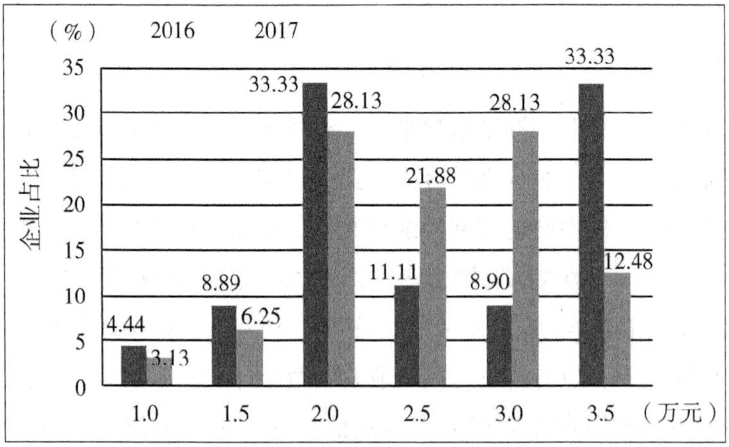

图 10　样本企业人均产值

（四）样本企业投资扩张情况

通过图 11 样本企业投资情况来看，2017 年度有 70. 59% 的样本企业表示有投资。如图 12 所示，其中 44. 74% 的企业投资开了新店；47. 37% 的企业拓展线上业务，有的自主开发电商平台，有的加入既有电商平台；5. 26% 的企业由于是传统印刷厂，受到环保政策影响，需要重新选址搬厂；另有 2. 63% 的企业表示投资并购了其他数字印刷企业。

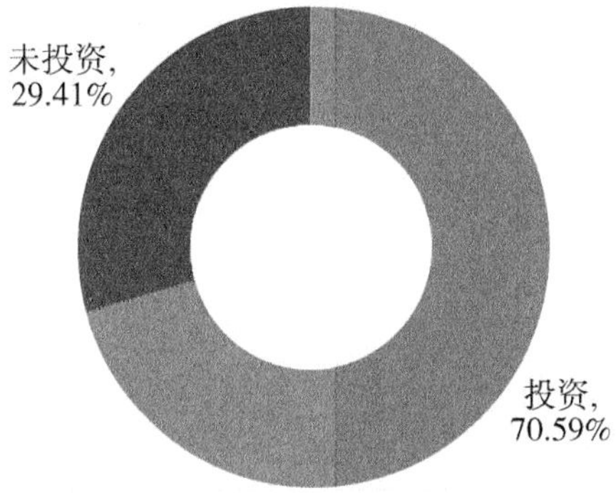

图 11　样本企业投资情况

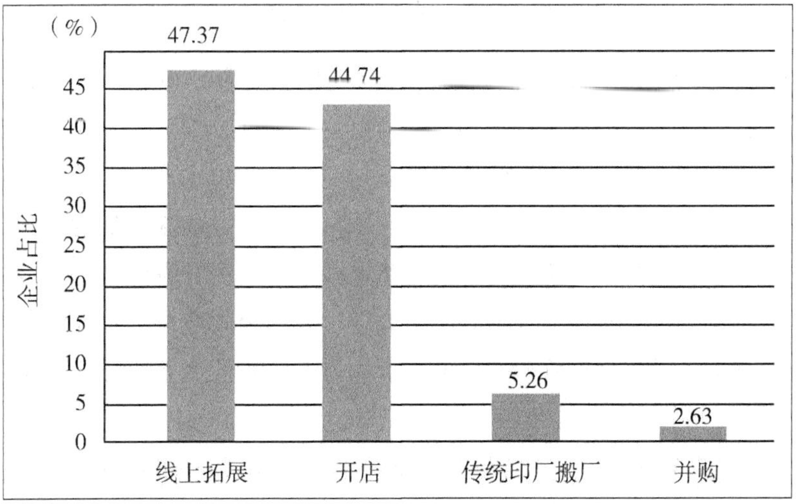

图 12　样本企业投资方向

从图 13 样本企业具体投资类型来看，55. 56% 的企业表示投资了生产型数字印刷设备。随着数字印刷技术的成熟和稳定，以及市场产能逐渐饱和，企业之间的竞争已经不再是设备之间的战争，但由于设备折旧率较高，设备的色彩和生产的稳定性等因素，企业会不断更新生产设备，以保证生产效率和产品质量。另外，上文中也有提到，36.96%的投资企业开了新店，所以购买数字印刷设备是刚需。

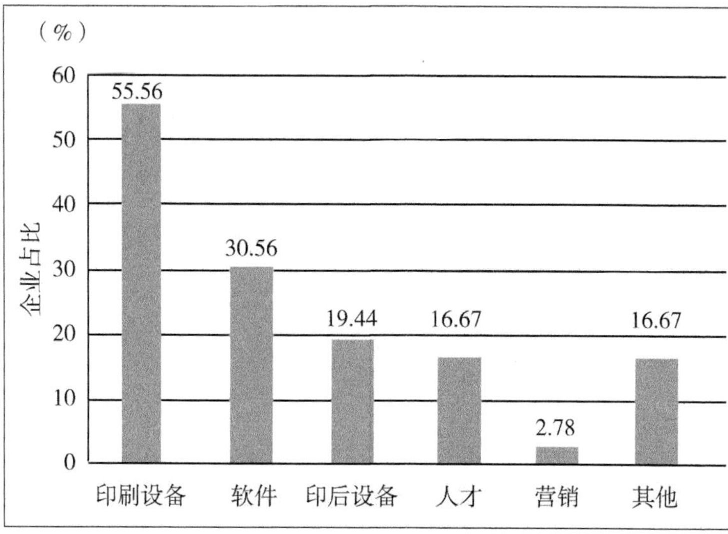

图 13　样本企业具体投资类型

30.56%的企业表示投资了软件，这其中包括投资研发电商平台、印前文件处理软件，升级、购买生产管理软件，企业在软件方面的投资大多是为了提升工作效率，这与月人均产值的调研结果前后呼应。自主开发印前文件处理软件的企业则表示通过高效的印前文件处理系统，将生产需求相似的个性化订单拼在一起，然后进行集中化生产，提高生产效率；自主开发电商平台或者加入电商平台的企业则是希望通过拓展网上业务，服务全国客户，并且拓展 C 端市场群体；而对于投资生产管理软件的企业则是为了细化和规范化生产流程，提升生产效率。

19.44%的企业表示投资了印后设备，且大多是小型印后设备，为了解放人力，提高印后自动化水平。

16.67%的企业表示在人才上面有投资。其中包括人员工资和福利待遇的提高，高薪聘请店长和经验丰富的员工，企业内训学习以及参加培训课程和小型论坛的投入。

2.78%的企业则表示在市场营销方面有投资，而这部分是产品创新型企业，以B2B经营模式居多，通过市场营销方式，让更多的数字印刷企业知道自己的产品，这也是近年比较火的运营方式。

（五）未来投资情况

在关于企业未来投资计划的问题调研中，2017年结果如图14所示。而计划投资的企业中有53.33%的企业表示会投资印刷设备，如图15样本企业未来计划投资内容所示，有的是为了更新换代，更多的是因为有开店计划或者是为了整合资源，建立生产加工中心，设备也是刚需。40%的企业则表示在人才方面进行投资，提高企业的竞争能力。26.67%的企业则表示会在软件方面加大投资，20%的企业表示会增加印后设备投资，解放人工，提高印后自动化水平。而注重营销和产品开发的企业各占6.67%。通过整体的数据来看，数字印刷企业未来的投资方向与本年度调查结果相差不大，企业在淘汰落后产能的同时，提高自动化水平，增加企业整体的竞争能力。

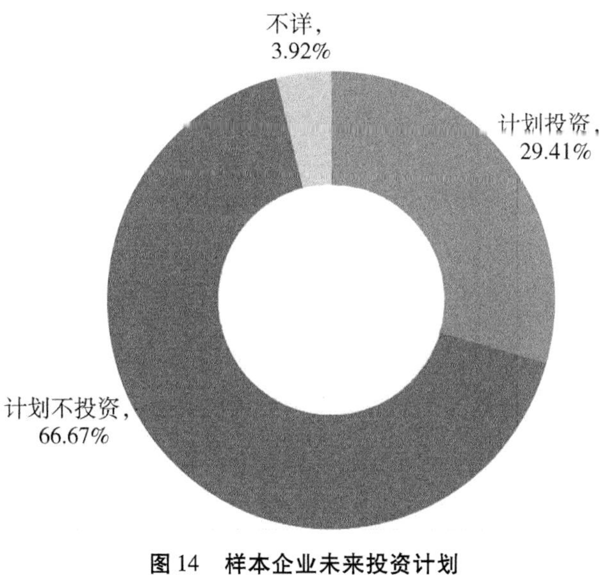

图14　样本企业未来投资计划

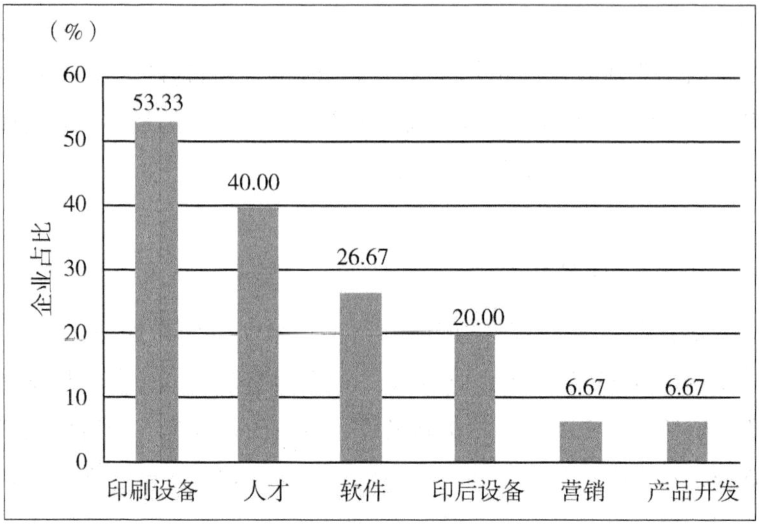

图 15　样本企业未来计划投资内容

(六) 样本企业发展瓶颈

当被问及 2017 年内企业经营遇到过哪些难题，如图 16 样本企业发展瓶颈所示，48.72% 的企业都表示人才是最大的问题，很多人都表示目前人员流动率高、人才匮乏、人工成本上涨、管理难等是行业现状。有的企业还表示为了解决人才匮乏的问题，与当地设计院校合作，共同培养一个 100 多人的毕业班，学生在毕业前可以到企业实习，毕业后也可以选择留下来，但最终留下的寥寥无几。人才是目前数字印刷企业中普遍存在的问题，也是很难解决的难题。首先，要从源头控制，企业不仅要在招聘中下足功夫，还要在培养阶段重视其心理心态的变化，及时调整梳理。对于相对成熟的员工，要给其提供一定的发展空间和激励制度，不少企业提到现在已经实施或者未来将利用股份制和细化绩效考核机制以及提供晋升机会的方式维护员工。

23.08% 的企业表示，成本不断上涨，给企业经营造成了一定压力。纸价、人工成本、房租成本的上涨给数字印刷企业经营带来了一定的影响。

另有 20.51% 的企业表示价格战是影响其发展的因素之一，产品同质化严重，产能过剩、恶性竞争等原因使得产品单价不断走低。面对成本上涨以及价格走低，数字印刷企业可以说是腹背受敌。

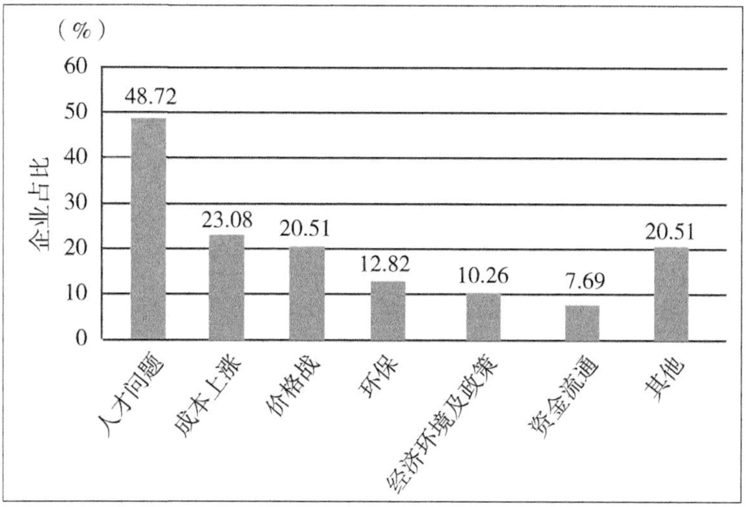

图 16　样本企业发展瓶颈

12.82%的企业表示受到环保政策的压力。这部分企业包括拥有数字印刷设备的传统印刷企业以及专营数字印刷企业。很多传统印刷企业限产停产情况时有发生，纷纷找地迁厂。而数字印刷技术在兴起之初便被冠以环保的名义，在这场环境治理的风暴中并没有独善其身，河南、河北、天津等地专营数字印刷企业隔三差五地会有环保督查部门的领导到场检查，更有甚者数字印刷设备被迫停产。

受到经济大环境和资金流通问题制约的企业分别占比 10.26% 和 7.69%，所有的行业都处在中国乃至国际经济的发展之中，数字印刷作为各个产业的配套产业，必然会受到其他产业发展情况的影响。对于政策方面，标书的电子化、政府反腐倡廉的严峻，对专注于建筑图文和艺术品复制领域的企业影响较大。表示受到资金流通影响的企业多是处于转型过程中，有的向生产加工型转变，有的在积极探索互联网 + 印刷。

四、数字印刷市场新动向

2017 年是 drupa 2016 后单张纸高速喷墨印刷技术落地的一年。国内，在大众类影像领域，2016 年底天意有福引进柯尼卡美能达 AccurioJet KM－1 喷墨印刷机，2017年正式投入使用，将个性化影像向工业化应用推进；在高端影像输出领域，雅昌引进的两台小森Impremia IS29正式投产，利用数字印刷技术优势实现规模化生产；在商业印刷领域，山西京考引进柯尼卡美能达AccurioJet KM－1喷墨印刷机，旨在建立数字印刷生产中心，让数字印刷的生产效率同传统印刷媲美。

而在轮转数字印刷技术中，在包装领域，一家名为山东绿爱的糖果加工厂引进HP Indigo 20000用于印刷个性化糖果包装，并推出个性“套套糖”，一夜之间成为爆品。此外，湖南新向维利用HP Indigo 20000数字印刷设备玩转定制包装市场，更有上海鸿元的多版本可口可乐标签、昆山科望的定制化杜蕾斯纸盒包装、中山中荣的个性化饼干盒等产品，相比其他领域，数字包装的工业化应用影响更为宽广。我国按需出版领域则是更早的数字印刷技术工业化的应用领域，从早期的中石油彩印、大朗中编，到凤凰出版传媒、京师印务，再到虎彩搜书院的成功搭建、京华虎彩按需出版销售额的连年翻番，现在人民邮电出版社、科技出版社等出版单位也正在走出自己的探索道路。

随着人类制造能力的急速提升，今天消费者不再仅仅满足于商品的基本功能，而是对商品提出了更多维度的诉求，包括美学消费、意义消费、仪式感、参与感、个性体验等。

而数字印刷正是用个性化和定制化特点来回应这五个消费需求维度的。比如，2017年4月，奥利奥在天猫平台上的音乐礼盒定制是一个值得关注的个性化定制成功营销案例。天猫平台成为收集个性化数据的端口，消费者可以选择自己喜爱的图案元素构成礼盒包装，并且还能在礼盒的右下角印上自己喜欢的话，而在后端的供应链上，传统的大规模生产发生改变，个性化的快速反应成为现实。这次营销活动首次尝试用线上业务去重构供应链的包装生产过程，实现真正意义上的消费者定制，从定制到收货在五天内完成。

个性化包装深入人心，现在我们可以在市场上看到更多小批量、个性化的产品包装，如康师傅冰糖雪梨美词版、味全每日C“拼字瓶”“DIY瓶”、百事可乐emoji版、高露洁的大胆爱系列、云南白药的京剧脸谱系列等。消费升级会给数字印刷带来新的空间和机会。如今，产品包装不仅是印刷品，更成为流量入口和连接产品与消费者的桥梁。

近年来，政府开始逐渐加大环保整治力度，2017年全国各地环保督查力度、广度不断升级，很多印刷厂被迫停产整治，更有甚者中小微型印刷企业被迫关厂。2017 年下半年，除了传统印刷厂受到环保的影响，北京、上海、天津、河南、河北等地数字印刷企业也都受到环保风暴的奇袭，很多数字印刷厂被限产、停产，被迫搬离市区。“绿水青山就是金山银山”已经出现在党的十九大修订的党章中，可见国家对于绿色环保的坚定决心。下一轮环保政策落实和推进可能会在印刷行业继续深入，值得每一个从业者高度关注。

五、结束语

目前中国印刷业迎来新的窗口机遇期。印刷业目前呈现出环保刚性压力持续增强、结构调整动力持续释放、融合发展负重前行三个阶段性特征，这也为数字印刷的发展提供了良好的契机，数字印刷与传统印刷优势互补、相辅相成形成了新的产业模式，个性化 + 批量化的生产模式为产业发展提供新动能。

目前中国正处于第三次消费升级阶段，迅速增长的中等收入群体更倾向于购买高端、新型商品，对个性化、情感化的产品愈发青睐，这是我国全面建设小康社会的成果。终端品牌商顺应消费升级趋势，不断推出讲情怀、个性化交互性产品包装，增强与消费者之间的交流沟通。市场上也有越来越多的定制化、个性化产品面向 C 端，如照片书、微信书、旅行相册等已经成为 C 端市场炙手可热的产品。消费升级为终端品牌商以及印刷企业提供了更广阔的蓝海市场，也为数字印刷技术的发展提供了发挥特色的空间，为印刷业向数字化、网络化转型提供了动力和源泉。

数字印刷业发展进入了新的阶段，在“互联网 +”的新型经济形态下，印刷产业与信息技术将实现深度融合，只有新技术、新产品才能满足消费升级的需求，数字印刷技术的发展将是促进中国印刷产业腾飞发展的利器。

造纸行业发展报告(2017)

庄向群

一、近年造纸行业发展总体状况

(一)造纸行业的总体运行情况

得益于供给侧改革淘汰落后产能和国内、国际经济的回暖,经历了近三年持续低谷的造纸行业于2016—2017年迎来了一个难得的发展黄金时期。据中国造纸协会资料,2017年全国纸及纸板生产企业2800家左右,全国纸及纸板生产量11130万吨,较上年增长2.53%。消费量10897万吨,较上年增长4.59%,人均年消费量为78千克(13.90亿人)。2008—2017年,纸及纸板生产量年均增长率3.77%,消费量年均增长率3.59%,在两年内纸张连续大幅涨价的背景下,这组统计数据显示了价增、量增、效益增的纸张行业强劲复苏状况。

近年来我国造纸行业虽经历了价格的低谷阶段,但总体产销量仍呈现稳步发展态势,生产总量从2013年的10110万吨,增长到2017年的11130万吨,消费量也从2013年的9782万吨,增长到2017年的10897万吨。面对日新月异的电子传媒迅猛发展,在新闻纸消费量大跌、文化用纸增量放缓的背景下,纸张需求的增长更多得益于包装纸、生活用纸和特种纸张的快速发展,从而继续稳固了中国作为世界第一造纸大国的地位;人均用纸量也从2013年的72千克增长到了2017年的78千克(见图1)。纸张消费的增长也在潜移默化地推动着印刷业的规模化发展。

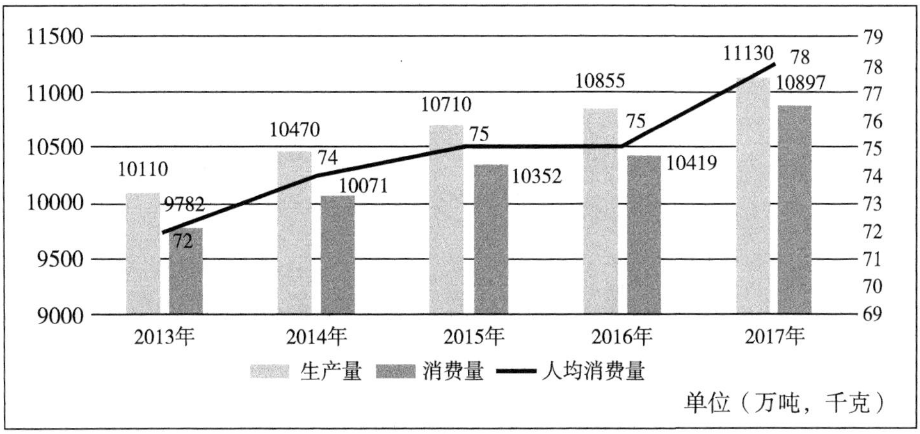

图 1　近五年造纸行业产量和消费量

由于电子传媒的迅猛发展，很多人认为造纸已是传统的夕阳行业，但是我们也应当辩证地看到，与发达国家平均 200 千克的用纸量相比，中国仍存在很大的差距，造纸行业作为国民的基础行业还有很大的发展空间。

“供给侧改革就是在适度扩大总需求的同时，着力加强供给侧结构性改革，着力提高供给侧体系质量和效率。”这一指导思想，正成为影响中国纸业发展的决策导向，新增与淘汰并行，调结构成为行业发展的新风向。2010—2015 年间造纸行业共淘汰落后产能 3972 万吨，正是这个主动收缩的内在变革，为 2016—2017 年行业总体摆脱供过于求的困境和行业全面复苏打下了基础。

造纸业供给侧改革第一阶段的主要表现就是淘汰落后产能和非环保项目，简单地进行供求的匹配，具体体现在行业集中度提高、落后纸厂的关停，产品实现涨价以及资产负债表的修复。从目前的效果来看，造纸行业供给侧改革的第一阶段已经取得了非常好的效果。整体行业的盈利水平大幅度改善，特别是从规模以上造纸企业的统计情况来看（见图 2），总体情况改善显著。规模以上造纸企业从 2900 多家减少到 2700 多家，中小纸厂将会进一步淘汰优化，行业集中度提升的同时，造纸行业的主营业务收入和资产规模都得到了快速发展。

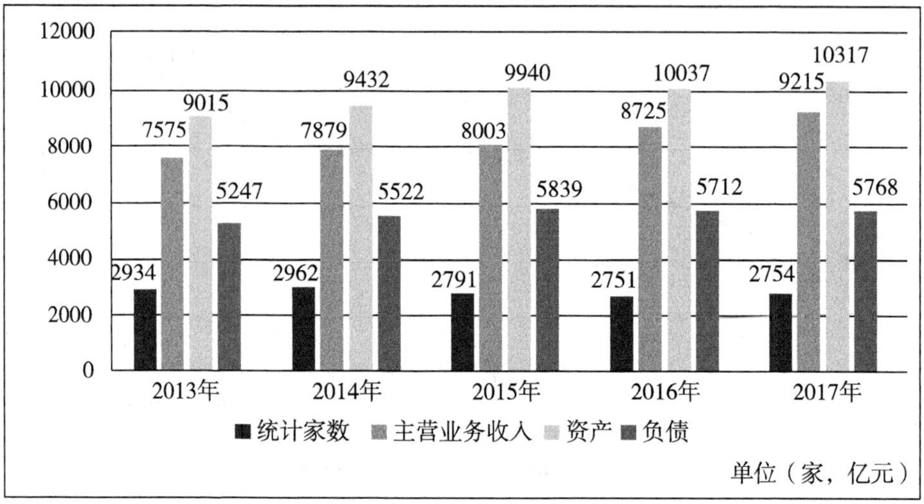

图 2　近五年规模以上造纸企业主营业务收入等情况

在保持主营业务收入快速发展的同时，造纸行业的利润率和利润总额在 2016 年、2017 年快速增长。特别是 2017 年，利润总额达到历年来的一个新高，为 666 亿元，同比上一年增长 55. 63%，作为大宗商品，这个增幅足以说明行业爆发式好转的状态（见图 3）。

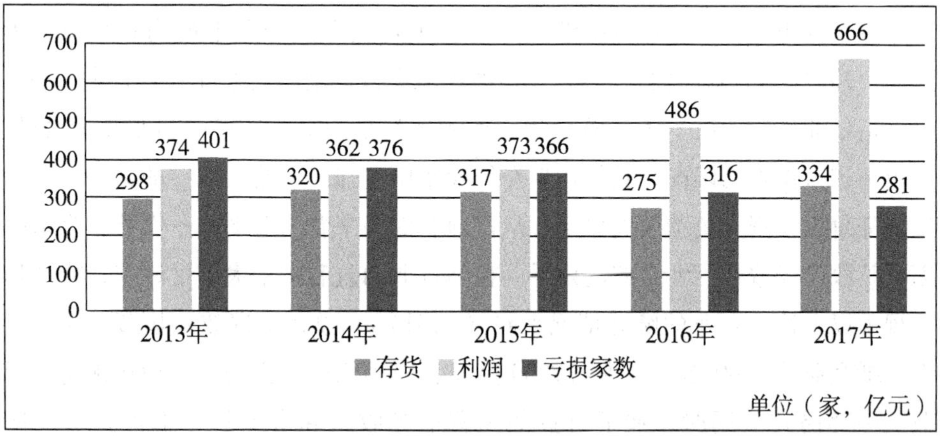

图 3　近五年规模以上造纸企业利润等情况统计

目前主板挂牌上市的 20 家造纸行业上市公司已具备一定规模和行业代表性，晨鸣、太阳、山鹰、华泰、博汇、岳阳、景兴、中顺、齐峰、银鸽、青山、冠豪、荣晟、民丰、恒丰、宜宾、凯恩、美利云、安妮、甘化具有不同细分纸种的代表性。2017 年造纸行业上市公司实现总营业收入 1597.15 亿元，同比增长 29.26%，归属上市公司股东净利润 150.29 亿元，同比增长 116.15%；2017 年造纸行业整体毛利率为 27.77%，为近十年的最好水平。这种业绩变化，需要从宏观背景、行业状态、成本变化、供需影响等角度来综合研判分析。

（二）原材料的供给情况

2017 年全国纸浆消耗总量 10051 万吨，较上年增长 2.59%。木浆 3152 万吨，占纸浆消耗总量 31%，其中进口木浆占 21%、国产木浆占 10%；废纸浆 6302 万吨，占纸浆消耗总量 63%，其中用进口废纸制浆占 21%、用国产废纸制浆占 42%；非木浆 597 万吨，占纸浆消耗总量 6%，其中稻麦草浆占 2.5%、竹浆占 1.6%、苇（荻）浆占 0.7%、蔗渣浆占 0.9%、其他非木浆占 0.3%。

表 1　2016—2017 年我国造纸原材料供给情况

品种	2016 年（万吨）	占比（%）	2017 年（万吨）	占比（%）	同比上年（%）
总量	9797.00	100.00	10051.00	100.00	2.59
木浆	2877.00	29.00	3152.00	31.00	9.56
其中：进口木浆	1881.00	19.00	2112.00	21.00	12.28
废纸浆	6329.00	65.00	6302.00	63.00	-0.43
其中：进口废纸浆	2308.00	24.00	2063.00	21.00	-10.62
非木浆	591.00	6.00	597.00	6.00	1.02

表 1 数据显示，中国造纸对木浆和废纸浆仍存在较高的进口依赖度，在供求压力得到一定平衡的格局下，国际浆价波动和废纸进口政策会成为中长期影响纸张价格波动的关键因素。

2017 年 7 月国务院发布了《禁止洋垃圾入境推进固体废物进口管理制度改革实施方案》，这一政策给废纸进口带来非常大的影响，也成为推高包装纸价的重要因素。但由于 2017 年前 8 个月的进口量比上年同期多 80 余万吨，全年进口总量控制在了 2571.7 万吨，同比下降 9.8%。我国废纸回收量增长显著，回收总量同比增长 6.5%，全年回收量达到 5285 万吨，2018 年废纸的实际进口量预计会出现更大幅度下降。截至 2018 年 6 月底，进口废纸的批文为 1082 万吨，1—5 月的废纸进口量同比下跌 52.1%，为 598 万吨，从国家限制进口固废物的决心看，预计进口废纸的政策会进一步严格，进口废纸的政策变化，将成为包装纸行情变化的重要事件催化。

自 2016 年初中央环保督查组从河北开始试点，到十九大前，实现全国 31 个省市的全覆盖，长效的环保管控和治理，为 2017 年纸张行业的翻身注入了一副强心剂，造纸企业排污许可证的实施，大批“小、污、差”的纸厂淘汰关停，制度化的环保督查不断推动现有纸厂的停限技改。纸张价格在产业集中度提高、市场秩序净化、供求失衡情况下的压力得以缓释，加之传媒信息的推波助澜，在 2016 年下半年启动上涨的基础上，根本性地继续推动了 2017 年纸价的一路高歌，造纸企业效益全面翻身。

但是造纸企业也清楚地认识到，一轮涨价的后端，造纸企业的成本也会因环保要求和原料成本而不断增加，借助供给侧改革第一阶段的春风大幅度提升价格的红利期已经过去，在行业集中度大幅提升的新阶段，绿色发展理念和产业结构优化成为新的经营导向，造纸企业需要把主要精力和关注点放到供给侧改革第二阶段的目标上来，也就是“企业应该提质增效，真正地提升竞争力，提升全球影响力”。

因为木材资源的短缺和造纸行业对环境影响的特殊性，国家并不鼓励造纸行业大力生产出口，这就要求造纸企业不断地进行创新，立足内需发展，为下游消费企业提供符合消费升级改革的更多优质产品。

二、造纸行业细分纸种的发展和利润率情况

结构调整就需要对细分产品有更多的认知和研究，不同类别的纸张供给变化因素将会直接影响到印刷行业和消费领域的内在发展，关注不同纸张的相关性和联动性有利于印刷企业获得对未来趋势变化的更多精准分析和判断。

（一）新闻纸

新闻纸是用于印刷报纸的专用类纸张，在十年前曾经快速发展。但随着电子产品的普及，报刊的发行量逐渐降低。

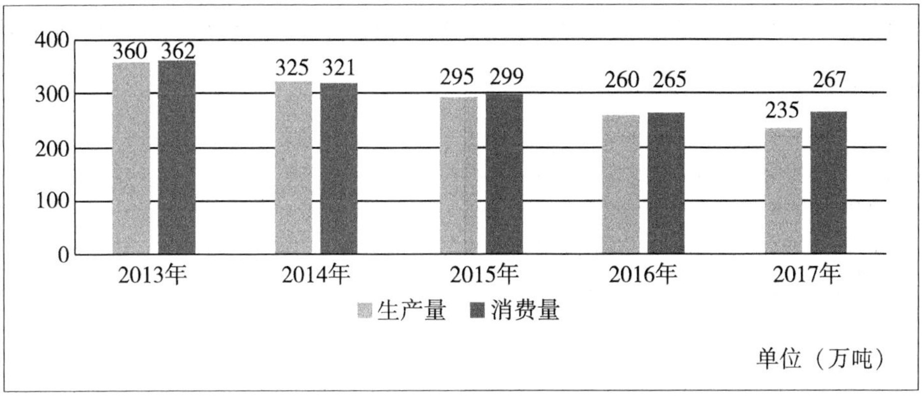

图4　近五年新闻纸生产量和消费量

依据中国造纸协会的数据，新闻纸的消费量从2009年最高峰的461万吨，降低到2016年最低的265万吨，2017年新闻纸的消费量267万吨，勉强走平（见图4）。国内很多新闻纸机因为前几年的亏损经营不得不艰苦技改转型，转产其他纸张产品。

得益于新闻纸产能的退出和废纸原材料的上涨，新闻纸的价格在2016年第四季度也开始一路走高（见图5），行业的利润率也达到近年来比较高的水平。以细分领域的龙头企业华泰纸业为例，依据公司年报显示，2017年上半年新闻纸毛利率不足9%，下半年上升到11.27%。华泰新闻纸主要的原材料为美废8#，2017年年底美废的到港价格为170美元/吨，折合人民币到港价格成本不足1500元/吨，按照2017年年底5600元/吨左右的价格计算，华泰实际的利润水平可能比公布的还高。虽然新闻纸目前看取得了非常好的效益回暖，但是也要有清醒的认识，纸质报纸需求的长期衰退不可避免。2017年亚洲整体市场需求下滑4.7%，比2016年2.1%的下滑速度有所加快。目前行业较高的利润受益于产能退出和国内的环保整治。近两年国内从新闻纸的出口国变成了进口国，特别是2017年进口超过20万吨，国际纸张供应商也见识到了国内的购买力，价格从最初的4600元/吨增长到后续的5600元/吨。目前国内还在大批量发行的报纸，大部分都需要国家的财政支持或者是报业集团其他产业的支持。高涨的纸价使本来就需要财政输血的报业企业雪上加霜，更令人难以接受的是有一段时间因为产能退出的太剧烈居然出现一纸难求。目前发行量较大的报纸都具有党政宣传作用，新闻纸的供应需要一种保障，在新闻纸需求仍在不断萎缩的市场环境下，后续如何确保供应链条不出问题和稳定供应，也是需要行业更多统筹性规划的。

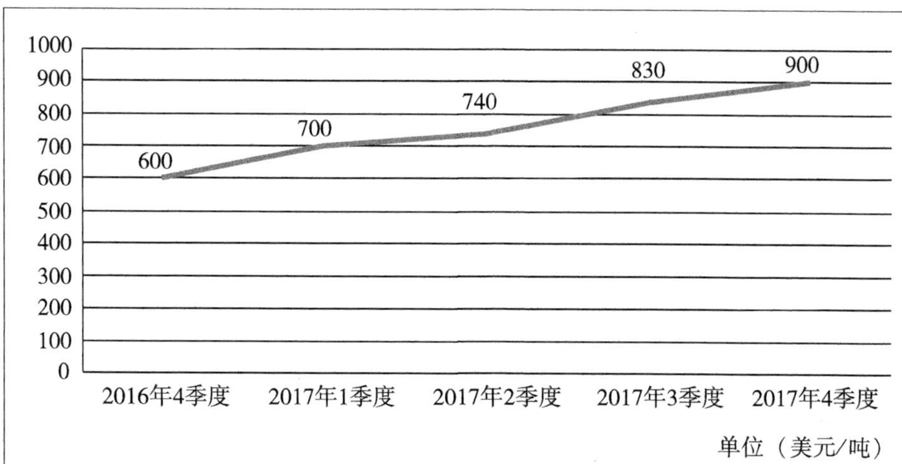

图5　近期新闻纸价格走势

（二）未涂布印刷书写纸

1. 生产量和消费量的总体变化情况

近年来未涂布印刷书写纸生产量和消费量小幅增长，但增幅在不断减少（见图6），虽然其也受到了电子产品的影响，但并未出现像新闻纸一样消费量大幅度下滑的情况，纸质书与电子书并行成长成为行业共识。中国目前文化类用纸的年人均用纸量在20千克左右，与美国的55千克和德国的90千克还有非常大的距离（见图7）。随着中国文化教育与精神文明的深入发展，对胶印用纸仍有充足的市场潜力。

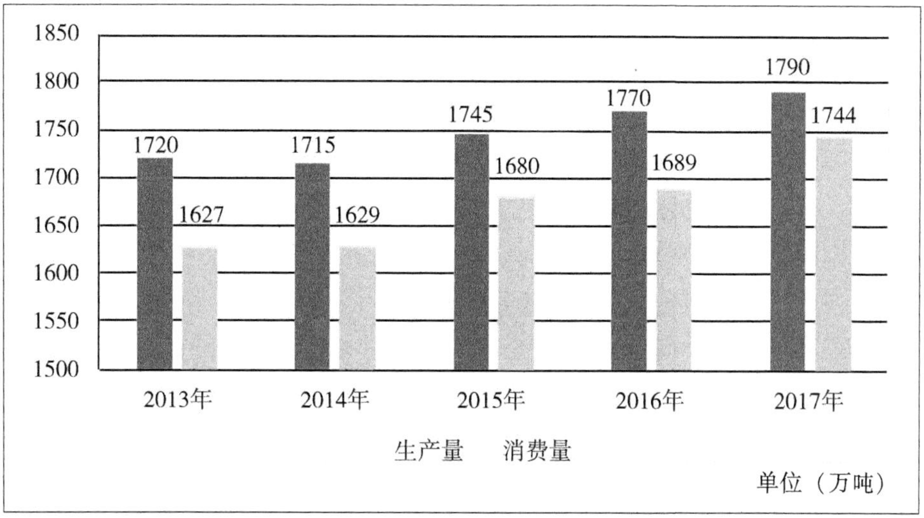

图 6　近五年未涂布印刷书写纸生产量和消费量

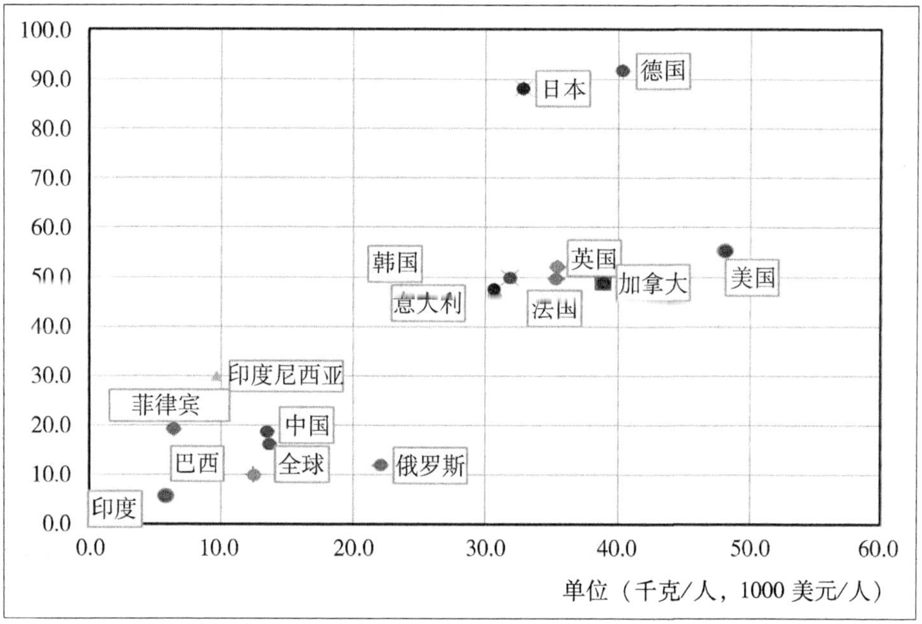

图 7　各地文化类用纸年人均用纸量情况

随着阅读人群对电子书的疲劳，欧美等发达国家的纸质书籍的发行量这两年也开始恢复性增长。近年来我国的图书市场也依旧保持了快速的增长，2017 年中国图书零售市场总规模为 803.2 亿元，同比增长 14.55%。网上书店渠道依然是市场增长的主要推动力，同比增长 25.82%，需要注意的是增速已经持续两年下降，在造纸企业未来扩张投资过程中，对胶版纸的热情自然也会有所降温。在全国上下大力发展实体书店促进全民阅读的氛围之下，实体书店市场规模达到 344 亿元，同比增长 2.33%，2012—2017 年市场规模基本都在 340 亿元左右，行业规模较为稳定。从细分品类来看，少儿、文学类市场保持快速增长，分别同比增长 28.8%、16.1%，从具体渠道来看，实体书店渠道仅社科、文学以及少儿品类增长，网店渠道全品类增长。

依据 RISI 的研究预估，2020 年前，国内对木浆双胶纸市场的需求还是会有所增加（见图 8）。

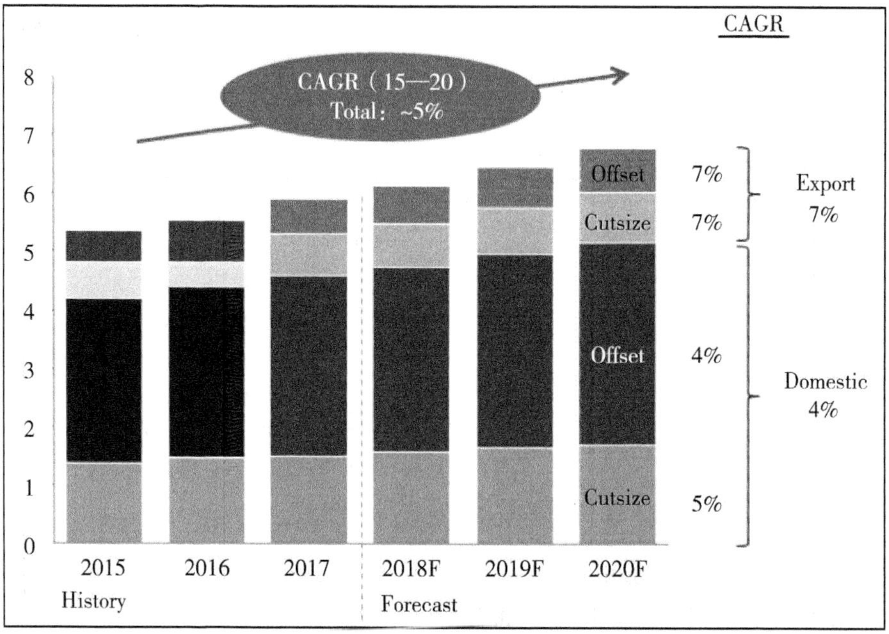

图 8　我国木浆双胶纸的市场需求在增加

注：图表源于 RISI 行业研究报告。

2. 供给情况的分析

未涂布印刷书写纸目前仍以全木浆和混浆纸的形态供应市场，供应厂家相对分散，市场集中度还有待提高。目前细分品类的全木浆类未涂布印刷书写纸产能集中度已经大幅提高，主要集中在以下几家大厂。如图 9 所示。

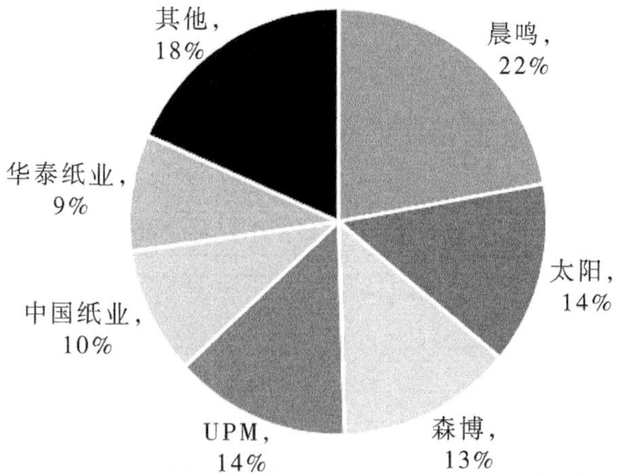

图9 未涂布木浆文化用纸市场份额

目前前五家市场容量占比已高达81%，随着2018年晨鸣纸业两台共100万吨的新增产能投放，木浆双胶纸的市场供给会进一步集中。随着国内环保和废纸价格的上升，非原生浆双胶纸的产能也在逐步地退出，预计消费升级将进一步提升木浆双胶纸在非涂布印刷书写纸领域的占比。这种细分市场的变化，有利于双胶纸的行业集中度和产品品质的整体提升，在未来几年，双胶纸供应格局分散的情况会得到根本性扭转，市场秩序和环保水平也容易控制在合理稳定状态。

3. 主要厂家的毛利率情况

表2 2017年三家主流纸厂的胶版纸盈利情况

厂家	销售额（元）	毛利率（%）	同比上年（%）
华泰纸业	3271602751	14.77	2.58
太阳纸业	5899148641	28.06	4.87
晨鸣纸业	8740336924	26.50	1.40

注：数据源于上市公司年报。

从2016年第四季度到2017年全年国内双胶纸市场维持了单边上涨的行情（见图10），行业毛利率水平也得到了较大幅度的提升。更多国内大型造纸企业都将自己的混浆双胶纸升级为全木浆双胶纸。全木浆双胶纸的放大供应，一方面提升了国内纸张消费的总体水平，另外一方面也提升了国内造纸企业的环保质量。2017 年上半年大批量的混浆生产线转产木浆双胶纸带动的对木浆的需求，也催生了 2017 年下半年木浆价格的大幅度上涨。

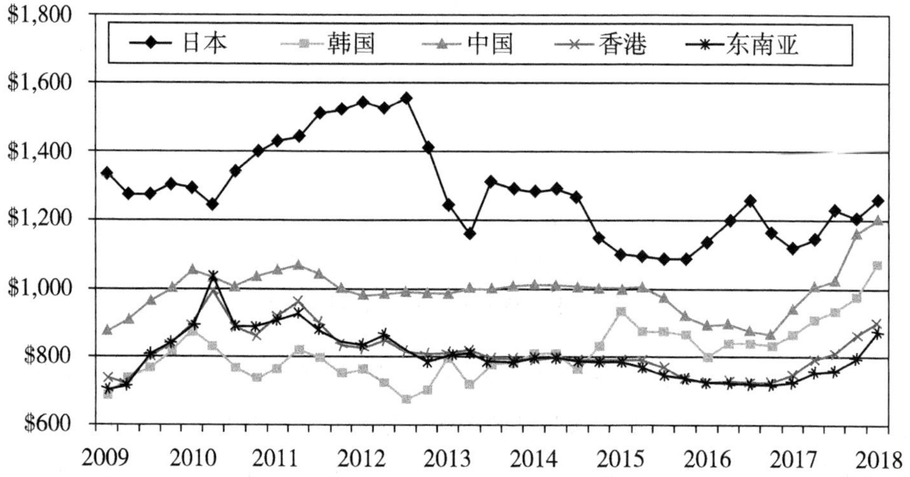

图 10　各地双胶纸市场价格变化情况

注：以上图表来源于 RISI 行业研究报告；中国价格含 17% 增值税。

新闻出版产业报告数据显示，2016 年我国新闻出版图书用纸量 182 万吨，其中书籍 121 万吨，课本 62 万吨。2005—2016 年，出版图书用纸量复合增长率为 4.2%，其中书籍增长率为 7.3%，课本为 0.3%。价格的上涨给财政付款的教材用纸带来很大的影响，2017 年同比 2016 年的采购支出大幅度上涨 30% 以上。如何抓住合适的采购时机，策略性的招投标手段是降低采购成本的关键。纸张行业的联动性和影响因素越来越复杂，合理的利用淡旺季错峰采购，策略性引入专业的咨询机构，不失为一种降低采购成本的办法。

4. 静电复印纸的市场变化

作为办公用纸的复印纸，属于未涂布印刷纸的衍生品，2017 年也出现随波逐流的上涨格局。2017 年国内高档纯木浆复印纸市场容量约 160 万吨左右。近三年来复印纸市场需求的复合年均增长率约为 5%，与高档纯木浆未涂布纸的需求增长率基本一致。

2017 年国内高档纯木浆复印纸的供应格局中，亚太因新增产能扩大供应，APP、UPM、晨鸣、太阳维持稳定，岳阳林纸成为新晋力量，第一集团供应商的市场占有率达80%以上，产业集中度较高。国内知名度较高复印纸品牌也主要来自这些主力供应商，如：金旗舰、百旺、佳印、金太阳、晨鸣、高品乐、欣乐、威尔、岳阳楼等。

受益于涨价驱动，2017年未涂布类纸张市场供需一直处于供不应求状态，复印纸产品作为未涂布类纸张的深加工产品，上半年价格走势跟随双胶纸类产品波动，下半年随着双胶纸类产品供需紧张状态进一步加剧，四季度开始，复印纸产品提价迅猛，并让出部分供应量给双胶纸类产品。由于各大供应商在业务发展方向和市场策略重心方面存在一定的不同，所以在具体的营销操作层面也体现出了一定的差异性。

近年来，随着消费者环保意识和彩色打印应用的不断加强，各大复印纸生产商均在产品的环保认证和打印效果增强技术方面加大投入以实现产品层面的差异化竞争优势。

其次，随着文具商品牌的介入，以得力、齐心品牌为代表的复印纸产品借助其既有的渠道优势，销售增长势头迅猛，已逐步成为复印纸市场的主力品牌。同时，设备商品牌也积极参与市场竞争，如富士施乐、惠普、理光等也都在此领域持续投入。预期未来将形成纸厂品牌、文具品牌、设备商品牌三足鼎立的市场供应和品牌竞争格局。

另外，随着京东、天猫等电商平台业务的日益发展，复印纸产品在电商通路经过了先前的高速发展期后，其销售量仍将继续稳步增长。同时，针对政府、大型企业集团、连锁机构等的招投标业务也将逐步成长为各大供应商销售工作的重点。

2018年下半年，寿光晨鸣两台文化纸机的相继投产，亚太2018年年底开始筹建的三号机，以及环保政策的愈加严厉和供给侧改革的逐步深入，将使未来复印纸市场的供应格局更加集中，竞争态势更加激烈。考虑到国内经济的增长预期、中美贸易战的影响、人民币汇率的发展趋势以及浆价及纸价通过2017年的持续上涨仍处于高位的现状，复印纸的价格趋势会继续与双胶纸保持密切联动性，复印纸品牌繁多的格局会得到优化整合，通路服务商会更多依靠厂家的品牌来进行区域布局和产品销售。

(三) 铜版纸

1. 生产量和消费量的总体变化情况

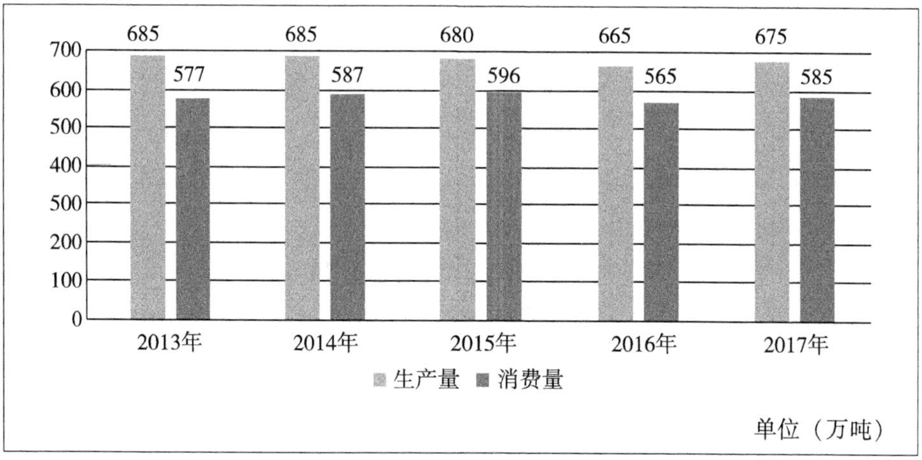

图 11　近五年铜版纸生产量和消费量

铜版纸的表观消费量 2016 年小幅下跌以后，2017 年开始有所回升（见图 11）。这得益于两方面的原因：一是 2017 年因为供给侧改革的影响和出口的回暖，消费有所增加，二是因为纸品全面涨价，行业渠道内的囤货备货行为大幅增加。目前中国造纸协会官方的消费量统计办法为消费量 = 生产量 − 出口量 + 进口量，没有考虑渠道库存变化的情况。因为国内纸张消费厂家和经销厂家都比较分散，渠道库存也确实难以精准统计。从铜版纸的细分领域的消费需求，我们可以更客观地分析铜版纸的需求变化。

（1）受到微信公众号等电子媒体的影响，企业的画册订单持续减少；

（2）电子传媒的发展，导致期刊杂志的用纸总量持续减少；

（3）标签印刷市场快速发展，使得单面铜版纸销量维持了每年 6% 以上的增长；

（4）中西部地区经济增速加快，带来了中西部区域性纸量的增长；

（5）教材类配套铜版纸需求基本稳定；

（6）铜版纸厂家利用纸机生产白牛皮、单光白牛皮纸等新产品，缓解了铜版纸的供应压力。

表 3　2017 年主要厂家铜版纸的产销情况

厂家	产能（万吨）	2017 年产量（万吨）	国内铜版纸销量（万吨）	月均（万吨）	备注
金东纸业	200	180	105	8. 8	每个月有 2 万吨左右的单铜销量，转产单光白牛皮
金海浆纸	110	108	70	5. 8	以 150g/m^2 以上的铜版纸为主，受铜卡冲击严重
金华盛纸业	10	8	6	1. 0	
华泰纸业	60	50	50	4. 2	2017 年销量有所下滑
晨鸣纸业	120	90	90	7. 5	行业的低价竞争对手
太阳纸业	115	80	80	6. 7	购买紫兴的高定量纸机开始运转
王子	45	45	45	3. 8	持续向高端市场发力
进口		40	40	3. 3	
合计	660	601	486	41. 0	未计算轻涂及白卡厂家生产量

铜版纸市场中，高定量铜版纸开始更多受到白卡纸的互代影响，近两年白卡纸机技术不断创新，开发生产的高松厚铜版卡纸具有挺度、耐折度和厚度的优势，与铜版纸相比，体现出成本和定量优势。进入 2018 年，在白卡纸价格优先铜版纸大幅回调之际，较好的性价比对高定量铜版纸直接构成更多的取代影响，铜版纸厂家脆弱的供需平衡被打破，价格也出现高位转弱的迹象。

2. 国内上市公司铜版纸毛利情况

同样来对比一下三家主流纸企 2017 年铜版纸盈利情况（见表 4）。

表 4　2017 年三家主流纸厂的铜版纸盈利情况

厂家	销售额（元）	毛利率（%）	同比上年（%）
晨鸣	5689860030	30. 66	4. 91
太阳	4450649435	32. 66	11. 40
华泰	2454801938	22. 24	8. 85

注：以上数据源于上市公司年报。

主要厂家的毛利水平在 2016 年 10 月快速拉涨价格以后，铜版纸的毛利水平开始快速增长，三家主要上市公司除华泰以外都增长到 30% 以上，特别是太阳纸业的铜版纸毛利率高达 32.66%。经过前几年纸价低迷的锤炼，国内的铜版纸企业积极降本增效，终于借助涨价，在行业春天来临的时候等到了环保支票的兑现。

（四）白卡纸

1. 白卡纸的供应和消费情况

目前白卡纸产能前四名的市场占比已经达到了 81%，也属于一个高度集中的市场供应情况（见表 5、图 12）。其他厂家主要是做烟卡、食品卡等细分市场的企业，社会白卡已经处在一个高度寡头垄断的市场格局。由于各家纸厂因为产品、设备、人员、销售策略等方面高度雷同，竞争处在一个白热化的程度。2015 年白卡纸最低销售价格不足 4000 元/吨，严重偏离长期的生产成本。随着厂家抱团限产以及国内运输政策等方面的影响，借助 2016 年环保整治的有利时机，随同环保限产收益最大的瓦楞、箱板、灰底白卡等纸张价格的快速疯涨，展开了一轮连续涨价，彻底改变了颓势。虽然 2016 年底晨鸣湛江 50 万吨白卡新纸机的投产埋下了新的供求隐患，但各厂家积极沟通，联合限产、连续五个月停机限供，借势保住了白卡纸价格 2017 年的高位运行。但从 2018 年上半年的走势看，广西金桂高松厚产品的推出和市场份额的争夺又很快打破了这一平衡，造成了白卡纸价格迅速从 2017 年底的近 7000 元/吨逐级下跌到 2018 年中的 5200 元/吨，纸价如此跌宕，足见白卡纸的供求还只是一种弱平衡状态，供求关系并不真正乐观。

表 5　白卡纸的产能情况

厂家	产能（万吨）	简介
晨鸣	203	山东、江西、广东三大基地，产品种类多，辐射全国
APP	377	宁波、广西两大基地，国内最早的白卡纸生产企业之一
博汇	170	山东、江苏两个基地，2018 年年底前会有另外一台 100 万吨纸机投产
太阳	145	基地在山东，烟卡销量大，预计在 40 万吨左右
红塔	57	烟卡为主
森博	52	烟卡、液包等高端产品为主

续表

厂家	产能（万吨）	简介
斯道拉恩索	45	食品卡为主，外资企业经营稳健，价格、品质波动较少
其他	51	骏马纸业、新亚等
合计	1100	

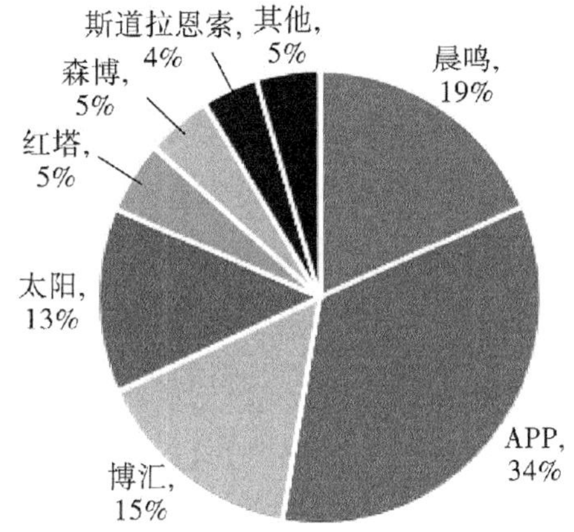

图 12　白卡纸市场份额

2. 主要厂家的盈利能力

2017 年厂家通过联合限产的措施，主流社会白卡纸厂家保住了很高的毛利率水平，而作为烟包白卡纸市场的专供，红塔仁恒却面对合同供货周期长，下游烟包价格难以上涨的压力，在下半年纸浆原材料大幅度上涨的情况下，毛利水平反而出现快速下降（见表 6）。宜宾纸业也是因为自身机械浆资源不足、地理位置偏远等因素，效益提升相对偏弱。由此可见，产能规模、纸浆资源、产品结构是白卡纸厂家的竞争力核心，未来几年这个相对供大于求的白卡纸市场，将会继续在 APP、晨鸣、太阳、博汇几家龙头纸企中博弈竞争。

表 6　主要厂家白卡纸盈利能力

厂家	毛利率（%）	同比上年（%）
红塔仁恒	12.50	-4.08
博汇纸业	25.05	10.62
晨鸣纸业	30.94	6.49
宜宾纸业	8.88	5.88

备注：太阳纸业上市公司没有包含万国太阳，没有成本的公开数据。

(五) 箱板、瓦楞纸

1. 箱板、瓦楞纸供需情况

得益于网购的快速发展，国内的箱板、瓦楞纸的消费量得到了快速发展，受制于环保整治的利好影响和国家进口废纸政策的重大变化，多种因素叠加，瓦楞、箱板类包装纸几乎一直充当本轮纸价上涨的领头羊（见图 13、14)，一年多时间最高几乎上涨了近 100%，成为 2016—2017 年涨价最为风光的品种，包装纸的涨价过程更是本轮纸张行情的缩影。2016 年 8 月 G20 峰会的富阳停产，2016 年 9 月的汽运超载新规，2016 年天猫双十一购物节的狂热，2017 年 3 月的联合限产保价，2017 年纸浆价格的大幅飙涨，2017 年废纸进口政策的出台乃至中美贸易战对美废的更多管制等事件构成了此类涨价的重要节点。因为包装纸总量大，目前纸厂分布还是较广，中小企业的市场占有率还有 40% 以上，正因为行业还比较分散，也容易导致包装纸市场波动的频繁发生。随着行业整合，玖龙、理文、山鹰三大厂家已逐步形成了三足鼎立的包装纸厂龙头地位，最新公布的 2017 年中国 500 强中，入榜 6 家造纸企业，这三家均在榜单之列，特别是进口废纸的许可配额更多倾向龙头大厂。大厂因废纸原料具有价格优势，相对成本较低，利润会更为丰厚。强周期的箱板、瓦楞纸的竞争优势会更多向大厂靠拢，包装纸企的洗牌和淘汰也会进一步深入。

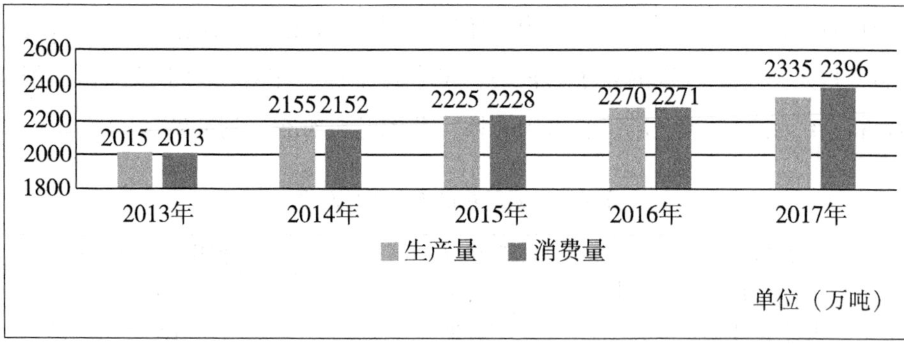

图 13　近五年瓦楞原纸的生产量和消费量

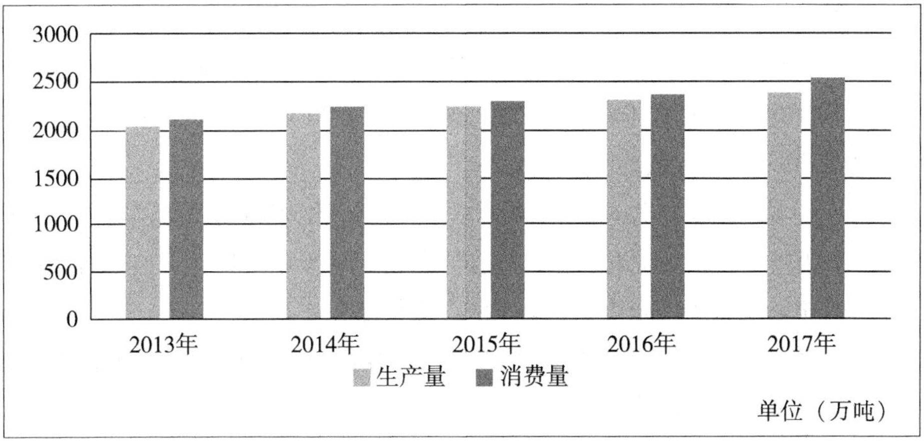

图 14　近五年箱板纸的生产量和消费量

2. 主要厂家的盈利能力

包装纸厂财报数据基本可以反映出 2017 年包装纸的盈利能力水平（见表 7），其中的差异与废纸原料成本和市场占比有关。在 2016—2017 年的这轮涨价周期中，包装纸几乎一直处于领头羊的地位，成为纸张涨跌的风向标。回顾一下整个背景过程，就能对 2017 年的市场价格跌宕过程有个清晰的理解。

表 7　主要包装纸厂家的盈利能力

公司	毛利率（%）	同比上年（%）	备注
山鹰纸业	26. 42	7. 62	
玖龙纸业	20. 3	2	2017 财年，所有纸种
浙江荣晟环保	22. 95	5. 47	箱板、瓦楞纸
太阳纸业	19. 89	－1. 85	牛皮箱板纸

（1）国家统计局 2016 年 11 月公布的数据显示，1— 9 月国内纸箱的生产量下跌 261. 47 万吨，同比下降 8. 16%，行业自身在市场最低谷已在供给侧优化，通过企业的限停产行为来化解产能过剩和库存压力，无形中限制了价格低谷期竞争的进一步恶化。

（2）2016 年杭州 G20 峰会为了保证环境质量，开始对富阳地区的包装纸厂大面积停工限产。

（3）2016 年 9 月，包装纸企抱团取暖，开始实施涨价措施，频繁发布涨价函，引发市场热点。

（4）2016 年 9 月 21 日起全国汽运超载新规，从一个侧面提升了物流成本。

（5）2016 年天猫双十一购物节销量达到了 1200 亿元以上，让人们再次体会到电商的爆炸式发展速度。

（6）内在供需的变化叠加媒体的热炒，激活了纸张市场的低迷心态，渠道商开始积极备货，市场普遍的“补库存”行为，将整个市场供求推进到“供不应求”的格局，整个纸张市场联动跟涨，被彻底激活。

（7）2017 年年初，在消费淡季和渠道库存高位双重因素影响下，纸价在春节前后出现一次快速的下跌。

（8）在厂家限产保价、需求逐步回暖的情况下，纸张价格也快速地从回调后的低点开始反弹。

（9）2017 年 8—9 月可谓是 2017 年涨价的疯狂阶段，8 月之前纸张价格的波动还基本可控，但是 8 月份开始纸张的涨价节奏开始加快，一月多次涨价，幅度节节攀高，到 9 月份纸张价格也快速地突破了去年的高位。这个阶段的最大动因，就是国家进口废纸政策的变化，市场解读不一，造成恐慌性囤纸，构成了市场对废纸原料短缺的预判和热炒，同时进口木浆价格的大幅上涨，也助推了市场看好的火热行情。

（10）内在供求是一张无形的手，过热的包装纸行情从 10 月中下旬发生逆转，废纸的价格由升转跌，导致纸张价格难以维持高位坚挺，在 11 月这个旺季开始了又一次大跌的波折。

（11）国家废纸政策的贯彻执行和许可配额的大幅压缩，包装纸市场的废纸原料短缺成为客观事实，导致国废价格飙升，进口废纸难进，价差悬殊的新业态。2018 年在延续废纸成本高企，市场消费不旺，市场备货慎重的新业态，而 5 月起中美贸易战的升级，也为纸张行情的演变发展增加了更多不确定性和复杂性。

以上价格演变过程，也是这轮纸张大涨的一个缩影，其内在核心就是供求变化、事件推动、渠道信息和市场炒作的因素叠加，研究这个过程，对以后更多分析研判行情会有很好的启发作用。

3. 箱板、瓦楞纸的新增投资情况

价格上扬带来非常高的毛利率水平，行业普遍看好未来的电商高速增长机会，国内新的投资热度也开始膨胀。据中国造纸协会的统计，国内目前在建、已核准和已立项的包装纸的产能已达到2000万吨以上，远远超出了可以预想的市场增长，如果这些投资意向全部投产，行业又会迎来一个产能过剩的激烈竞争周期，五年一周期的铁律似乎又要重演，不过这次国家对进口废纸的严控力度倒是令行业始料不及，废纸短缺与新增产能会形成新的不确定因素。

（六）生活用纸

1. 生活用纸近年来供需情况

随着国内生活水平的提高，生活用纸的消费量保持着良好的增长态势（见图15）。中国是全球最大的生活用纸消费国，生产量和消费量超过全球的1/4，2017年较2016年增长4.2%，人均生活用纸消费量超过全球的平均水平，但是相比发达国家尚有很大的提升空间。（备注：人均消费量为北美25千克、日本15千克、西欧12.5千克，我国不足7千克，上海等一线城市在10千克。）生活用纸继续被行业看好，需求增长，也是新增投资的热点品种。

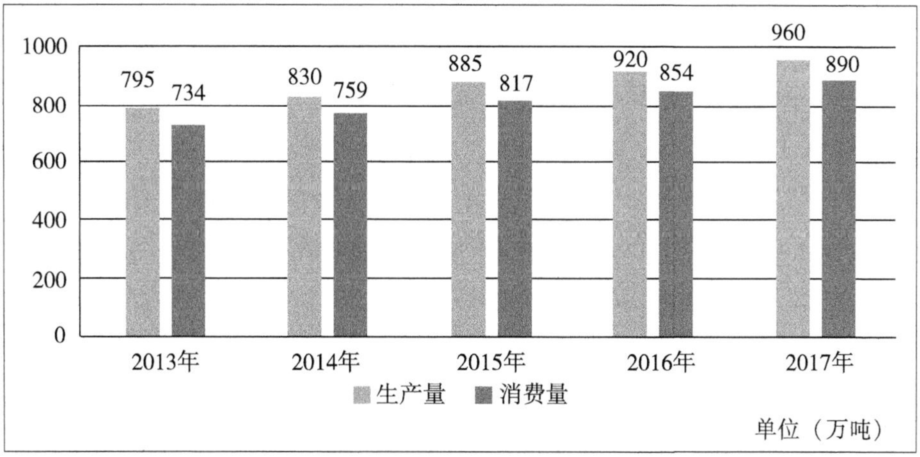

图15　近五年生活用纸的生产量和消费量

2. 主要企业的盈利改善情况

目前国内木浆生活用纸在消费者中已经形成一定的品牌认知，心相印、维达、清风等品牌在消费者心目中认知度很高，几大品牌也都开发了网络营销的渠道，配合女性生活用品的大类产品建立了非常大的品牌竞争壁垒。值得关注的是，竹浆生活用纸近两年异军突起，一批新的品牌产品迅速崛起，特别是四川企业的竹浆本色生活用纸快速发展，取得了非常大的业绩。2012年四川开始生产加工本色竹浆生活用纸，发展至今生活用纸原纸企业有90家，年产能约100万吨；生活用纸加工企业350家，年加工能力达120万吨，并打造了鸥露、斑布、永丰等知名的本色竹浆生活用纸品牌，成为生活用纸的一股新生品牌力量和创新补充。

生活用纸与百姓日常生活消费密切相关，其木浆用量比最高，但在这两年的涨价过程中，成本上涨压力最大，但涨价幅度却远远小于其他纸张产品，这与这类产品纸厂集中度相对偏低，纸厂规模不一且地域分散，整体产能供应依旧偏大有关。国际木浆价格的快速上涨反而削弱了生活用纸的盈利增长。由此可见，产业的集中度和供需状况对纸价的涨跌还是具有很大的影响的。

三、2018年造纸行业运行趋势分析判断

主动收缩、事件催化、成本推高、抱团取暖构成了此轮行情的缩影，两年来的纸张价格持续上涨，一举打破了沉寂低迷的纸张行业，毛利率的快速提升和库存的大幅下降，在2017年造纸业全面转好的惯性趋势下，2018年整体还会保持相对稳定的良好运行态势。从五年或是更长的价格区段看，纸价仍会处于相对高位区间，2018年一季度纸张上市公司季报显示，Q1造纸行业盈利能力继续同比提升，2018年Q1造纸行业重点上市公司实现总营收284.88亿元，同比提升20.9%；实现归母净利润27.72亿元，同比提升27.0%。2018年Q1重点公司毛利率25.6%，同比提升0.56个百分点，净利率10.0%，同比提升0.46个百分点。一季度文化纸的盈利能力最好，双胶纸、铜版纸的平均吨毛利分别为1800元和1500元，同比增长49.5%和53.1%，但环比已经出现滞涨，涨价势头明显放缓甚至出现一定程度回落。但需要谨慎的是，国际事件和经济环境可能会对高位纸价的后续走势产生重要影响，4月起中美贸易战逐渐升级，在6月18日宣布的2000亿美元的中国进口商品追加额外关注的清单中，纸浆21项，纸张223项被全部列入涉案清单，正式生效后会对白卡纸、铜版纸、双胶纸的出口直接产生影响，更大的影响在于香烟、食品、服饰、化妆品、家具

等商品被列入加增关税清单，也会间接影响到包装纸的配套供应，中美贸易战如产生更大经济层面影响，在外贸、投资、内需三驾马车中，内需变得举足轻重，对刚刚复苏的纸张市场的产销弱平衡格局会十分不利。

2018 年下半年，纸张行业将迎来新的敏感期，需求增速放缓、贸易战拖累经济、纸企成本居高不下、新增产能的投产兑现会考验纸价高位的维稳能力。从供应层面看，作为资本密集型的周期性行业，扩张盈利和争取规模优势又成为纸企发展的战略目标，刚刚享受到供给侧的红利，产业扩张又开始聚集。从行业统计看，未来两年内，将有 2000 多万吨新增产能扩建，主要集中在包装纸、双胶纸、白卡纸、生活用纸和特种纸等产品品种上，特别是被普遍看好的包装纸在两年内会有近 1000 多万吨新增产能集中释放，快速的产能增加和放缓的需求增速会再次形成阶段性供求失衡，可能会再次应验纸张价格五年一周期的市场前律。根据以往行业经验，如果产能扩张叠加上经济事件，纸张难免又有陷入一轮低迷过程的风险。相信造纸行业经过一轮大的洗礼，会用更多科学发展观去创新发展，让传统造纸行业继续焕发勃勃生机，去产能、调结构任重道远，造纸行业将会向高端化、智能化、环保化与林浆纸一体化的方向发展前行。

四、结束语

结合纸张行业五年一周期的经验规律，在国内 GDP 调整到 6.8% 趋于稳定的大经济背景下，环保整治力度、排污许可证的控制、供给侧改革的催化、行业集中度的提升、纸价低谷的自然爆发动力以及网络媒体的渲染动力等多重利好因素叠加，引发了自 2016 年 10 月至 2018 年初的一轮纸价井喷行情，厂家去库存，渠道补库存，造纸行业快速走出近三年的低谷，甚至带动了国际浆纸市场的转好。内在供求关系的改善，有效带动了纸张行业的全面复苏和景气度，企业经济效益增长显著，特别是包装纸和生活用纸继续保持高速增长，行业集中度提升后龙头纸企对市场的稳定和控制起到关键作用，下游印包行业也在纸价的强烈推动下，走出水涨船高的价格回暖。

但我们也要清醒地看到，进入 2018 年，纸张价格开始出现动力不足，高位走弱的新趋势，供给侧改革带来的还只是一种供需弱平衡，属于资本密集型和规模化竞争的传统造纸行业。随着企业效益的快速改善，新一轮投资激情也再度升温，普遍被看好的包装纸和生活用纸领域又出现密集新增投资的发展诉求，双胶纸、白卡纸在2018年也有新增扩产，未来一两年新增产能的逐步兑现，会给急速上涨后的纸张市场再次带来新的供求失衡和竞争压力，特别是国内《禁止洋垃圾入境推进固体废物进口管理制度改革实施方案》的贯彻落实，作为包装纸的原料资源存在更多不确定因素，这种境况会导致投资增速，原料不足，供需再度失衡，龙头纸企优势突出的全新复杂格局。人民币汇率的意外波动，叠加中美贸易战对整体经济的负面影响，纸价继续创新高的动能已经不足，行业有可能会进入新一轮波动下行周期，需要行业高度关注。要准确研判行情趋势，需要更多数据支持和多种关联因素的综合分析，事件是驱动，成本是推动，供求是关键，对宏观经济和纸张市场信息保持高度敏感，对渠道供应链的机会把握和风险防范有重要意义。

纸业发展讲求“林浆纸一体化”，纸张供应链的发展也会更加重视“纸印消联合体”，经过一轮发展洗礼，相信中国的造纸产业一定会和绿色印刷更加紧密联系，顺应消费变化，打通产业链的瓶颈，携手同行，健康发展。

注：本报告侧重数据解读和市场变化因素分析，为保证行业数据的口径一致，本报告数据均来源于中国造纸协会、上市公司财务报表和RISI的行业数据信息。

印刷标准化发展报告（2017）

胡桂绵

一、印刷标准化基本情况

全国印刷标准化技术委员会（以下简称印刷标委会）于1991年6月成立，代号为SAC/TC 170，英文名称为National Technical Committee 170 on Printing of Standardization Administration of China，是新闻出版领域第一个全国性标准化技术委员会（TC）。

27年来，印刷标委会在原国家新闻出版广电总局、国家标准化管理委员会（以下简称国家标准委）领导下，深入学习和实践科学发展观，积极探索，努力开拓，不断创新，逐步确立了印刷标准化工作的运作模式，丰富了印刷标准化工作的内涵，开拓了印刷标准化工作的发展之路，为实现我国印刷标准化工作健康快速发展奠定了良好的基础，在我国印刷业不同阶段的技术进步和产业升级中发挥了重要的作用。

印刷标委会积极发展分支机构，2012年正式组建全国印刷标准化技术委员会书刊印刷分技术委员会（SAC/TC 170/SC 1）、网版印刷分技术委员会（SAC/TC 170/SC 2）和包装印刷分技术委员会（SAC/TC 170/SC 3），有效地加强了印刷标准化工作细分领域的组织力量。印刷标委会及分技术委员会共有来自印刷生产、使用、经销、科研、教学和监督检验、认证认可等方面专家、工程技术人员组成的委员120余人，ISO/TC 130注册专家20余人，已制修订国家标准和行业标准百余项。涵盖包括术语、过程控制、原辅材料适性、产品质量要求、检测方法、安全与环境要求等类标准，涉及平版印刷、凸版印刷、凹版印刷、孔版印刷、数字印刷等不同印刷方式。这些标准与产业发展有较好的结合，促进了产业的健康有序发展。

印刷标委会在实践的基础上始终践行“面向企业、面向行业、面向市场，为企业服务、为行业服务、为市场服务”的工作方针。随着各项工作的深入，2013 年又提出了“市场化、专业化、国际化”“系统性、广泛性、先进性”“依靠行业、依靠企业、依靠专家”的工作宗旨，旨在以制定和推进具有国际先进水平的标准为落脚点，继续努力推动我国印刷行业标准化的创新发展。

二、国家有关标准化改革的政策要点

近两年，标准化工作迎来了改革开放以来最大的变革。我国标准化体系从 20 世纪 80 年代初确立后一直沿用至 2017 年底。2015 年 3 月，国务院印发了《深化标准化工作改革方案》，针对现行标准体系和标准化管理体制已不能适应社会主义市场经济发展需要的现状提出了改革的总体目标，即建立政府主导制定的标准与市场自主制定的标准协同发展、协调配套的新型标准体系。健全统一协调、高效运行、政府与市场共治的标准化管理体制，以形成政府引导、市场驱动、社会参与、协同推进的标准化工作格局。2015 年 12 月，国务院发布了《国家标准化体系建设发展规划（2016—2020 年）》，《规划》指出，要落实深化标准化工作改革要求，推动实施标准化战略，坚持“需求引领、系统布局，深化改革、创新驱动，协同推进、共同治理，包容开放、协调一致”的基本原则，到 2020 年基本建成支撑国家治理体系和治理能力现代化的国家标准化体系，标准有效性、先进性和适用性显著增强，“中国标准”国际影响力和贡献力大幅提升，迈入世界标准强国行列。2017 年，《中华人民共和国标准化法》完成了 1988 年立法以来的首次修订，2018 年 1 月 1 日起实施。这次标准化法修订的总体考虑是：深入总结标准化法实施近 30 年的经验，根据经济社会发展变化情况，全面落实国务院《深化标准化工作改革方案》精神和各项举措，为改革提供法律依据和制度保障，优化标准体系，完善标准化工作机制，加强标准化工作，发挥标准在提升质量、推动创新、促进发展等方面的作用。此次标准化法确定了新型标准体系，即标准包括国家标准、行业标准、地方标准和团体标准、企业标准。国家标准分为强制性标准、推荐性标准，行业标准、地方标准是推荐性标准。同时提出要培育发展团体标准，规定国家鼓励学会、协会、商会、联合会、产业技术联盟等社会团体协调相关市场主体共同制定满足市场和创新需要的团体标准，由本团体成员约定采用或者按照本团体的规定供社会自愿采用。明确企业标准的自愿性，规定企业可以根据需要自行制定企业标准，或者与其他企业联合制定企业标准。

新标准化法还规定了解决标准缺失、老化、重复、交叉问题，提高标准质量、发挥标准在推动创新方面的作用，完善标准化工作机制，完善标准化工作监督制度等方面的要求。

三、我国印刷标准体系建设及其在产业发展中的作用

（一）印刷标准体系建设

1. 不断健全印刷标准化组织管理体系

印刷标委会于 1991 年成立，历经第一届、第二届、第三届委员会，目前为第四届委员会。2012 年 3 月三个分技术委员会经国家标准化管理委员会批准成立。三个分技术委员会分别为：SAC/TC170/SC1，全国印刷标准化技术委员会书刊印刷分技术委员会，其秘书处承担单位为深圳市印刷技术协会和深圳职业技术学院秘书处；SAC/TC170/SC2，全国印刷标准化技术委员会丝网印刷分技术委员会，其秘书处承担单位为中国印刷技术协会网版印刷分会；SAC/TC170/SC3，全国印刷标准化技术委员会包装印刷分技术委员会，其秘书处承担单位为深圳市印刷技术协会、深圳职业技术学院秘书处。三个分技术委员会于 2017 年届满后已完成换届。各分技术委员会既有其相对独立性，又要在工作上接受印刷标委会的管理与指导。

2. 建立、健全并动态更新印刷标准体系表

2011 年印刷标委会组织建立了《印刷标准体系表》（CY/Z－2011），2018 年，正在根据标准的实际需求情况对该体系表进行修订。2017 年，分别由三个分技术委员会归口制定的《书刊印刷标准体系表》《网版印刷标准体系表》

《包装印刷标准体系表》已经制定并完成上报，等待批准。

标准体系表是标准体系建设的顶层设计，是国家标准、行业标准立项、科研的重要依据。按照国家标准化管理委员会的要求，申请立项的标准项目应在体系标准中列出，因此需对标准体系表进行动态维护，以确保需要制定的标准项目及时纳入体系表。

3. 研究建立数字印刷标准体系

质检公益性行业科研专项项目是国家质检总局、财政部、科技部为贯彻落实《国家中长期科学和技术发展规划纲要（2006—2020 年)》，支持开展公益性行业科研工作而设立的中央财政专项。印刷标委会于 2008 年成功获批《数字印刷标准体系表》项目，通过该项目明确了数字印刷系列标准制定的指导思想，对于统一全行业对数字印刷的认识、促进我国数字印刷的健康发展、规范数字印刷标准的制定具有重要的现实意义和深远的影响。通过该项研究，2009 年，印刷标委会第一批提出了数字印刷七个标准项目，即《数字印刷分类原则与方法》《印刷技术术语　数字印刷》《数字印刷机印刷要求及测试方法》《数字印刷油墨要求及检验方法》《数字印刷品质量要求及检验方法》《数字印刷纸张印刷适性及检验方法》《数字硬打样系统要求及测试方法》，为数字印刷技术的应用起到了基础性的支撑作用。

4. 不断制定印刷领域亟需标准

截至 2017 年底，印刷技术领域现有现行有效的推荐性国家标准（GB）64 项，推荐性新闻出版行业标准（CY）44 项。

印刷标准立项主要依据急用先行，成熟先行，满足行业、市场和企业发展需求的原则，由行业中的企事业单位根据需要向印刷标委会提出立项申请，印刷标委会组织进行预研，并结合标准项目技术先进性、项目实用性、实施可行性、行业覆盖面和资金等方面的情况组织专家进行评审。对标龄为五年的标准每年需进行复审，以决定对其保留、修行、废止等。

（二）印刷标准化在产业发展中的作用

1. 规范行业发展，提升管理水平

印刷标准涵盖了印刷基础标准、工艺标准、产品标准、检测标准、环保标准，对于规范印刷行业发展，提升管理水平起到了支撑作用。例如，印刷技术术语标准 GB/T 9851 第 1 部分到第 7 部分经过三次修订，在不同时期为印刷标准化工作的开展和学术交流奠定了基础；GB/T 7705、7706、7707 等标准作为第三方质检机构的检测依据，对印刷产品的质量管理、质量监督提供支持；而 GB/T 18359 -2009《中小学教科书用纸、印制质量要求和检验方法》的颁布，对规范中小学教科书印制管理和质量控制起到了至关重要的作用；CY/T 40 -2017 和 CY/T 109 -2014 针对书刊加工中正确使用胶黏剂提出要求，使书刊印后加工企业规范使用胶黏剂，解决了长期困扰出版业的散页、掉页的书刊装订质量问题。GB/T 34053《纸质印刷产品印制质量检验规范》多部分标准（6 部分）是针对 2013 年国务院提出的“打击侵犯知识产权和制售假冒伪劣商品”专项行动，“‘双打’中出版物鉴定技术标准与规范研究”项目的重要成果，适用于执法部门进行图书产品印制鉴定。

2. 促进绿色转型，推动产业升级

近年来，国家和社会对环境保护要求越来越严格，相关法律法规日臻完善，尽快提高环保水平已成为每个印刷企业必须面对的现实问题。在主管部门的积极推动和全行业的共同努力下，经过近十年来的发展和完善，绿色印刷已形成了包括标准、实施、检测、认证等在内的较为完善的管理体系，成为印刷企业生产全过程环保化的有效抓手。

环境保护部分别于 2012 年、2013 年、2015 年颁布了针对印刷行业的环境标志认证技术要求标准 HJ2503 -2011《环境标准产品技术要求印刷第一部分：平版印刷》、HJ2530 -2013《环境标准产品技术要求印刷第二部分：商业票据印刷》、HJ2539 -2014《环境标准产品技术要求印刷第三部分：凹版印刷》。第一批由国家新闻出版广电总局颁布的绿色印刷行业标准于 2015 年发布，分别是 CY/T 129 -2015《绿色印刷术语》、CY/T 130. 1 -2015《绿色印刷通用技术要求与评价方法第 1 部分：平版印刷》、CY/T 131 -2015《绿色印刷产品抽样方法及测试部位确定原则》、CY/T 132. 1 -2015《绿色印刷产品合格判定准则第 1 部分：阅读类印刷品》，第二批由国家新闻出版广电总局发布的行业标准包括 CY/T 130. 2 -2017《绿色印刷通用技术要求与评价方法第 2 部分：凹版印刷》、CY/T 132. 2 -2017《绿色印刷产品合格判定准则第 2 部分：包装类印刷品》、CY/Z 26 -2017《绿色印刷标准体系表》。至此，已发布的绿色印刷行业标准为七项。

3. 规范数字印刷，引导产业转型

当前，印刷行业面临的最大难题就是数字化业务转型，标准在数字化业务转型中发挥了有效的引导作用。近年来，数字印刷标准成了印刷标准化工作的重点。

GB/T 30324 –2013《数字印刷的分类》、GB/T 9851. 8 –2013《印刷技术术语第 8 部分：数字印刷术语》、GB/T 33244 –2016《数字硬打样系统质量要求及检验方法》、GB/T 33259 –2016《数字印刷质量要求及检验方法》、GB/T 34688 –2017《数字印刷纸张印刷适性及检验方法》等五项数字印刷标准的陆续出版，对推动数字印刷技术的推广应用起到了积极的作用。2017 年出版的多部分国家标准 GB/T 34690. 1《印刷技术胶印数字化过程控制第 1 部分：概述》等九部分标准是在已有企业开展数字化控制的基础上，对现行胶印数字化工作进行的系统化的归纳和总结，是首次将胶印的数字化工艺流程以国家标准的形式予以公布，对国内胶印企业开展数字化改造具有良好的示范效应及指导意义。

4. 积极推动“走出去”，提升国际话语权

在国际印刷标准化领域，中国越来越成为一支积极而活跃的新生力量，我国印刷业正在逐步由国际标准的使用者向国际标准参与者和主导者身份转变。

2009 年，我国在北京承办了 ISO/TC 130 第 23 届工作组会议及全体会议，中国代表团提出的“关于组建印后工作组的提案”得到全会的一致认可；2010 年 11 月，经 ISO 批准，由中国专家担任召集人的 ISO/TC 130/WG 12（国际印后工作组）正式成立，我国专家在全部 14 个工作组中占有了一席之地，这是中国印刷业在国际标准化组织中第一次拥有重要话语权。

2012 年，国际标准化组织/技术管理局（ISO/TMB）做出第 42 号决议，决定 ISO/TC 130 秘书处由我国承担。2013 年，国家标准化管理委员会批准中国印刷技术协会为 ISO/TC 130 秘书处承担单位，依托印刷标委会秘书处具体实施。2015 年，我国推荐的科学家作为 ISO/TC 130 新任主席人选成功当选和履职。自此，我国全面承担了 ISO/TC 130 的管理工作。

我国在 ISO/TC 130 的注册专家占比已达 10%，在 43 个成员国中属最高。2010 年至 2016 年间，以我国印后加工工艺的实际情况和国家标准为基础，我

国专家提出、执笔并主导了两项国际标准项目 ISO 16762《印刷技术印后加工运输、处理和储存的一般要求》和 ISO 16763《印刷技术印后加工装订产品要求》的制定。这两项实质性成果对我国印刷企业产品出口并在世界范围内占据主动权和提升话语权意义重大。

此外，通过积极参与国际标准化活动，组织国际印刷标准化论坛，跟踪国际标准动态，加之一大批出口型企业的带动，印刷行业标准逐渐与国际接轨。目前 ISO/TC 130 共发布 91 项国际标准，我国已等同采用或修改采用 21 项国际标准为国家标准，为我国印刷企业了解国际标准提供了便利。

5. 以点带面，推动行业标准化意识提高

从 2006 年开始，印刷标委会为了调动行业参与印刷标准化工作积极性，依托龙头骨干企业的资源加快推进印刷标准项目，已先后建立了 20 个印刷标准化基地，包括与企业合作建立的“印刷标准化试验与推广基地”，与科研院所、检测测试机构建立的“印刷标准化检测与研发基地”，与大专院校合作建立的“印刷标准化教育培训推广基地”三种类型。各基地企业将标准化项目与市场需求、行业需求结合在一起，有效推进了我国印刷业标准体系的改革与完善，在全行业起到了很好的示范作用，同时也积累了大量宝贵的标准化工作经验。

6. 加强人才队伍建设，储备积蓄后备力量

随着印刷标委会第四届委员会的成立及三个分技术委员会的成立，专业从事标准化工作的委员队伍不断得到加强。第三届标委会组建时有委员 49 位，几年来，根据委员自然情况的变化、工作的状况以及考核的结果，适时地进行调整。目前第四届委员会委员 61 人，三个分技术委员会委员 120 余人，保持了委员队伍的稳定与作用的发挥。同时，在标准制修订及标准化活动中，培养和造就了一大批印刷标准化专业人才，印刷标准化专家和技术人员队伍正在逐步形成和扩大，这支队伍中除了原有的老专家外，更多的是新人的涌现，他们代表了印刷业新的技术力量，使得专家队伍后继有人。

7. 顺应改革大潮，发展团体标准

《中华人民共和国标准化法》于 2007 年修订完成，正式确立了团体标准的法律地位。2015 年，中国印刷技术协会纳入中国科协承担的首批 39 家团体标准试点工作，开展了团体标准化相关制度（包括建立内部标准化工作机制、制定标准化工作文件）的制定和标准的研制，为今后我国印刷行业全面开展团体

标准研制、实施以及规范与引导工作总结经验。目前，中国印刷技术协会完成《绿色印刷产品分类》《印刷产品碳足迹》《印刷企业温室气体排放》三项团体标准，并已在国家标准化管理委员会团体标准平台上进行了公开，供企业自愿采用。

四、我国印刷标准化面临的形势及发展建议

（一）我国印刷标准化面临的形势

当前，我国已经成为当之无愧的印刷大国，年总产值超过1万亿元，在新闻出版业的总产值占比超过50%，但仍然存在大而不强的问题，要想跻身世界印刷强国之列，“标准化”工作将继续发挥重要作用。

首先，在各行各业处于面对互联网的挑战、推进数字化转型升级的大背景下，印刷业也必须迎头赶上，调整标准化工作方向，实现自身的转型升级。印刷标准化面临的形势和挑战包括：一是印刷技术进步、新兴业态带来的新的标准化需求；二是印刷技术应用领域扩大带来新的标准化对象；三是绿色化、智能化发展带来的标准化跨领域工作模式；四是包括国家标准、行业标准的政府标准与包括团体标准、企业标准的市场标准的协调、互补关系。上述形势对原有印刷技术体系、标准体系、标准化工作机制提出挑战，也带来新的发展机遇。

其次，我国印刷业标准化水平与发达国家相比仍有相当大的差距。一是我国主导制定的印刷领域国际标准仅有两项，实质性参与国际标准制定的专家还少之又少，远远落后于发达国家；二是我国还远远没能参与到更具核心价值的国际印刷标准的研制与推广中；三是相比发达国家，印刷标准在产业实践中的规范与引领作用仍不显著，印刷标准化工作的不充分、不平衡问题较为突出。

（二）印刷标准化发展建议

1. 建立标准实施体系，探索标准化激励机制

标准化作为企业管理的基本手段，通过采用先进标准、完善企业标准等措

施，可以变粗放管理为精细管理，通过标准化管理使企业效能最大化。

应探索标准化工作激励机制，引入标准作为项目评定、企业评价的组成部分，制定对企业参与标准化工作的鼓励机制，探讨对标准化工作者的激励政策，鼓励企业技术中心、研发中心建立标准化科研创新机构，将科研院所和企业的技术研发和专利申请成果以标准的形式转化为生产力，促进整个印刷行业的发展。

2. 以承担 ISO/TC 130 秘书处为契机，加强参与国际标准化活动的广度和深度

经过多年的努力，我国已在国际印刷标准化舞台上占有一席之地，但相对于我国 10 万家印刷企业、1 万多亿元印刷产值的整个产业，我们有能力参与国际标准化活动的技术专家数量还是太少，其关键的门槛是语言和经费。我们的专家当中能够使用英语进行无障碍交流的还不够多，专家们参加国际标准化工作的经费得不到充分保障。

面对中国企业“走出去”进入的“新常态”，在国际标准化舞台拥有话语权，将使企业、国家在国际贸易上抢占先机，提高国际竞争力。有条件的单位积极培养和支持技术专家参与国际标准化工作，将企业标准化工作纳入“走出去”的整体战略中。

3. 大力发展市场标准，服务印刷业创新发展

2017 年颁布的《中华人民共和国标准化法》正式确立了团体标准的法律地位。团体标准和企业标准在新型标准体系中属于“市场标准”。首先，印刷行业应大力发展团体标准，发挥团体标准跨行业、跨领域以及制定周期短等特点，以快速响应创新和市场对标准的需求，填补现有标准空白。具备条件的印刷行业社会团体应组织制定和推广严于国家标准和行业标准的团体标准，引领产业和企业的发展，提升产品和服务的市场竞争力。其次，鼓励企业标准在相关平台上自我声明和公开，以标准的高水平带动产品的高质量。第三，实现政府标准和市场标准的相互促进、协调发展，实现政府标准保基本、市场标准促创新的标准结构和格局。

出版产品印制环保质量抽查情况报告(2017)

中央宣传部出版产品质量监督检测中心

近年来,我国新闻出版业贯彻落实中央要求,不断推进行业体制机制改革,有力地促进了新闻出版市场的大发展、大繁荣。但同时,我国新闻出版业的整体发展水平参差不齐,出版产品的内容、编校、印制等方面质量问题时有发生,出版印制精品的能力还有待提高,兼具精湛思想内容和精良设计印制的精品力作的品种数量不多,还不能满足人民群众日益增长的美好生活需要。习总书记提出的有数量缺质量、有“高原”缺“高峰”的现象,正是我国新闻出版业亟待解决的问题。党的十八大、十九大提出,“要坚持以人民为中心的工作导向,着眼提高文化产品质量”“要坚持质量第一、效益优先”。高质量首先是“产”出来的,也是“管”出来的。这就要求新闻出版管理部门必须持续加强对出版产品质量的监督管理,特别是内容导向偏差问题、严重损害人民群众文化消费权益问题,要及时发现、坚决处理,切实维护国家意识形态和文化安全。

根据《产品质量法》和《出版管理条例》,原国家新闻出版广电总局负责对全国各类出版产品进行质量监管,并对出版产品质量实行以抽查为主要方式的监督检查。自 2007 年起,在原总署、总局的指导下,质检中心连续多年在新闻出版领域组织开展“3·15”质检活动,且均成立由分管副部级领导任组长、相关司局及直属单位领导为成员的活动领导小组,对活动进行领导和组织。十余年来,“3·15”质检活动实现了图书、音像制品等出版产品的全品种抽查及部分包装印刷品的抽查,检测内容也扩展至印刷、复制和环保等项目,成为行业内的知名品牌活动。期间,质检中心不断完善规范出版产品质量抽查检测的程序方法，取得了国家认证认可监督管理委员会、中国合格评定国家认可委员会的授权及能力认可。

2015 年，根据中编办《关于新闻出版总署所属事业单位机构编制调整的批复》（中央编办复字〔2015〕3 号）文件，确定由质检中心负责出版产品质量检测、鉴定和出版物内容审读等工作，要求质检中心所开展的质检活动必须始终坚持围绕大局、服务中心、不断创新的原则，为党和国家的中心工作提供可靠的服务保障。在党的十八大、十九大，奥运会、世博会、全国书市等重大政治性、国际性活动及重要出版展会期间，质检中心组织开展各项专题质量检查，既圆满地完成了保障中心工作的任务，又推动了全行业质量意识的提升及出版产品质量水平的提高。通过开展质检活动，全行业质量监督检查体系不断完善，推动全国超过三分之二的省（自治区、直辖市）建立了专业出版产品质检机构，在加强印刷复制业事中事后监管、提高印刷复制供给质量水平、保障人民群众基本文化权益等方面发挥了重要的作用。

2017 年，为贯彻落实“十三五”规划和深化供给侧结构性改革的要求，切实履行出版产品质量监督管理职责，不断提高我国印刷复制业供给质量和水平，以优异成绩迎接党的十九大胜利召开，原国家新闻出版广电总局于 2017 年 3 月 14 日印发《关于开展 2017 年“3·15”质检活动的通知》（新广出函〔2017〕96 号），在全国范围内组织开展 2017 年“3·15”质检活动。在领导小组的指导下，质检活动领导小组办公室负责实施督导，各地新闻出版广电行政管理部门和质检机构扎实推进，各出版单位和印刷复制企业积极配合，质检活动取得了良好的成效。现将出版产品印制及环保质量有关情况介绍如下。

一、图书印制环保质量抽查情况

（一）印制质量

依据监督抽查要求，质检中心随机抽取了 10 省（区、市）及部分中直在京及军队系统共 100 家图书出版单位。其中，天津 8 家、内蒙古 7 家、江西 7 家、山东 6 家、河南 8 家、湖南 8 家、广西 8 家、贵州 6 家、青海 2 家、宁夏 3

家，部分中直在京及军队系统37家。从上述出版单位库存的500种约514118册图书中，抽取检测样品共10676册，涉及印刷企业近240家。

在印制质量技术检测标准依据上，鉴于往年采用的《装订质量要求及检验方法——精装》（CY/T 27－1999）、《装订质量要求及检验方法——平装》（CY/T 28－1999）已废止，2017年首次采用《平装书籍要求》（GB/T 30326－2013）、《精装书籍要求》（GB/T 30325－2013）作为标准依据。检测项目包括成品外观、图文印刷和印后加工三大类，涉及数十项技术指标。在对单册样品质量判定的基础上，对每种图书的批质量进行综合判定。

经检测，有36种的115册图书印制质量不合格，涉及远方出版社、煤炭工业出版社等31家出版单位和河南瑞光印务股份有限公司、甘肃新亚印务有限公司等33家印刷企业，单册合格率为98.92%。其中，有10种批质量不合格，涉及新蕾出版社等9家出版单位和北京市郑庄宏伟印刷厂等9家印刷企业，批质量合格率为98.00%。

（二）环保质量

根据监督抽查要求，以从企业现场和图书卖场抽查的方式对58家获得绿色印刷认证企业的图书进行环保质量抽查，涉及北京、天津、内蒙古、吉林、安徽、江西、山东、河南、湖南、广东、广西、贵州、青海、宁夏14省（区、市）。共抽取检测样品160种。其中印有“绿色印刷产品”标志（以下简称绿标）的样品115种，非绿标样品45种。

图书环保质量技术检测依据《环境标志产品技术要求印刷第一部分：平版印刷》（HJ 2503－2011）的规定，对受检样品中16种挥发性有机化合物（VOCs）和8种可迁移元素（以下简称“目标物质”）的含量进行检测，并判定其是否符合标准的要求。经检测，160种样品中，部分样品检出目标物质，但均符合标准要求，环保质量符合率为100%。

（三）检测结果分析

1. 印制质量。从抽查检测的整体情况看，图书印制质量基本保持稳定。印刷环节未发现白页、错帖、文字重影、糊字等严重质量问题，90%以上的质量问题均为印后加工环节产生的缺陷。其中，开胶散页问题占印后加工缺陷的41.38%，较2016年有所上升。其中，由于首次采用新国标进行检测，一些技术指标要求较原行业标准有所提升，而且《印制质量问题认定和综合判定方法》比往年加严，认定指标有所提高，导致判定的缺陷比例有所上升。

2. 环保质量。图书环保质量检测数据显示，共计有149种样品检出目标物质，占比93.1%。其主要原因为印刷品的原辅材料中所含挥发性有机化合物品种复杂，且生产过程中有机溶剂使用量较大；在少量样品的封面和内页中检出可迁移元素钡，在背胶中检出可迁移元素铬，其他元素均未检出，可见所使用的油墨大部分为有机颜料，含可迁移元素较少。

二、存在的主要问题

从2017年出版产品监督抽查的情况看，图书印制质量基本保持稳定，且呈现整体向好的趋势。特别是在连续两年对“开胶散页”问题进行集中整治的情况下，未发生相关严重质量事故。但是，各地印刷企业质量管理能力差距较大，产品质量水平参差不齐，且各地质检机构的检测能力不均，质量管理水平仍有较大提升空间。

（一）印制环保质量问题

1. 印制质量。主要表现为跨页接版图文影响辨识、单册侧胶开胶或无侧胶等。主要原因：一方面印前对跨页接版图文设计不当，印后加工跨页接版不准，造成接版位置文字不完整、指示线条错位，影响辨识或阅读；另一方面企业质量控制、设备定期检查以及成品检测落实不到位，导致出现侧胶开胶或没有侧胶等明显质量问题。

2. 环保质量。不同印刷企业样品、同一样品不同部位所检出的VOCs含量差距较大，说明印刷企业所选用的油墨、胶粘剂等原辅材料品质差距较大，对生产过程中所使用有机溶剂需要更为严格的控制。

(二)检测能力问题

“3·15”质检活动开展十余年来，已经成为全国新闻出版领域重要的质量品牌活动。各地纷纷以开展活动为契机，不断提升当地出版产品质检能力和水平，不断加强对出版单位和印刷企业质量管理工作的推动和督导。但内蒙古、湖北、广西、海南、重庆、四川、甘肃、宁夏、新疆等省（区、市），受各种条件制约，仍没有建立专业出版产品质检机构，每年管理部门均临时抽调相关人员参加“3·15”质检活动。由于缺乏专业出版产品质检机构的技术支撑，难以实现对出版产品质量的日常监督检测，其抽样检测流程的规范性和检测数据的准确性也需要进一步的加强。

三、提升出版产品质量的建议

(一)严肃处理出现不合格品的相关责任单位

对图书印制质量批质量不合格的，应督促各地管理执法部门要给予出版单位和印刷企业行政处罚，并要求相关责任单位限期整改，在整改完成复检合格前，同类产品不得进入流通领域；对图书印制质量单册不合格的，各地管理部门应督促相关责任单位落实质量控制制度，针对抽查反映出的问题，查找原因，弥补漏洞，严格执行标准，加强在线检测，确保成品质量达标。

(二)切实加强出版产品质检体系建设

应督促未成立相对独立的出版产品质检机构的地区，主动与当地相关部门进行沟通，争取资金、人员、场地、设备、资质等方面的支持，完善检测软硬件建设；应督促已成立质检机构的地区，要加强检测实验室的规范性建设，不断提升检测人员能力素质，严格按照标准进行检测判定，切实保证检测结果的客观、公正、真实、准确。

欧美日印刷业发展状况概览

2018年10月23日，2018世界印刷与传播论坛暨中国印刷论坛在上海浦东嘉里大酒店拉开帷幕。国际印刷企业和相关产业联合会（INTERGRAF）秘书长比阿特丽斯·克洛泽女士，WPCF主席、美国印刷工业协会会长迈克尔·梅金先生，日本印刷产业联合会（JFPI）公共关系部部长石桥邦夫先生分别就欧洲图文印刷产业发展、美国印刷业现状、日本印刷产业现状作了精彩的报告。

一、欧洲印刷业

（一）欧洲印刷业概况

欧洲印刷产业联盟共拥有22家会员协会，分布于欧洲的20个国家，包括德国、法国、意大利、西班牙等经济体。根据《2018年欧洲印刷产业联盟经济报告》披露，2018年欧洲印刷业共有超过11.3万家印刷企业，62万名从业人员，年营业额达800亿欧元。

欧洲与中国的印刷企业情况相比有很大区别。在欧洲，有90%的印刷企业规模非常小，员工人数不足10人。而中国有很多大型的印刷企业，平均员工数量近30人。

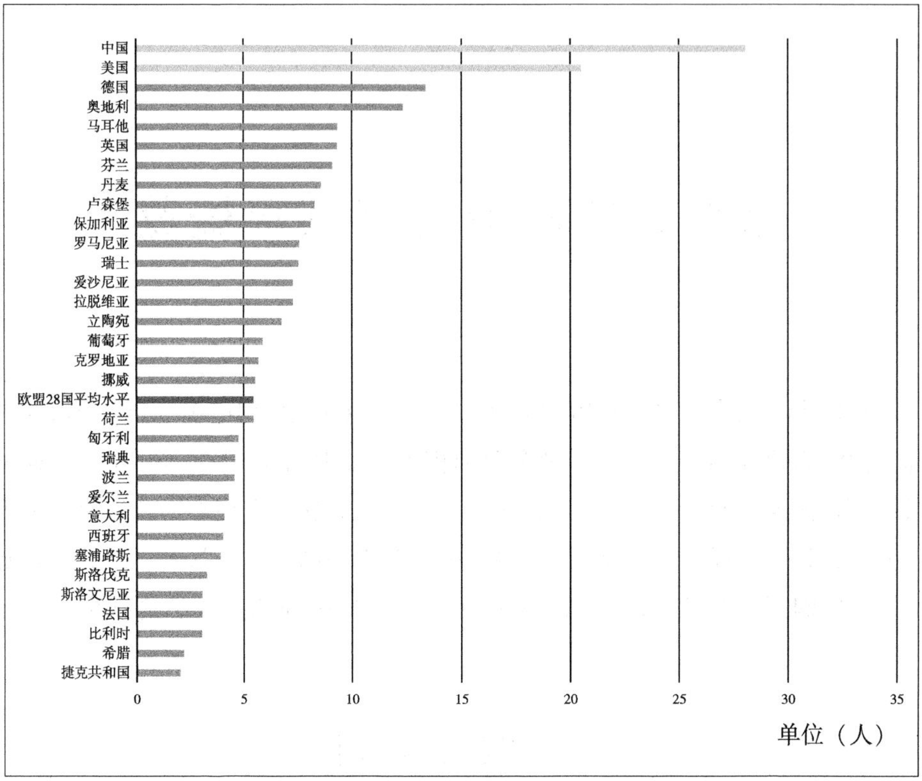

图 1　欧洲图文印刷业各国公司员工平均人数

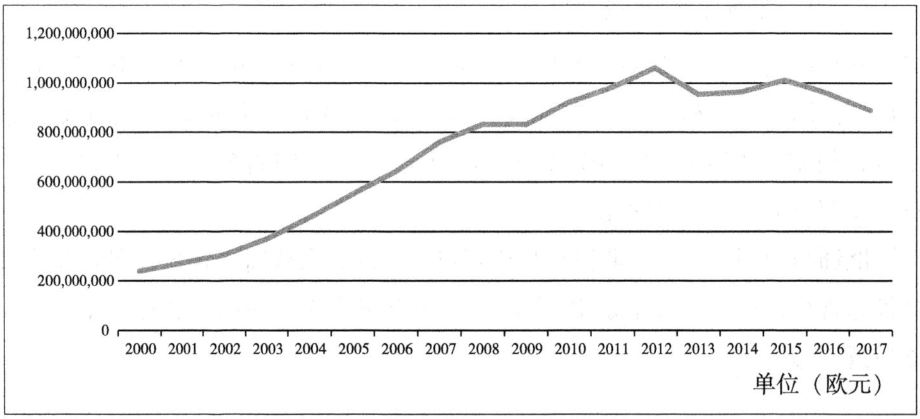

图 2　2000 - 2017 年欧盟从中国进口印刷品量

（二）欧洲印刷业面临的挑战

1. 欧盟的印刷品进口量虽有下滑，但仍保持高位

从中国进口的印刷品数量有所下降。数据显示，2017 年欧盟从中国进口印刷品 8.88 亿欧元。自 2012 年起，印刷品进口量一直急剧下滑，随后几年也是呈逐年下降的趋势，下降率为 16.3%。

虽然近年来欧盟的印刷品进口量有所下滑，但仍保持高位，从中国进口的印刷品自 2000 年至今增长了两倍多。其中，自 2015 年起，从中国进口的印刷品大部分为书籍、宣传海报、彩色图书等。如果欧洲委员会像欧洲印刷产业联盟所倡导的那样将欧盟木材法规（European Timber Regulation）范围扩大到印刷品，这些进口产品将受到影响。

2. 消费模式持续发生变化，导致印刷业陷入颓势

2017 年，在按媒体划分的全球广告支出中，印刷广告占比为 21.4%，预计 2020 年将降至 17.5%；而互联网广告份额预计将从 2017 年的 37.6% 增至 2020 年的 44.6%。

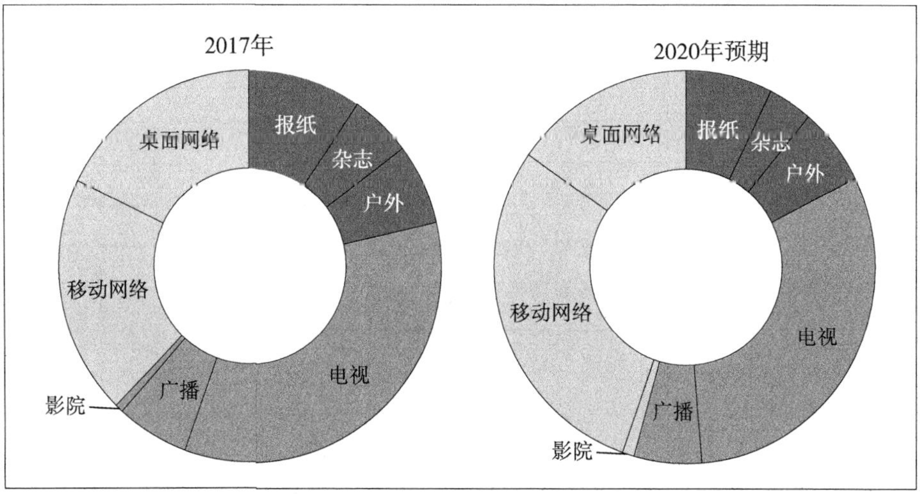

图 3　按媒体划分的全球广告支出

虽然印刷业前景堪忧，且有影响力的企业越来越多地依托互联网和社交媒体进行宣传，但传统媒体仍然比新媒体更具公信力。INTERGRAF 就欧洲委员

会关于虚假新闻的大范围调查进行了通报：63% 的人相信纸媒新闻，47% 的人相信网络版报纸上的消息，只有 26% 的人相信线上社交网络和短信应用程序推送的信息。这可能对广告商未来投放媒体的选择产生影响。

3. 劳动力成本压力增大

2008 - 2015 年间，欧洲印刷业的劳动力成本增加了 14%。如图 4 所示，2015 年以后，印刷业的劳动力成本已经超过了制造业的平均劳动力成本。

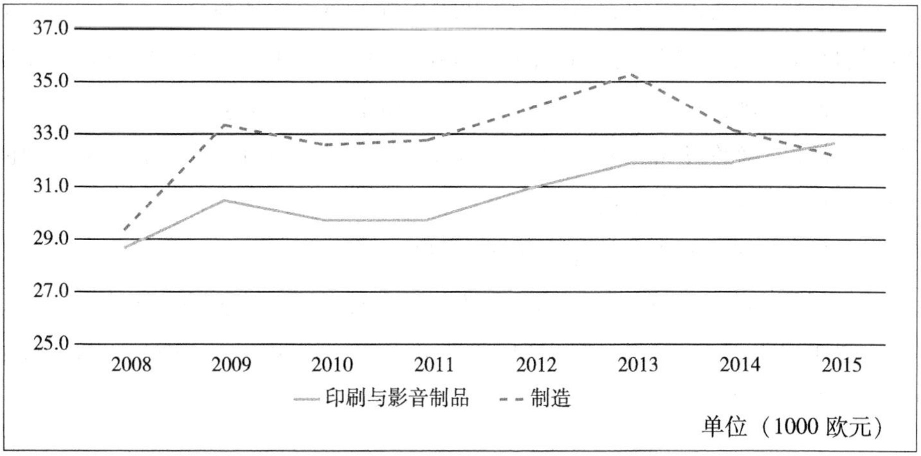

图 4　2008 - 2015 年欧盟 28 国人均全职劳动力成本

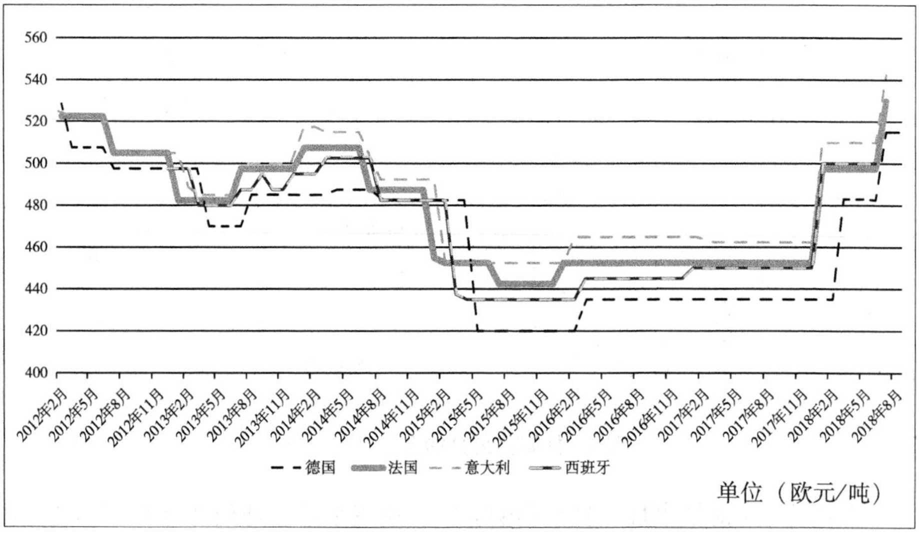

图 5　2012 - 2018 年新闻纸价格（$45g/m^2$）

4. 生产成本压力增大

随着纸张价格的上涨，生产成本的压力也随之上升。过去的 6 个月当中，图文印刷纸价格上涨了 7%，2017 年上涨了 12%。2018 年 1 月和 2018 年 7 月，欧洲各类图文印刷纸价格普遍走高。新闻纸的价格处于 2012 年以来的最高水平。新闻纸价格的上涨幅度普遍超过其他类印刷品（同比去年增加了大约 17%）。

（三）印刷业仍有望复苏

未来，印刷行业仍有望复苏。过去欧洲图文印刷业一直呈下降趋势，但未来仍有光明的前景。自 2013 年以来，图文印刷业营业额变化已基本持平。

虽然各国之间存在差异，但是欧盟整体来说仍保持着贸易顺差。德国在出口方面排名第一，随后有英国、波兰、意大利、荷兰等国家。

近年来，图书市场的发展也是十分良好，欧洲图书市场呈现出了积极的复苏趋势。自 2014 年起，图书的购买量正在逐年提升，虽然电子图书占据了市场很大一部分，但图书市场目前正保持着缓慢的增长趋势，为欧洲印刷业打开了新局面。

图 6 所示为欧洲包装/标签印刷营业额的情况。自 2015 年起，包装/标签印刷业营业额已经超过了图文印刷。因此，包装印刷在未来将会变得越来越重要，尤其是在欧洲市场将会产生更多的营业额。

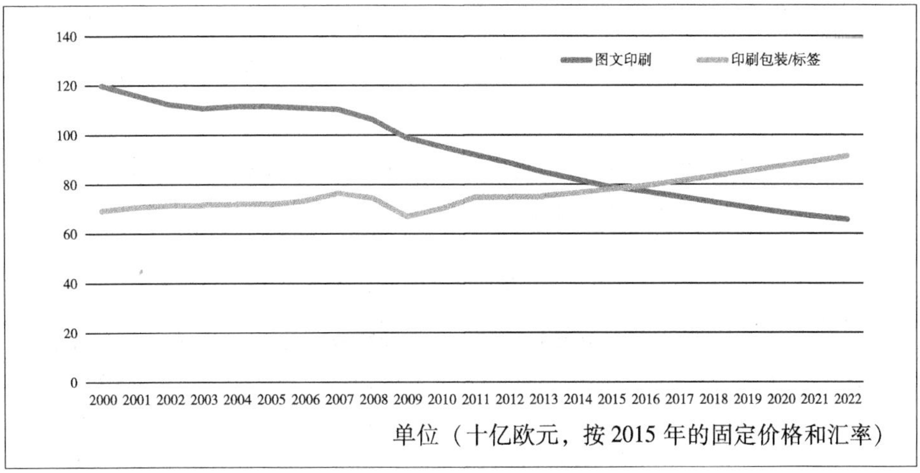

图 6　2000－2021 年（预期）营业额

同时，柔印和喷墨印刷领域未来将会有进一步的增长，如图 7 所示，平版印刷和凹版印刷量将持续减少。这将进一步促进未来包装印刷业的增长，数字印刷在未来也将变得越来越重要。

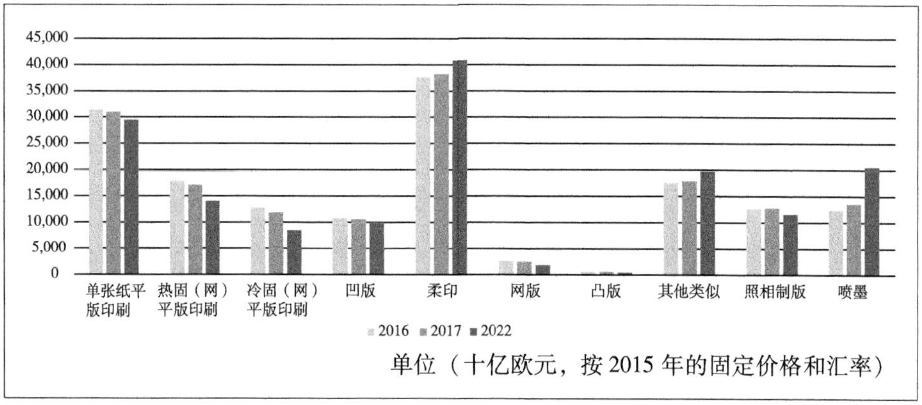

图 7　2016 - 2022 年（预期）按工艺划分的营业额

二、美国印刷业

（一）美国印刷业概况

印刷业仍占主导地位。当前的美国印刷业市场蒸蒸日上，在 18 个制造行业当中，2017 年印刷业在出货量、新订单、产量、就业机会方面均排第一，出口额排第二。

据统计，2017 年印刷业总产业出货量为 1652.66 亿美元，印刷企业数量达 43379 家，提供了 881285 个就业机会。

表 1　2017 年美国印刷业总体情况

类别	出货量（百万美元）	企业数量（家）	就业机会（个）
印刷及相关业务	83319	26187	458799
印刷媒体	81947	17192	422486
总计	165266	43379	881285

数据来源：Print Market Atlas

从行业利润率变化来看，2005－2017 年，美国印刷企业的利润率仅在 2010 年有较大下滑，其他年份均保持在比较均衡的水平。

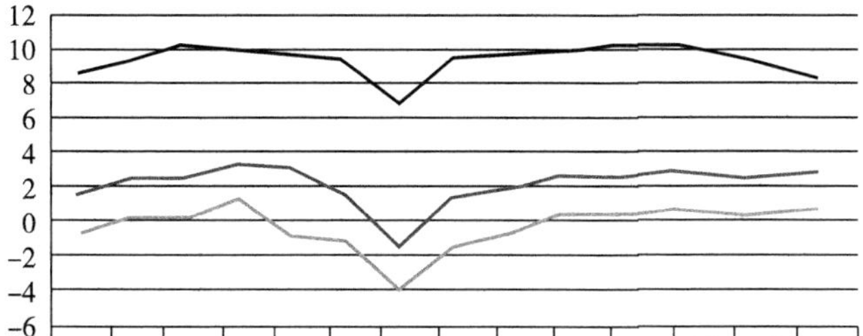

	4	5	6	7	8	9	10	11	12	13	14	15	16	17
所有印刷商	1.7	2.5	2.7	3.4	3.1	1.5	–1.4	1.4	1.8	2.7	2.6	3	2.7	2.9
领军印刷商	8.7	9.4	10.3	10.1	9.7	9.4	7	9.5	9.6	9.9	10.3	10.3	9.5	8.5
新兴印刷商	–0.6	0.2	0.2	1.2	–0.9	–1.1	–4.2	–1.3	–0.8	0.3	0.3	0.6	0.4	0.7

图 8　2005－2017 年销售利润率变化（%）

（二）销售额与印刷服务间的关系

在美国，70% 的营销商都提供数字印刷服务，如图 9 所示。而通过中田纳西州立大学琼斯商学院的统计，可以看到不同的印刷服务所带来的销售额变化。其中，数字印刷的销售额变化是非常大的，包括静电数字印刷、喷墨印刷等，如图 10 所示。

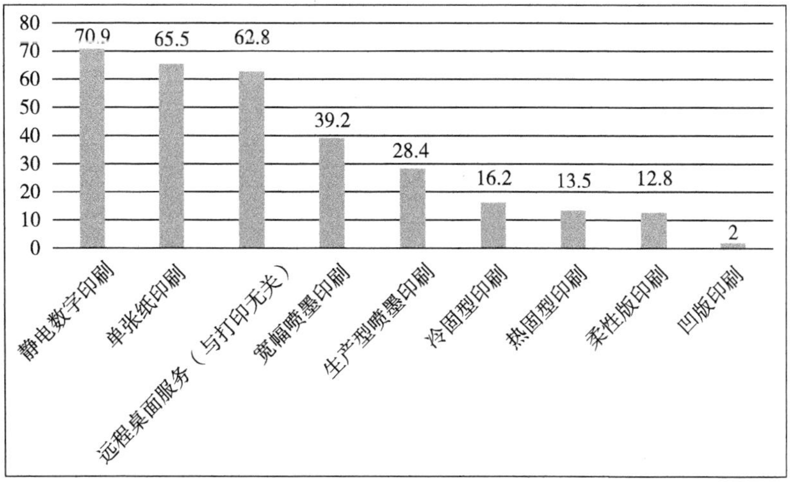

图 9　印刷商提供的印刷服务（%）

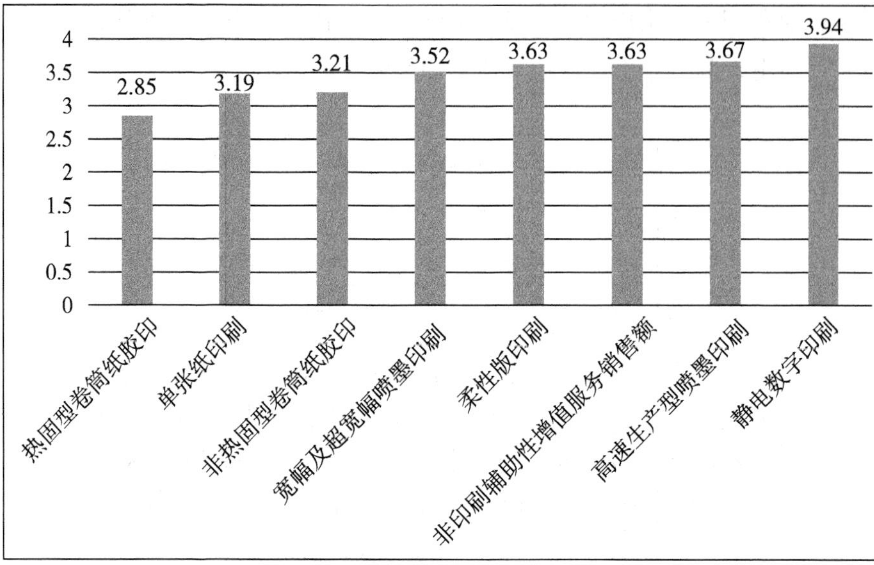

图 10　2016－2017 年销售额变化（%）

如图 11 所示，美国印刷商提供的十大印刷产品，主要是邮件、广告、手册、宣传册、海报、名片、目录册、文具、插页、标语、横幅、快速印刷等产品。

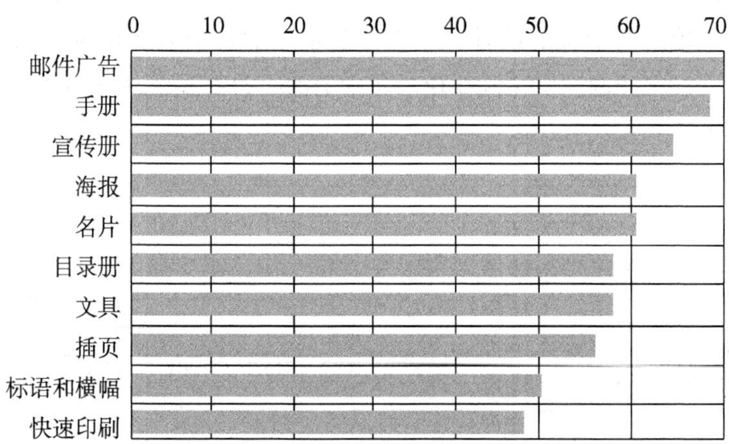

图 11　印刷商提供的十大产品（%）

（三）2019 年发展预测

在美国，药品、化妆品标签、标语、邮件广告、包装信封、特种印刷、食品饮料、快速印刷等将是最热门的印刷市场，而制图、个护用品标签、家用标签、手册等为比较热门的市场。海报、杂志、报纸等则将成为冷门市场。

此外，垂直领域也将充满商机。如包装食品业的年市场总额是190亿美元，医疗医药行业是160亿美元，出版业是114亿美元，此外还有电信业、银行保险业房、地产业、旅游接待业、汽车业、饮食业和家居装修业等等。

总之，2019年对于美国印刷行业将是一个充满发展机遇的时代。

三、日本印刷业

（一）整体发展情况

近年来，日本印刷市场一直在衰退，但是衰退的趋势有所减缓。1991年，印刷产业的产值为89290亿日元，占GDP的比例为1.9%。2015年，这两个数字分别降至54580亿日元（1991年的61%，约合500亿美元）、1.03%。

具体到印刷产业细分市场，自2006到2015年，出版物市场急速衰退，广告和包装市场所占份额增加。

表2　2006－2015年日本印刷产业细分市场产值占比变化

	2006年	2015年
出版	31.3%	18.8%
广告	32.5%	37.1%
证券	1.6%	1.5%
商务	12.9%	13.9%
包装	12.7%	18.5%
特种	3.3%	4.3%
其他	5.8%	5.9%

来源：日本印刷产业联合会（JFPI）

但是根据实际产值判断，只有包装市场的产值上涨，其他市场的产值都低于2006年。

表 3　2006－2015 年日本印刷产业细分市场产值变化

	2006 年（10 亿日元）	2015 年（10 亿日元）	2015 年/2006 年
出版	2192	1027	46.8%
广告	2279	2025	88.9%
证券	110	84	76.4%
商务	903	756	83.7%
包装	888	1009	113.6%
特种	233	232	99.9%
其他	406	319	78.7%

来源：日本印刷产业联合会（JFPI）

（二）印刷业的变化及影响

过去，印刷业是进行大规模营销最经济的媒体。大规模营销对产品手册、报纸插页、邮购目录、免费刊物等需求量大。印刷商需要高效的生产设备来进行大规模营销。

互联网和智能手机面世后，电子媒体成了大规模营销最经济的方式，能直接向目标客户传输文字、图片、声音和影像，避免了邮资。印刷品成了一种昂贵的交流工具，但仍受到客户的信任。大规模印刷现在已十分少见，很多印刷品都具有针对性和集中性，追求高效的小批量生产。印量会持续下滑，印刷商需要提供印刷增值业务。

尽管印刷业出货价值持续下跌，但从数量来看，纸张和油墨的出货量却略有回升或者持平。2009 年之前，实际印量都呈轻微上涨趋势。2009 年之后，纸张和油墨出货量急剧下降，反映出实际需求的下降。2009 年之前，印刷业出货价值整体下滑，纸张和油墨出货量并未下滑，这一情况表明印刷业存在严重的价格侵蚀问题。

此外，为顺应印刷需求的减少，很多印刷公司的生产能力随之减小。新增的用于广告和出版的卷筒纸胶印机数量：2007 年有 1402 台，2017 年有 1016 台；新增的投资多用于提高效率，而不是提高总体出货量；很多公司试图从“印刷及相关服务”领域发掘商机，比如：物流服务、业务流程外包服务。

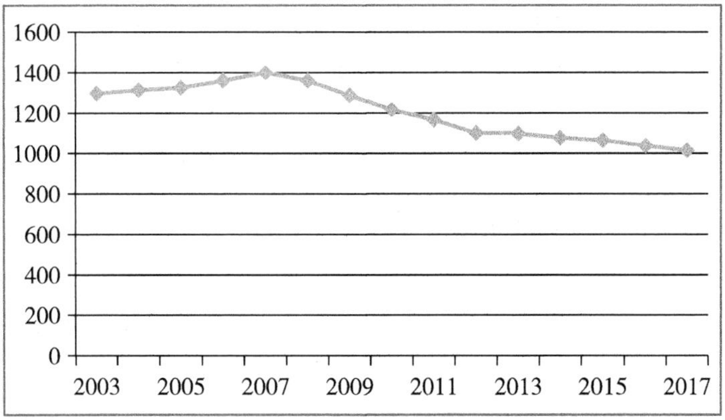

图 12　用于广告/出版的卷筒纸印刷机数量（台）

（三）存在的问题

1. 众多印刷业细分部门的业务量持续下滑。在出版和广告印刷部门尤为显著。

2. 劳动力短缺。加班时间的严格限制、繁荣的建筑行业更具吸引力、年轻工人减少、退休工人增多等导致印刷业每个细分部门都缺乏劳动力。

3. 成本上升。在长期通货膨胀的情况下，运输成本、纸张成本和油墨成本上升。成本虽然上升了，但是涨价困难。

4. 印刷传承。将生意传承给下一代是一个难题，除非对于产业的未来有清晰的认识。

（四）面临的挑战

1. 智能工厂

由于小批量生产和快速运输的需求上涨，印刷公司需要提升总体生产效率。智能工厂是实现这一目标的途径之一。智能工厂是 2018 日本国际印刷展览会（IGAS）的主题之一。

2. “被动”到“主动”

（1）只为客户提供印刷服务不能体现增值服务和差异化，会让印刷产业始终陷于价格战中。

（2）新型的数字印刷机和数字增强设备的功能尚未被客户了解和掌握。印刷商和其合作设计师掌握此类先进设备的技术后，可以为客户提出更好的设计方案。

（3）为客户提供增值服务，如：设计方案、编辑服务、营销或策划，以及业务流程外包（BPO）和物流服务等。

（以上内容根据演讲报告整理）

产 业 政 策

新闻出版总署关于进一步推动新闻出版产业发展的指导意见

新出政发〔2010〕1号

各省、自治区、直辖市新闻出版局，新疆生产建设兵团新闻出版局，解放军总政治部宣传部新闻出版局，总署机关各部门、署直各单位，署管各社会团体：

为深入贯彻落实科学发展观，落实国家《文化产业振兴规划》，按照中央提出的转变经济发展方式和调整经济结构，提高经济发展质量和效益的要求，充分发挥新闻出版业在巩固舆论阵地、传承中华文明、培育民族精神、提高公民素质、促进经济增长、推动社会进步、增强综合国力等方面的重要作用，现就进一步推动新闻出版产业发展，提出如下意见。

一、新闻出版产业发展的态势和机遇

（一）改革开放以来，新闻出版产业得到快速发展。特别是党的十六大以来，新闻出版体制改革取得实质性突破和重大进展，市场主体逐步形成，产业规模迅速壮大，产业结构日趋合理，国际竞争力不断增强，新闻出版产业作为科技含量高，资源消耗低，环境污染少，涉及领域广，产业链条长，投入少，产出大，发展潜力好的朝阳产业，已成为国民经济的重要组成部分，成为经济发展新的增长点和经济结构调整的着力点，在中国特色社会主义事业总体布局和全面建设小康社会战略全局中突显出越来越重要的地位和作用。

（二）当前，我国新闻出版产业仍处于发展的初级阶段，基础较差，规模较小，实力较弱，竞争力不强。突出表现在：产业结构趋同，产业集中度低，资源配置不尽合理，市场条块分割、资源分散和地区封锁依然严重，传统业态向新兴业态转型迟缓，企业创新能力不足，对外贸易逆差仍然较大，人才队伍建设和经营管理水平等还不适应新闻出版产业发展的需要。要通过抓发展，努力走出一条符合文化建设规律和社会主义精神文明建设要求，适应社会主义市场经济体制，结构优化，速度较快，社会效益和经济效益俱佳，产业整体质量不断提升的可持续发展道路。

（三）新闻出版产业发展正处于重要的战略机遇期，具备了在新的历史起点上实现大发展的良好条件。党的十七大关于推动社会主义文化大发展大繁荣的战略部署，对新闻出版产业发展提出了新的更高的要求；中国特色社会主义事业“四位一体”发展的整体布局，突显了新闻出版产业的重要地位；人民生活水平不断提高，文化消费快速增长，社会主义新农村文化建设，拓展了新闻出版产业发展的空间；新闻出版体制改革的顺利推进，《文化产业振兴规划》的实施，为新闻出版产业发展提供了内在动力；高新技术特别是信息技术的迅猛发展，为新闻出版产业创新业态、实现产业战略转型提供了有利条件和广阔前景；资本市场的不断完善，为新闻出版企业融资提供了机会；中国日益提高的国际地位以及不断扩大的中华文化影响力，为新闻出版产业“走出去”创造了条件；各级党委、政府的高度重视，为新闻出版产业发展提供了坚强的思想保证和组织保证。

二、推动新闻出版产业发展的指导思想、原则要求和主要目标

（四）推动新闻出版产业发展的指导思想是：以邓小平理论和“三个代表”重要思想为指导，深入贯彻落实科学发展观，高举旗帜、围绕大局、服务人民、改革创新，继续解放思想，坚持改革开放，推动科学发展，促进社会和谐，始终把发展作为第一要务，树立新的新闻出版发展观，突出战略重点，明确主攻方向，兼顾当前和长远，着力转变发展方式，着力优化产业结构，着力推进产业创新，做大主体，做强主业，切实解放和发展新闻出版生产力，大力推动新闻出版产业又好又快发展。

（五）推动新闻出版产业发展的原则要求是：必须坚持以社会效益为最高准则，牢牢把握社会主义先进文化的前进方向；必须坚持以人为本，充分尊重群众的主体地位和首创精神，不断满足人民群众日益增长的多层次、多样性、多方面精神文化需求；必须坚持转变发展方式，优化产业结构，进一步降低新

闻出版企业生产能耗和污染物排放，提高新闻出版发展的质量和效益；必须坚持以体制机制创新和科技进步为动力，继续深化新闻出版体制改革，推动新闻出版内容创新与战略性新兴产业发展；必须坚持优化所有制结构，实现以公有制为主体、多种所有制共同发展；必须坚持打破条块分割、地区封锁、城乡分离的封闭格局，努力建设统一开放、竞争有序、健康繁荣的大市场；必须坚持对外开放，加大“走出去”力度，不断提高中华文化的国际传播力和影响力；必须坚持一手抓发展，一手抓管理，为新闻出版产业发展营造健康有序的市场环境；必须坚持以党的领导为根本保证，确保党管舆论、党管干部、党管人才，做到尊重劳动、尊重知识、尊重人才、尊重创造，最大限度地发挥新闻出版工作者的积极性、主动性和创造性。

（六）推动新闻出版产业发展的主要目标是：努力完成全面建设小康社会赋予新闻出版产业发展的各项任务。新闻出版生产力明显提升，新闻出版产业发展速度高于同期国内生产总值发展速度，在国民经济中所占比重逐步提高，力争到“十二五”末，实现新闻出版产业增加值比2006年翻两番。新闻出版产业结构调整基本到位，产业、产品和企业结构更趋合理，产业区域布局与地区经济社会发展协调一致，新闻出版产品和服务更加丰富，企业自主创新能力与高科技应用水平大幅度提高，形成一批拥有自主知识产权、知名品牌以及有较强国际竞争力的骨干新闻出版企业。新兴产业蓬勃发展，数字出版、网络出版、手机出版等战略性新兴产业领域的发展水平和速度达到世界先进水平。基本建立起统一开放、竞争有序、健康繁荣的现代出版物市场体系和技术先进、覆盖全面、传输快捷的现代传播体系。基本扭转新闻出版产品和服务的出口逆差状况，大幅度提升中华文化的国际传播力和影响力。

三、推动新闻出版产业发展的重点任务

（七）发展图书、报纸、期刊等纸介质传统出版产业。支持新闻出版企业组织策划和出版更多贴近实际、贴近生活、贴近群众的优秀精神文化产品，生产出更多思想性、艺术性、可读性俱佳的原创精品力作。鼓励新闻出版企业创新纸介质读物形式，积极发展纸介质立体、有声读物，提升传统纸介质出版物的吸引力。打破出版载体界限，在多个出版平台上对出版内容进行深度开发和加工，实现一次性生产、多媒体发布。支持新闻出版企业积极采用数字、网络等高新技术和现代生产方式，改造传统的创作、生产和传播方式。加快从主要依赖传统纸介质出版产品向多种介质出版产品共存的现代出版产业转变。

（八）发展数字出版等非纸介质战略性新兴出版产业。积极推动音像制品、电子出版企业向数字化、网络化转型。积极发展数字出版、网络出版、手机出版等以数字化内容、数字化生产和数字化传输为主要特征的战略性新兴新闻出版业态。支持新闻出版企业以互联网为平台，以图文、音频、视频等形式，对出版内容资源进行全方位、立体式、深层次开发利用。支持电子纸、阅读器等新闻出版新载体的技术开发、应用和产业化，提高数字阅读设备的质量、方便性以及版权保护水平。

（九）发展动漫、游戏出版产业。加快发展民族动漫出版产业，特别是鼓励网络和电子游戏等产品的出版，提高民族动漫、游戏的数量和质量。对优秀原创动漫、游戏作品及其相关人员、单位进行奖励和支持，大力扶持民族原创动漫、游戏精品，培养民族原创动漫、游戏领军人物。鼓励开展优秀原创动漫、游戏产品的少数民族语言译制出版工作。推动对动漫、游戏出版资源的深度开发利用，不断提升其出版产品附加值。

（十）发展印刷、复制产业。巩固和壮大出版物印刷、包装装潢印刷品印刷、其他印刷品印刷和只读类光盘复制、可录类光盘生产等印刷、复制产业。加大印刷、复制产业结构调整力度，促进印刷、复制产业升级换代。鼓励印刷、复制企业积极采用数字和网络技术改造生产流程和现有设备。实施数字印刷和印刷数字化工程，推动发展快速、按需、高效、个性化数码印刷。推动印刷产业从单纯加工服务型向以提高信息增值的现代服务型转变。支持新一代大容量高清光盘的研发和产业化。鼓励印刷企业上下游共同探索循环用纸等新材料新工艺的研发和应用，大力发展绿色印刷。对高耗能、高排放的落后产能，要运用环保、技术标准、产业和融资政策等手段，坚决予以淘汰。

（十一）发展新闻出版流通、物流产业。加强以跨地区连锁经营、信息化管理和现代物流为特征的大型现代新闻出版流通组织建设，重点培育一批主业突出、辐射力强的全国性和区域性新闻出版现代流通企业和企业集团，建设一批辐射全国的区域新闻出版物流中心，并推动有条件的企业跨地区、跨国连锁经营。积极扶持农村出版物市场和连锁网点建设，建立以大城市为中心、中小城市相配套、贯通城乡的新闻出版产业流通网络。建设出版物流通信息平台，统一信息标准，打通新闻出版产业之间的流通渠道，整合发行渠道，提高流通效率。推广网络结算新技术，打造全国统一的网上结算平台。鼓励新闻出版流通和物流企业发展电子商务，推进物联网与互联网相结合。鼓励新闻出版物流企业提供第三方物流服务。

四、推动新闻出版产业发展的主要措施

（十二）深化新闻出版体制改革，打造合格市场主体和骨干企业。按照中央关于深化文化体制改革的要求和部署及《新闻出版总署关于进一步推进新闻出版体制改革的指导意见》，大力推动经营性新闻出版单位转制和改制，建立和完善法人治理结构，实行股份制改造，培育合格的市场主体。把深化改革同调整结构结合起来，加快企业兼并重组和资源整合，鼓励教育、科技、卫生、财经、文化等领域的新闻出版资源先行整合，鼓励实力较强的地方新闻出版企业先行整合资源，形成一批导向正确、主业突出、实力雄厚、管理规范、运行高效、核心竞争力强的区域性综合集团和行业性专业集团。鼓励和支持新闻出版骨干企业跨媒体、跨行业、跨地区、跨国界和跨所有制重组，在三到五年内，重点培育六七家资产超过百亿、销售超过百亿的国内一流、国际知名的大型新闻出版企业，努力打造具有国际竞争力的跨国出版传媒集团。与此同时，大力培育一批走内涵式发展道路的“专、精、特、新”现代新闻出版企业。鼓励条件成熟的新闻出版企业上市融资。

（十三）运用高新技术，促进新闻出版产业发展方式转变和结构调整。加快推广应用信息技术、数字技术等高新技术，建立以政策为先导、投入为保障、企业为主体、创新平台为支撑、市场需求为导向、产学研相结合的新闻出版科技创新体系。要通过科技创新提高新闻出版内容创新能力与水平，丰富新闻出版产业的生产方式和新闻出版产品的表现形式，拓展新闻出版传播渠道。重点支持语言文字技术、声音技术、图形图像技术、内容采集与处理技术、知识组织管理技术、协同编辑管理技术等新闻出版产业支撑技术的发展和应用。不断提高新闻出版领域的科技含量和装备水平，鼓励和支持新闻出版企业运用高新技术和先进适用技术改造传统生产方式和基础设施。

（十四）实施重大项目建设，带动新闻出版产业发展。通过实施一批具有战略性、引导性和带动性的重大新闻出版项目，加速推进产业和产品升级，提高企业和产品的市场竞争力。抓住国家增加对新闻出版事业投入的契机，加大组织实施国家重大出版工程、少数民族新闻出版“东风工程”、农家书屋工程、全民阅读工程及文化环保工程等公共服务重大工程的力度，推动基本公共服务均等化，推动新闻出版产业有序快速发展。加快组织实施国家知识资源数据库、国家数字复合出版系统、数字版权保护技术研发工程、中华字库工程、国产动漫振兴工程、数字报业、国家重点学术期刊建设工程等重大项目，提升新闻出版产业的整体水平。着力在重点领域尽快形成一批进入海外市场的重点项目，增强新闻出版企业国际竞争力。

（十五）建设新闻出版产业带、产业园区和产业基地，发挥产业集群优势。鼓励各地结合区域经济社会发展规划，优化产业集聚环境，利用优势新闻出版资源，突出产业特色，提高产业集中度和专业化协作水平，有计划地建设新闻出版产业带、产业园区和产业基地，实现产业合理布局，促进产业区域协调发展。重点发展少数民族语言文字出版、数字出版、版权创意等产业园区和基地，大力推进国家级产业园区和基地建设。鼓励西南、西北等地区发展具有鲜明地域和民族特色的出版产业群。支持珠三角、长三角和环渤海等特色印刷复制产业带建设，振兴东北印刷产业，促进中西部印刷产业的开发与崛起。

（十六）建设现代市场体系，发挥市场在资源配置中的基础性作用。打破条块分割、地区封锁和城乡分离的市场格局，加快形成统一开放的新闻出版市场体系。充分利用全国性和区域性产权交易机构，为新闻出版资本、产权、人才、信息、技术等要素的有序、有效流动搭建交易平台。培育发展版权代理、出版经纪等市场中介机构，提高新闻出版产品和服务的市场化程度。积极打造新闻出版产业发展交流平台，支持办好全国图书交易博览会等展会。在国家政策允许的条件下，充分利用发行企业债券、引进境内外战略投资、上市融资等多种渠道为企业融资。开展与国有银行及相关金融机构的战略合作，加快建立和发展中小新闻出版企业信用担保机制，允许投资人以知识产权等无形资产评估作价出资组建新闻出版企业，为产业发展争取良好的融资环境。

（十七）引导和规范非公有资本有序进入新闻出版产业，解放和发展新兴文化生产力。根据《中共中央、国务院关于深化文化体制改革的若干意见》和国家《文化产业振兴规划》等文件精神，鼓励、支持和引导非公有资本以多种形式进入政策许可的领域。鼓励和支持非公有制文化企业从事印刷、发行等新闻出版产业的有关经营活动。引导和规范个体、私营资本投资组建的非公有制文化企业以内容提供、项目合作、作为国有出版企业一个部门等方式，有序参与科技、财经、教辅、音乐艺术、少儿读物等专业图书出版活动。鼓励和支持非公有制文化企业开拓境外新闻出版市场。加强和改进服务，努力为非公有制文化企业持续快速健康发展创造良好的政策环境和平等竞争机会。

五、推动新闻出版产业“走出去”

（十八）加大支持新闻出版产品对外贸易、版权输出、合作出版的力度。支持新闻出版企业结合自身优势和特点，生产更多适合境外市场的新闻出版产品，并以多种方式进入海外市场。支持新闻出版企业利用先进科技成果创新产品形态，拓展传播渠道，增强中华文化影响力。支持新闻出版企业利用金融机构提供的出口信贷和金融产品，积极开展出口外贸业务。抓好国家文化重点出口企业和项目相关工作的落实。继续实施“经典中国”国际出版工程、中外图书互译计划、中国音像制品“走出去”工程、中国图书对外推广计划。

（十九）支持各种所有制的新闻出版企业到境外投资兴办实体。支持有条件的新闻出版企业，通过新设、收购、合作等方式，到境外建社、办厂、开店，实现新闻出版企业在境外的落地和本土化。对符合国家出口指导目录规定的境外投资，在政策、资源、信息、服务等方面予以支持。

（二十）充分发挥国际合作网络和平台的作用。鼓励新闻出版企业与国际著名文化制作、经纪、营销机构合作，建设以欧美、周边国家和港澳台地区为重点的市场营销网络和营销队伍，创新市场营销方式和手段。支持新闻出版企业参加法兰克福国际书展等国际大型展会和文化活动，打造北京国际图书博览会等具有重要影响力的国际出版、版权交易平台，发挥其在对外推广文化产品和服务方面的积极作用。

（二十一）为新闻出版产业“走出去”提供服务。制定“走出去”总体规划和战略目标，在出版物和版权“走出去”的基础上，实现新闻出版企业“走出去”、品牌“走出去”、资本“走出去”。设立出版物海外推广中心、实施翻译人才库工程。加强信息平台建设，完善出版物进出口统计制度，做好新闻出版产品、服务贸易和重点企业的统计分析，向新闻出版企业及时提供国际出版市场信息。加强对有关国家文化市场和政策环境的研究，帮助新闻出版企业开拓海外市场。

六、推动新闻出版产业发展的政策和组织保障

(二十二)加强新闻出版产业发展规划工作，提高宏观调控水平。全面把握国内外经济形势变化，统筹把握新闻出版业的意识形态属性和产业属性，在确保完成《新闻出版业“十一五”发展规划》各项目标任务的同时，科学编制新闻出版业“十二五”发展规划，将新闻出版产业发展纳入国家经济社会发展规划之中。加强对产业重大项目的指导，建立新闻出版产业项目库。制定和公布新闻出版产业发展和投资指导目录。

(二十三)落实推动新闻出版产业发展的各项优惠政策。用好用足国家支持文化单位转制和文化企业发展的一系列优惠政策，会同有关部门制定和落实支持新闻出版产业发展的相关配套政策，充分发挥政策对新闻出版产业发展的引导、激励和保障作用。

(二十四)加大对新闻出版产业发展的投入。积极争取各级财政支持，采取贴息、补助、奖励等方式，支持新闻出版产业发展。用好宣传文化发展专项资金、国家出版基金、民文出版专项资金、农家书屋工程专项资金、扶持动漫产业发展专项资金、“走出去”专项资金等财政专项资金。加强财政资金的管理和使用，提高资金的使用效率。

(二十五)科学配置新闻出版资源。对跨地区发展的新闻出版企业，对优势新闻出版产业，对改革力度大、发展速度快的地区，在出版资源上给予优先配置和政策倾斜。依据新闻出版产业发展需要，综合配置图书、报纸、期刊、音像制品、电子出版、网络出版及手机出版等出版资源，解决因出版权分割所带来的制约产业发展的问题。

(二十六)做好新闻出版产业发展的基础性工作。加强新闻出版标准化工作，抓紧新闻出版标准体系建设，特别是抓好数字出版等新兴业态的标准体系的研究制定。加强出版信息化建设工作，构建有利于书号、条码、在版编目和统计、年检数据等行业信息资源集中管理、有效整合的运行平台和工作机制。进一步加强和改进新闻出版统计工作，及时发布新闻出版统计报告。

(二十七)完善保障新闻出版产业发展的法规体系和法律制度。根据当前新闻出版体制改革和产业发展的实际情况，继续推动《出版管理条例》《音像制品管理条例》的修订，加快制定《中国标准书号使用管理办法》《互联网游戏出版服务管理办法》《国家出版产业基地管理办法》等规章和规范性文件。围绕保障和促进新闻出版产业发展，认真研究完善出版单位法人制度、准入和退出制度、主管主办制度、新媒体出版服务制度等相关法律制度。

（二十八）改善和优化新闻出版市场环境。贯彻落实《国家知识产权战略纲要》，加大版权保护力度，探索建立在新技术条件下科学合理的数字出版授权和使用机制。深入持久开展“扫黄打非”斗争，加大执法力度，着力改善和优化新闻出版市场秩序。加强行业信用体系建设，在全行业开展诚信宣传教育和职业道德教育，切实推动行业自律。加强党风廉政建设和反腐倡廉工作，把行风建设贯穿于新闻出版产业发展的全过程，营造“依法经营、违法必究、公平交易、诚实守信”的产业发展环境。

（二十九）强化新闻出版产业发展的人才保障。以培养新闻出版各类领军人物为目标，统筹抓好领导人才、经营管理人才、专业技术人才特别是复合型人才队伍建设，造就一批名作者、名编辑、名记者、行业技术专家和出版家、企业家。加快人才培养和队伍培训，设立人才培养专项资金，以定向培养、公开招聘、业外引进等方式，培养、吸引和凝聚优秀人才。完善新闻出版专业技术人员职业资格制度，以职业准入和岗位准入为抓手，不断提高基层人才队伍素质。把非公有文化机构的人才队伍纳入行业人才建设体系，积极培养和充分发挥其作用。创新人才激励机制，健全人才选拔机制，完善人才流动机制，形成有利于各类人才脱颖而出的体制环境。

（三十）健全和完善各级新闻出版产业发展领导体制和工作机制。各级新闻出版行政部门要增强推动新闻出版产业发展的责任意识，明确新闻出版产业发展领导机构和工作班子，负责指导、协调、实施新闻出版产业发展工作，确保各项目标、措施和政策落到实处。积极争取地方党委、政府对当地新闻出版产业的重视和支持，继续开展“省部战略合作”，共同推动新闻出版产业发展。

新闻出版总署

二〇一〇年一月一日

新闻出版总署关于加快我国数字出版产业发展的若干意见

新出政发〔2010〕7 号

各省、自治区、直辖市新闻出版局，新疆生产建设兵团新闻出版局，解放军总政治部宣传部新闻出版局，中央和国家机关各部委、各民主党派、各人民团体新闻出版主管部门，中国出版集团公司：

数字出版是指利用数字技术进行内容编辑加工，并通过网络传播数字内容产品的一种新型出版方式，其主要特征为内容生产数字化、管理过程数字化、产品形态数字化和传播渠道网络化。目前数字出版产品形态主要包括电子图书、数字报纸、数字期刊、网络原创文学、网络教育出版物、网络地图、数字音乐、网络动漫、网络游戏、数据库出版物、手机出版物（彩信、彩铃、手机报纸、手机期刊、手机小说、手机游戏）等。数字出版产品的传播途径主要包括有线互联网、无线通讯网和卫星网络等。由于其海量存储、搜索便捷、传输快速、成本低廉、互动性强、环保低碳等特点，已经成为新闻出版业的战略性新兴产业和出版业发展的主要方向。

发展数字出版产业，对于提升我国文化软实力，推动文化产业乃至国民经济的可持续发展，转变出版业发展方式具有重要意义。进入新世纪以来，我国数字出版产业取得了较快进展。与此同时，由于存在投入成本高，赢利模式不成熟，相关标准不统一等问题，制约了数字出版产业的进一步发展，其生产力尚未得以充分释放。为贯彻落实中央关于调整产业结构和转变发展方式的战略部署，贯彻落实《文化产业振兴规划》和新闻出版总署《关于进一步推动新闻出版产业发展的指导意见》，推进出版业升级，现就加快我国数字出版产业发展提出如下意见。

一、加快数字出版产业发展的总体目标

1．战略目标。要以数字化带动新闻出版业现代化，鼓励自主创新，研发数字出版核心技术，推动出版传播技术升级换代，构建传输快捷、覆盖广泛的现代新闻出版传播体系；要形成一批发展思路清晰、内容资源充沛、立足自主创新、出版方式多样、营销模式成熟、市场竞争力强、产品影响广泛的数字出版龙头企业；要切实从社会需求出发，将优质内容与数字技术紧密结合，打造弘扬中华优秀文化、反映科学技术进步、体现时代精神、为大众喜闻乐见、具有国际影响力的数字出版产品和品牌；要构建要素完整、结构合理、水平先进、效益良好、多方共赢的数字出版产业发展新格局，把数字出版产业打造成新闻出版支柱产业。

2．发展指标。到“十二五”末，我国数字出版总产值力争达到新闻出版产业总产值25%，整体规模居于世界领先水平。在全国形成8—10家各具特色、年产值超百亿的国家数字出版基地或国家数字出版产业园区，形成20家左右年主营业务收入超过10亿元的具有国际竞争力的数字出版骨干企业。到2020年，传统出版单位基本完成数字化转型，其数字化产品和服务的运营份额在总份额中占有明显优势。

二、加快数字出版产业发展的主要任务

3．加快推动传统出版单位数字化转型。加快书报刊出版单位采用新技术和现代生产方式改造传统出版流程；高度重视出版资源数字化工作，加快存量资源整理，按统一标准进行分类、存储；积极探索出版资源数字版权授权解决方案；鼓励传统出版单位开展网络出版业务；支持传统出版单位设立完全市场化的数字出版公司，尽快做大做强，成为数字出版龙头企业。

4．加快推动音像电子出版单位数字化升级。积极运用新媒体、新技术加速产业升级；鼓励音像电子出版单位与通信运营商、网络运营商及硬件制造商进行全方位合作，拓展新业态。

5．加快推动传统印刷复制企业数字化改造。推动传统印刷复制企业积极采用数字和网络技术，改造印刷生产流程和设备，大力发展数字印刷，提高对消费者多样化、个性化需求的服务供给能力。

6. 大力增强网游动漫出版产品的创作和研发能力。鼓励企业通过自主创新，充分挖掘中华优秀文化，研发网游动漫精品，提高国产网游动漫产品的质量和市场占有率，提升产品附加值；打造网游动漫知名品牌，提高市场运作能力；组织实施民族网游动漫海外推广计划，大力支持国产原创网游动漫产品开发海外市场。

7. 切实加强新闻出版公共服务项目的数字化建设。对新闻出版公共服务工程中的数字化项目予以资金、政策、技术等方面的扶持；支持和鼓励出版单位、数字化公司承担和拓展数字出版公共服务项目；积极支持“农家书屋”向数字化方向发展；高度重视数字阅读，拓展全民阅读的空间；加快全民阅读工程指导性网站建设；积极开发盲文有声教材和读物；充分利用互联网，扩大民文出版物传播范围。

8. 加快国家数字出版重点科技工程和重大项目建设。加快国家数字复合出版工程、数字版权保护技术研发工程、中华字库工程和国家知识资源数据库工程等数字出版重大科技工程项目的建设进度；建设国家重点数字出版工程项目库，扶持企业建设以公共服务平台建设、内容资源数据库建设、数字出版软件产品开发以及相关技术研发为主的数字出版工程项目；加快数字出版领域科技推广和成果转化；扶持以动漫出版、网络游戏出版、数据库出版等为主的数字出版项目；扶持具有自主知识产权的电子纸、终端阅读器等新产品、新载体的研发和应用。

9. 加快推进数字出版相关标准研制工作。坚持“基础、急用”标准先行的原则，尽快制定各种数字出版相关的内容标准、格式标准、技术标准、产品标准、管理和服务标准，完成数字出版、移动出版等相关数字出版标准体系的制定，在生产、交换、流通、版权保护等过程中形成符合行业规范的数字出版业标准化体系，创造公平的市场竞争环境。

10. 推动数字出版产业聚集区建设。打破行政区划壁垒，在有条件的区域建设数字出版产业聚集区，形成一批核心数字出版产业集群和特色产业基地；吸引国内国际知名的相关企业落户，逐步形成产业集群效应；支持进入国家级数字出版基地的企业开展互联网出版业务。

11. 支持非公有制企业从事数字出版活动。支持民营新技术公司研发基于不同传输平台和阅读终端的游戏、动漫、音乐等数字出版产品和具有自主知识产权的移动终端等硬件设备；建立数字出版企业评估体系，对长期从事数字出版活动且出版导向正确、技术实力雄厚、竞争优势明显、发展前景广阔、经营业绩突出的非公有制企业予以重点扶持；建立健全互联网出版准入退出机制，完善准入退出评估标准。

12．推动数字出版“走出去”。鼓励企业充分利用国际国内两种资源和两个市场，借助网络传输快捷、覆盖广泛和无国界特性，加快推动优秀出版物通过数字出版方式进入国际市场，参与国际竞争，不断增强中国新闻出版的传播能力，提高中华文化的国际影响力；重点扶持和培育在“走出去”方面措施得力、成效显著的数字出版骨干企业和示范单位，对切实跨出国门并取得显著成绩的重大项目和重点企业予以资金资助、税收减免和其他奖励。

三、加快数字出版产业发展的保障措施

13．加强组织领导。各级新闻出版行政部门要充分认识加强数字出版工作的重要性和紧迫性，把推进数字出版产业发展作为本地区新闻出版业繁荣发展的重要工作内容；要加强组织领导，完善组织机构，积极创造条件，设立专职数字出版管理部门；要加强对本地区数字出版产业发展的统计、规划、协调和引导，做好对本地区从事数字出版内容生产、加工、复制和数字出版产品销售、进出口等活动的数字出版企业的监管与服务工作；要采取有效措施，切实解决数字出版管理工作中存在的突出问题，为数字出版产业发展创造良好的环境和条件。

14．发挥部门合力。地方各级新闻出版行政部门要主动加强与当地党委、政府相关部门的沟通合作，争取本地发展和改革、财政、税务、工信、科技等综合职能部门对数字出版工作的支持，将数字出版发展规划纳入本地经济社会发展规划之中，为本地数字出版产业发展创造条件、提供保障；要结合本地实际，深入研究针对数字出版产业的财税政策，充分发挥政策的推动引导作用，促进数字出版产业健康发展，把国家以及各地支持推进数字化进程、文化体制改革和文化产业发展的优惠政策落到实处，为数字出版产业发展争取更多的政策支持。

15．优化资源配置。对内容资源丰富、具备技术和其他条件的传统出版单位优先赋予互联网出版权；鼓励条件成熟的传统出版单位开发基于互联网、无线通讯网、有线电视网、卫星传输等各类移动终端的数字出版产品；鼓励传统出版企业与新媒体公司进行深层次合作，探索新型业务模式和营销模式，拓展和延伸出版产业链；倡导联合重组，鼓励非公有制企业与拥有内容资源优势的国有出版企业嫁接重组，拓展发展领域，形成新的市场主体。

16. 加大投入力度。要逐步完善数字出版投入机制，积极争取各级财政对数字出版产业发展的扶持，加大对重点数字出版工程项目的资金投入；充分发挥文化产业发展专项资金、宣传文化发展专项资金、科技创新资金和现代信息服务业专项资金的扶持导向作用，面向全社会，推动设立扶持数字出版专项资金，重点用于数字出版公共服务平台和骨干项目建设；鼓励社会各界参与数字出版产业发展，用足用好金融领域支持文化产业振兴和繁荣发展的优惠政策，拓宽投融资渠道，引入战略投资者，实现投资主体多元化。

17. 搭建交流平台。继续支持和扶持办好中国数字出版博览会、中国数字出版年会、中国国际数码互动娱乐展览会、中国国际动漫创意产业交易会、中国国际漫画节等数字出版产业方面的重要会展；积极组织参与全国图书博览会、全国图书订货交易会、北京国际图书博览会、深圳文博会、海峡两岸图书交易会，搭建展示和交流平台，推动数字出版新技术、新经验、新模式的深度交流，展示数字出版新产品和新技术。

18. 加强版权保护。要加大版权保护宣传力度，强化版权保护意识；加大对数字版权侵权盗版行为的打击力度，切实保障著作权人合法权益；加快技术创新和标准制定，为版权保护提供有效的技术手段；积极建立以司法、行政、技术和标准相结合的版权保护体系。

19. 强化网络监管。要建立属地内出版、外宣、公安、通信、“扫黄打非”等部门的协调、沟通和信息共享机制；增强网络出版突发事件的应对能力，提高监管工作的预见性、针对性和时效性，全面提升主动监管能力和技术保障水平；要加大对互联网低俗之风和手机网站传播淫秽色情信息的打击力度，同时切实加强对网络游戏出版审批把关和网络游戏动态出版、非法出版的监管，全面净化互联网和手机出版环境；各地要加快网络出版监管系统建设，积极探索网络出版监管的有效方式，强化长效动态监管机制。

20. 完善法规体系。加快修订《出版管理条例》《互联网出版管理暂行规定》等法律法规，制定发布《手机媒体出版服务管理办法》《数据库出版服务管理办法》《互联网文学出版服务管理办法》和《互联网游戏审批管理细则》等部门规章，加快规范数字出版产业发展的法规体系建设。

21．健全考评体系。要建立健全数字出版工作考评体系，加大对出版单位数字出版业绩考核的指标权重，重点评估其数字出版总体规划、新兴媒体和服务建设、内容资源数字化加工水平、出版流程再造、数字出版企业的市场表现、数字出版人才队伍建设、数字出版创新成果等具体指标和数据；充分调动企业经营管理者和数字出版从业人员的积极性和主动性，激发文化创造力，把推动数字出版的实际效果和发展水平纳入年度考评指标。

22．加快人才培养。要不断完善数字出版人才培养体系，加大数字出版人才培养力度，特别是传统出版单位数字出版高级管理人才、高级营销人才、高级策划人才及数字出版编辑人才的培养，加快解决数字出版产业高层次、复合型人才的短缺问题；积极开展形式多样的数字出版产业经营管理人才培训，鼓励数字出版企业与高等院校及科研机构合作，建立人才培养和实训基地，逐步建立起教育培训和岗位实践相结合的数字出版产业人才培养机制；进一步健全人才引进、使用和考核机制。

新闻出版总署

二〇一〇年八月十六日

国务院关于促进企业兼并重组的意见

国发〔2010〕27号

各省、自治区、直辖市人民政府，国务院各部委、各直属机构：

为深入贯彻落实科学发展观，切实加快经济发展方式转变和结构调整，提高发展质量和效益，现就加快调整优化产业结构、促进企业兼并重组提出以下意见：

一、充分认识企业兼并重组的重要意义

近年来，各行业、各领域企业通过合并和股权、资产收购等多种形式积极进行整合，兼并重组步伐加快，产业组织结构不断优化，取得了明显成效。但一些行业重复建设严重、产业集中度低、自主创新能力不强、市场竞争力较弱的问题仍很突出。在资源环境约束日益严重、国际间产业竞争更加激烈、贸易保护主义明显抬头的新形势下，必须切实推进企业兼并重组，深化企业改革，促进产业结构优化升级，加快转变发展方式，提高发展质量和效益，增强抵御国际市场风险能力，实现可持续发展。各地区、各有关部门要把促进企业兼并重组作为贯彻落实科学发展观，保持经济平稳较快发展的重要任务，进一步统一思想，正确处理局部与整体、当前与长远的关系，切实抓好促进企业兼并重组各项工作部署的贯彻落实。

二、主要目标和基本原则

（一）主要目标

通过促进企业兼并重组，深化体制机制改革，完善以公有制为主体、多种所有制经济共同发展的基本经济制度。加快国有经济布局和结构的战略性调

整，健全国有资本有进有退的合理流动机制，鼓励和支持民营企业参与竞争性领域国有企业改革、改制和改组，促进非公有制经济和中小企业发展。兼并重组企业要转换经营机制，完善公司治理结构，建立现代企业制度，加强和改善内部管理，加强技术改造，推进技术进步和自主创新，淘汰落后产能，压缩过剩产能，促进节能减排，提高市场竞争力。

进一步贯彻落实重点产业调整和振兴规划，做强做大优势企业。以汽车、钢铁、水泥、机械制造、电解铝、稀土等行业为重点，推动优势企业实施强强联合、跨地区兼并重组、境外并购和投资合作，提高产业集中度，促进规模化、集约化经营，加快发展具有自主知识产权和知名品牌的骨干企业，培养一批具有国际竞争力的大型企业集团，推动产业结构优化升级。

（二）基本原则

1. 发挥企业的主体作用。充分尊重企业意愿，充分调动企业积极性，通过完善相关行业规划和政策措施，引导和激励企业自愿、自主参与兼并重组。

2. 坚持市场化运作。遵循市场经济规则，充分发挥市场机制的基础性作用，规范行政行为，由企业通过平等协商、依法合规开展兼并重组，防止“拉郎配”。

3. 促进市场有效竞争。统筹协调，分类指导，促进提高产业集中度，促进大中小企业协调发展，促进各种所有制企业公平竞争和优胜劣汰，形成结构合理、竞争有效、规范有序的市场格局。

4. 维护企业与社会和谐稳定。严格执行相关法律法规和规章制度，妥善解决企业兼并重组中资产债务处置、职工安置等问题，依法维护债权人、债务人以及企业职工等利益主体的合法权益，促进企业、社会的和谐稳定。

三、消除企业兼并重组的制度障碍

（一）清理限制跨地区兼并重组的规定

为优化产业布局、进一步破除市场分割和地区封锁，要认真清理废止各种不利于企业兼并重组和妨碍公平竞争的规定，尤其要坚决取消各地区自行出台的限制外地企业对本地企业实施兼并重组的规定。

（二）理顺地区间利益分配关系

在不违背国家有关政策规定的前提下，地区间可根据企业资产规模和赢利能力，签订企业兼并重组后的财税利益分成协议，妥善解决企业兼并重组后工业增加值等统计数据的归属问题，实现企业兼并重组成果共享。

（三）放宽民营资本的市场准入

切实向民营资本开放法律法规未禁入的行业和领域，并放宽在股权比例等方面的限制。加快垄断行业改革，鼓励民营资本通过兼并重组等方式进入垄断行业的竞争性业务领域，支持民营资本进入基础设施、公共事业、金融服务和社会事业相关领域。

四、加强对企业兼并重组的引导和政策扶持

（一）落实税收优惠政策

研究完善支持企业兼并重组的财税政策。对企业兼并重组涉及的资产评估增值、债务重组收益、土地房屋权属转移等给予税收优惠，具体按照财政部、税务总局《关于企业兼并重组业务企业所得税处理若干问题的通知》（财税〔2009〕59 号）、《关于企业改制重组若干契税政策的通知》（财税〔2008〕175 号）等规定执行。

（二）加强财政资金投入

在中央国有资本经营预算中设立专项资金，通过技改贴息、职工安置补助等方式，支持中央企业兼并重组。鼓励地方人民政府通过财政贴息、信贷奖励补助等方式，激励商业银行加大对企业兼并重组的信贷支持力度。有条件的地方可设立企业兼并重组专项资金，支持本地区企业兼并重组，财政资金投入要优先支持重点产业调整和振兴规划确定的企业兼并重组。

（三）加大金融支持力度

商业银行要积极稳妥开展并购贷款业务，扩大贷款规模，合理确定贷款期限。鼓励商业银行对兼并重组后的企业实行综合授信。鼓励证券公司、资产管理公司、股权投资基金以及产业投资基金等参与企业兼并重组，并向企业提供直接投资、委托贷款、过桥贷款等融资支持。积极探索设立专门的并购基金等兼并重组融资新模式，完善股权投资退出机制，吸引社会资金参与企业兼并重组。通过并购贷款、境内外银团贷款、贷款贴息等方式支持企业跨国并购。

（四）支持企业自主创新和技术进步

支持有条件的企业建立企业技术中心，提高研发水平和自主创新能力，加

快科技成果向现实生产力转化。大力支持兼并重组企业技术改造和产品结构调整，优先安排技术改造资金，对符合国家产业政策的技术改造项目优先立项。鼓励和引导企业通过兼并重组淘汰落后产能，切实防止以兼并重组为名盲目扩张产能和低水平重复建设。

（五）充分发挥资本市场推动企业重组的作用

进一步推进资本市场企业并购重组的市场化改革，健全市场化定价机制，完善相关规章及配套政策，支持企业利用资本市场开展兼并重组，促进行业整合和产业升级。支持符合条件的企业通过发行股票、债券、可转换债等方式为兼并重组融资。鼓励上市公司以股权、现金及其他金融创新方式作为兼并重组的支付手段，拓宽兼并重组融资渠道，提高资本市场兼并重组效率。

（六）完善相关土地管理政策

兼并重组涉及的划拨土地符合划拨用地条件的，经所在地县级以上人民政府批准可继续以划拨方式使用；不符合划拨用地条件的，依法实行有偿使用，划拨土地使用权价格可依法作为土地使用权人的权益。重点产业调整和振兴规划确定的企业兼并重组项目涉及的原生产经营性划拨土地，经省级以上人民政府国土资源部门批准，可以国家作价出资（入股）方式处置。

（七）妥善解决债权债务和职工安置问题

兼并重组要严格依照有关法律规定和政策妥善分类处置债权债务关系，落实清偿责任，确保债权人、债务人的合法利益。研究债务重组政策措施，支持资产管理公司、创业投资企业、股权投资基金、产业投资基金等机构参与被兼并企业的债务处置。切实落实相关政策规定，积极稳妥解决职工劳动关系、社会保险关系接续、拖欠职工工资等问题。制定完善相关政策措施，继续支持国有企业实施主辅分离、辅业改制和分流安置富余人员。认真落实积极的就业政策，促进下岗失业人员再就业，所需资金从就业专项资金中列支。

（八）深化企业体制改革和管理创新

鼓励兼并重组企业进行公司制、股份制改革，建立健全规范的法人治理结构，转换企业经营机制，创新管理理念、管理机制和管理手段，加强和改善生产经营管理，促进自主创新，提高企业市场竞争力。

五、改进对兼并重组的管理和服务

(一) 做好信息咨询服务

加快引进和培养熟悉企业并购业务特别是跨国并购业务的专门人才，建立促进境内外并购活动的公共服务平台，拓宽企业兼并重组信息交流渠道，加强市场信息、战略咨询、法律顾问、财务顾问、资产评估、产权交易、融资中介、独立审计和企业管理等咨询服务，推动企业兼并重组中介服务加快专业化、规范化发展。

(二) 加强风险监控

督促企业严格执行兼并重组的有关法律法规和政策，规范操作程序，加强信息披露，防范道德风险，确保兼并重组操作规范、公开、透明。深入研究企业兼并重组中可能出现的各种矛盾和问题，加强风险评估，妥善制定相应的应对预案和措施，切实维护企业、社会和谐稳定。有效防范和打击内幕交易和市场操纵行为，防止恶意收购，防止以企业兼并重组之名甩包袱、偷逃税款、逃废债务，防止国有资产流失。充分发挥境内银行、证券公司等金融机构在跨国并购中的咨询服务作用，指导和帮助企业制定境外并购风险防范和应对方案，保护企业利益。

(三) 维护公平竞争和国家安全

完善相关管理办法，加强和完善对重大的企业兼并重组交易的管理，对达到经营者集中法定申报标准的企业兼并重组，依法进行经营者集中审查。进一步完善外资并购管理规定，建立健全外资并购国内企业国家安全审查制度，鼓励和规范外资以参股、并购方式参与国内企业改组改造和兼并重组，维护国家安全。

六、加强对企业兼并重组工作的领导

建立健全组织协调机制，加强对企业兼并重组工作的领导。由工业和信息化部牵头，发展改革委、财政部、人力资源社会保障部、国土资源部、商务部、人民银行、国资委、税务总局、工商总局、银监会、证监会等部门参加，成立企业兼并重组工作协调小组，统筹协调企业兼并重组工作，研究解决推进企业兼并重组工作中的重大问题，细化有关政策和配套措施，落实重点产业调整和振兴规划的相关要求，协调有关地区和企业做好组织实施。各地区要努力营造企业跨地区、跨行业、跨所有制兼并重组的良好环境，指导督促企业切实做好兼并重组有关工作。

附件：促进企业兼并重组任务分工表

国务院

二○一○年八月二十八日

附件：

促进企业兼并重组任务分工表

序号	工　作　任　务	牵头单位	参加单位
1	清理取消阻碍企业兼并重组的规定。	工业和信息化部	各省、自治区、直辖市人民政府
2	放宽民营资本的市场准入。	工业和信息化部	发展改革委、国土资源部、工商总局、银监会等
3	完善和落实企业兼并重组的税收优惠政策。	财政部	税务总局
4	鼓励商业银行开展并购贷款业务，扩大贷款规模。鼓励商业银行对兼并重组后的企业实行综合授信。通过并购贷款、境内外银团贷款、贷款贴息等方式支持企业跨国并购。	银监会、人民银行	发展改革委、工业和信息化部、财政部
5	积极探索设立专门并购基金等兼并重组融资新模式，完善股权投资退出机制。支持符合条件的企业通过发行股票、债券、可转换债等为兼并重组融资。	证监会、发展改革委	工业和信息化部、财政部
6	在中央国有资本经营预算中设立专项资金，支持中央企业兼并重组。	财政部	国资委、发展改革委、工业和信息化部、商务部
7	鼓励地方人民政府通过财政贴息、信贷奖励补助等方式，激励商业银行加大对企业兼并重组的信贷支持力度。有条件的地方可设立企业兼并重组专项资金。	各省、自治区、直辖市人民政府	

续表

序号	工 作 任 务	牵头单位	参加单位
8	进一步推进资本市场企业并购重组的市场化改革，健全市场化定价机制，完善相关规章及配套政策，支持企业利用资本市场开展兼并重组。鼓励上市公司以股权、现金及其他金融创新方式作为兼并重组的支付手段。	证监会	发展改革委、财政部、商务部、人民银行、银监会
9	完善土地使用优惠政策。	国土资源部	财政部
10	加大对兼并重组企业技术改造支持力度。支持有条件的企业建立企业技术中心。鼓励和引导企业通过兼并重组淘汰落后产能，切实防止以兼并重组为名盲目扩张产能和低水平重复建设。	发展改革委、工业和信息化部	财政部
11	研究债务重组政策措施，支持资产管理公司、创业投资企业、股权投资基金、产业投资基金等机构参与被兼并企业的债务处置。	财政部	发展改革委、人民银行、国资委、银监会
12	制订完善相关政策措施，继续支持国有企业实施主辅分离、辅业改制和分流安置富余人员。	财政部、国资委	人力资源社会保障部
13	落实积极的就业政策，促进下岗失业人员再就业。	人力资源社会保障部、财政部，各省、自治区、直辖市人民政府	国资委

续表

序号	工　作　任　务	牵头单位	参加单位
14	建立促进境内外并购活动的公共服务平台	工业和信息化部	发展改革委、商务部、证监会
15	发挥境内银行、证券公司等金融机构在跨国并购中的咨询服务作用，指导和帮助企业制定境外并购风险防范和应对方案。	商务部	银监会、证监会、工业和信息化部、发展改革委等
16	督促企业严格执行有关法律法规和政策，规范操作程序，加强信息披露。有效防范和打击内幕交易和市场操纵行为，防止恶意收购，防止以企业兼并重组之名甩包袱、偷逃税款、逃废债务，防止国有资产流失。	工业和信息化部	发展改革委、财政部、商务部、国资委、人民银行、税务总局、工商总局、银监会、证监会
17	深入研究企业兼并重组中可能出现的各种矛盾和问题，加强风险评估，制定相应的应对预案。	工业和信息化部	发展改革委、财政部、人力资源社会保障部、商务部、人民银行、国资委、银监会、证监会
18	对达到经营者集中法定申报标准的企业兼并重组，依法进行经营者集中审查。	商务部	发展改革委、工业和信息化部、国资委等
19	完善相关管理办法，加强和完善对重大的企业兼并重组交易的管理。	工业和信息化部	发展改革委、财政部、商务部、国资委、证监会
20	建立企业兼并重组工作部际协调机制。	工业和信息化部	发展改革委、财政部、人力资源社会保障部、国土资源部、商务部、人民银行、国资委、税务总局、工商总局、银监会、证监会等

国家科技支撑计划管理办法

国科发计〔2011〕430号

第一章　总　则

第一条　依据《中华人民共和国科学技术进步法》，为贯彻落实《国家中长期科学和技术发展规划纲要（2006—2020年）》（以下简称《纲要》），加强国家科技支撑计划（以下简称“支撑计划”）的规范化、科学化管理，特制定本办法。

第二条　支撑计划面向国民经济和社会发展的重大科技需求，落实《纲要》重点领域及优先主题的任务部署，坚持自主创新，突破关键技术，加强技术集成应用和产业化示范，重点解决战略性、综合性、跨行业、跨地区的重大科技问题，培养和造就一批高水平的科技创新人才和团队，培育和形成一批具有国际水平的技术创新基地，为加快推进经济结构调整、发展方式转变和民生改善提供强有力的科技支撑。

第三条　支撑计划重点支持能源、资源、环境、农业、材料、制造业、交通运输、信息产业与现代服务业、人口与健康、城镇化与城市发展、公共安全及其他社会事业等领域的研发与应用示范。

第四条　支撑计划按照“竞争、公开、择优、问责”的原则组织实施，坚持需求牵引，突出重点；统筹协调，联合推进；权责明确，规范管理。在实施机制中突出企业技术创新的主体地位，促进产学研用紧密结合。

第五条　支撑计划实行保密制度、回避制度、信用管理制度和公示制度，课题任务的组织实施强化法人管理责任制；逐步建立支撑计划绩效评价体系，对计划参与主体加强监督，实行责任追究制度。

第六条 科学技术部（以下简称“科技部”）建立国家科技计划管理信息系统，加强国家科技计划的信息化管理，推动科技资源的合理配置和共享。

第七条 科技部会同财政部制定支撑计划管理办法。科技部负责支撑计划的组织实施，设项目和课题两个层次。项目采取有限目标、分类指导、滚动立项、分年度实施的管理方式，实施周期为三至五年。

第二章　组　织

第八条 科技部负责支撑计划总体实施的组织、管理和监督，其主要职责是：

（一）负责支撑计划的总体设计和发展战略研究；

（二）制定有关管理办法；

（三）建立国家科技计划备选项目库，汇总提出、审定项目立项建议，确定项目组织单位，组织项目可行性论证，批复立项；

（四）编制年度计划；

（五）指导并督促支撑计划的实施，协调并处理项目执行中的重大问题；

（六）组织项目验收；

（七）汇总登记项目产生的科技成果，按规定加强管理；

（八）建立国家科技计划管理信息系统。

第九条 项目组织单位为国务院有关部门（单位）、有关地方科技厅（委、局）和其他具备组织协调能力的单位或组织，对项目目标的完成及实施效果负责，其主要职责是：

（一）按要求组织编制项目可行性研究报告；

（二）负责项目的任务分解，组织课题可行性论证，按照“公开、公平、公正”的原则，择优确定课题承担单位和项目最终技术或产品集成的负责单位，组织签订课题任务书；

（三）落实项目约定支付的除财政资金以外的其他渠道经费及相关保障条件；

（四）组织项目（课题）的实施，监督、检查课题的执行情况和经费使用情况，按要求汇总、报告项目年度执行情况及有关信息报表，协调并处理项目（课题）执行过程中出现的有关问题；

（五）按要求准备项目验收的有关文件资料，进行成果登记并对项目所形成的成果资料（包括技术报告、论文、数据、评价报告等）进行汇交和归档。按照有关政策法规加强管理，推动支撑计划成果的知识产权保护和转化应用。

第十条 课题承担单位为具有较强科研能力和条件、运行管理规范、在中国大陆境内注册的、具有独立法人资格的企业、科研院所、高等院校等，按法人管理责任制要求对课题任务的完成及实施效果负责，主要职责是：

（一）按照项目可行性论证报告编写课题任务书；

（二）按照签订的课题任务书所确定的各项任务，组织研究队伍，落实自筹投入及有关保障条件，完成课题预定的目标；

（三）按规定管理使用课题经费；

（四）按要求编报课题年度执行情况和有关信息报表，及时报告课题执行中出现的重大问题，提交课题验收的全部文件资料；

（五）在课题实施前与各参与单位签订协议，明确课题执行中产生的知识产权及成果归属，按照有关政策法规，保护各方权益。

第十一条 充分发挥专家在支撑计划的项目立项、实施监督、验收、经费预算等环节中的咨询作用；参与支撑计划的专家从国家科技计划专家库中随机抽取，专家对咨询结果的公正性、科学性负责；建立和完善专家遴选、使用、回避和信用制度。

第十二条 科技服务机构接受委托，开展专利查新、评估、过程管理等工作，对工作结果的科学性、公正性负责。

第三章 立 项

第十三条 支撑计划立项的基本要求：

（一）符合支撑计划的定位及支持重点；

（二）项目目标任务明确具体，技术指标可考核，三到五年能够完成，并能形成具有自主知识产权的成果或相关技术标准；

（三）项目前期研究基础较好，组织实施机制和配套条件有保障，实施方案和经费配置合理、科学、可操作；

（四）能够带动人才、基地发展，项目完成后成果能够转化应用。

第十四条 科技部根据国家目标及战略重点，加强顶层设计和统筹布局，确定年度支持重点并发布备选项目征集指南，结合国务院各有关部门、地方科技厅（委、局）、国家级行业协会、产业技术创新战略联盟等科技需求，建立健全国家科技计划备选项目库。备选项目库是年度计划编制的主要来源。

第十五条 科技部组织专家通过网络视频方式对备选项目进行评审，对于研究内容重要、研究目标明确、技术路线可行、研究队伍强、研究基础和条件好的备选项目择优入库。

第十六条 科技部根据《纲要》确定的重点领域和优先主题，结合国家五年科技规划、五年科技专项规划、部际合作、部省会商等确定的重点任务，会同部门、地方及有关方面，从备选项目库中凝练、整合，提出符合年度支持重点的备选项目建议。

第十七条 科技部组织专家，对提出的备选项目建议进行综合咨询，确定立项项目、项目组织单位等。

第十八条 项目组织单位组织编写项目可行性研究报告，提出项目具体目标、任务分解、项目实施运行机制等。

第十九条 项目组织单位根据论证意见，从科技部备选项目库中择优确定课题承担单位；对于目标任务明确、课题承担单位优势特别明显的项目，可以采取定向委托的方式确定课题承担单位。项目组织单位系统外的单位承担项目的财政资金所占比例，原则上不低于40%。

第二十条 对于具有明确产品导向和产业化前景的项目（课题），企业应作为实施主体，以企业投入为主。企业承担或参与项目（课题）的条件：

（一）符合课题承担单位要求的基本条件；

（二）产学研联合实施的项目（课题），企业应与其他机构事先签署具有法律约束力的协议，明确任务分工及知识产权归属和利益分配机制；

（三）通过项目（课题）实施获取的共性技术成果，企业有义务通过多种方式向本行业进行扩散；

（四）其自筹经费应不低于国拨经费。

第二十一条 鼓励产业技术创新战略联盟申报、组织和承担支撑计划项目。

第二十二条 科技部按照财政预算管理要求，形成项目（课题）预算安排建议报财政部批复。

第二十三条 科技部批复项目立项。项目组织单位根据批复意见，与课题承担单位签订课题任务书，经科技部审核后实施。

第二十四条 建立支撑计划应急反应机制。对影响国民经济与社会发展的突发性事件，如果具有紧迫的、重大的科技需求，科技部可商有关部门、地方直接论证立项，组织实施。

第二十五条 项目（课题）的可行性研究应将知识产权分析作为重要内容，并提交本技术领域的知识产权分布、发展趋势和本项目（课题）研究与产业化的知识产权对策等分析报告，把自主知识产权的获取作为项目（课题）的重要考核目标之一。

第二十六条 支撑计划把形成技术标准作为组织实施项目（课题）的重要目标之一。优先支持有助于形成国家经济社会发展急需的、可显著提高产业国际竞争力的、形成我国重要技术性贸易措施的技术标准项目（课题）。

第二十七条 支撑计划落实《国家中长期人才发展规划纲要（2010—2020年）》精神，把创新人才培养作为重要目标，加强与创新人才推进计划的衔接，统筹项目实施、人才团队培养和研究开发基地建设工作。

第二十八条 建立公示制度。在遵守国家保密规定的前提下，对项目（课题）的立项等信息及时向社会公开。

第二十九条 严禁同一项目（课题）在不同的国家科技计划、公益行业科研专项等中重复申报立项。对于重复申报和课题申请单位弄虚作假、伪造申请材料或证明材料的，一经发现，将按照信用管理的有关规定执行。

第四章 实施与监督检查

第三十条 项目组织单位负责项目的具体组织实施工作。按照项目批复要求和课题任务书，检查、督促并落实项目（课题）的相关保障条件，确保项目（课题）按计划执行。

第三十一条 支撑计划项目实行年度报告制度。课题承担单位按要求编制年度计划执行情况报告并上报有关信息报表，项目组织单位汇总后于每年11月15日前上报科技部；执行期在当年度不足三个月的项目可在下一年度一并上报。年度报告是项目（课题）下一年度调整、撤销和拨款的重要依据。

第三十二条 加强对项目（课题）实施的管理、监督和评估。科技部委托相关事业单位或第三方科技服务机构对项目（课题）执行情况、组织管理、保障条件落实、经费管理、预期前景等进行独立的评估监督。项目过程管理实行项目专员制。对于围绕国家重大任务实施的项目，可采取设立项目专员或专家总体组等方式加强项目实施过程管理。具体按照有关规定执行。

第三十三条 项目（课题）在实施过程中出现下列情况的，应及时调整或撤销：

（一）市场、技术等情况发生重大变化，造成项目（课题）原定目标及技术路线需要修改；

（二）自筹资金或其他条件不能落实，影响项目（课题）正常实施；

（三）项目（课题）所依托的工程建设或装备开发已不能继续实施；

（四）技术引进、国际合作等发生重大变化导致研究工作无法进行；

（五）项目（课题）的技术骨干发生重大变化，致使研究工作无法正常进行；

（六）由于其他不可抗拒的因素，致使研究工作不能正常进行。

第三十四条 需要调整或撤销的项目（课题），由项目组织单位提出书面意见，报科技部核准后执行。必要时，科技部可根据实施情况、评估意见等直接进行调整。

第三十五条 支撑计划撤销的项目（课题），项目组织单位应当对已开展工作、经费使用、已购置设备仪器、阶段性成果、知识产权等情况做出书面报告，同时报科技部核查备案。

第三十六条 项目（课题）接受组织管理或实施部门、第三方科技服务机构、项目专员等的指导、检查和监督。

第三十七条 支撑计划实行责任追究制度，对参与计划管理和实施的人员、单位发生的违规违纪行为，追究其相应责任。

（一）对于出现玩忽职守、以权谋私、弄虚作假等行为的管理人员，一经查实，视情节轻重给予批评教育，或由纪检监察部门依照有关规定对其给予行政（纪律）处分。

（二）对于在项目（课题）申请、评审、执行和验收过程中发现的弄虚作假、徇私舞弊、剽窃他人科技成果等科研不端行为，以及违规操作或因主观原因未能完成课题任务并造成损失的科研单位或个人，一经查实，视情节轻重给予通报批评、终止项目（课题）任务并追回专项经费、取消其一定时期内申请国家科技计划任务的资格等处理；构成违纪的，由纪检监察部门依照有关规定对其给予行政（纪律）处分。

（三）对不按时上报年度报告材料或信息，以及不按规定接受监督检查的项目（课题），科技部可采取缓拨、减拨、停拨经费等措施，要求项目组织单位和课题承担单位限期整改。整改不力的项目（课题），视情节分别给予通报批评、追回已拨付经费、取消其一定时期内参与支撑计划活动资格等处理。

第三十八条 加强信用管理，对项目组织单位、课题承担单位及课题责任人、专家、科技服务机构等在实施支撑计划中的信用情况进行客观记录，并作为其参与国家科技计划活动的重要依据。

第五章 项目验收

第三十九条 科技部组织支撑计划项目验收。项目验收以项目批复确定的任务考核指标为依据；项目验收工作应在规定执行期结束后半年内完成。

第四十条 对项目在执行期结束后半年仍不能接受验收的，科技部将对有关单位或责任人进行通报。项目因故不能按期完成的，项目组织单位应提前三个月申请延期，经科技部批准后按新方案执行；如未能批准，项目仍需按原定期限进行验收。

第四十一条 验收工作可采取组织专家组或委托具有相应资质的科技服务机构进行。根据项目特点，可采取会议审查验收、网络评审验收、实地考核验收等多种方式进行，并形成验收结论意见。

第四十二条 支撑计划项目验收结论分为通过验收、不通过验收。

（一）项目目标和任务已按照考核指标要求完成，经费使用合理，为通过验收。

（二）凡具有下列情况之一，为不通过验收：

1. 项目目标任务完成不到85%；

2. 所提供的验收文件、资料、数据不真实，存在弄虚作假；

3. 未经申请或批准，课题承担单位、课题负责人、考核指标、研究内容、技术路线等发生变更；

4. 超过项目批复规定的执行期半年以上未完成，并且事先未做出说明；

5. 经费使用存在严重问题。

第四十三条 因提供的验收文件资料不翔实、不准确等原因导致验收意见争议较大，或项目的成果资料未按要求进行归档和整理，或研究过程及结果等存在纠纷尚未解决，需要复议。需要复议的项目，应在首次验收后的半年内，针对存在的问题做出改进或补充材料后，再次组织验收。若未按规定时限要求进行改进或补充材料，视同不通过验收。

第四十四条 项目验收结论由科技部书面通知项目组织单位。除有保密要求外，项目验收结论及成果应向社会公示。

第四十五条 未通过验收的项目，科技部将对有关单位或责任人进行通报。其中，因违反有关政策法规和科技计划管理制度未通过验收的，取消其五年内承担支撑计划项目的资格。

第六章　知识产权、技术标准与成果

第四十六条 加强支撑计划成果和知识产权的管理与保护，鼓励支撑计划成果的转让和转化。支撑计划取得的成果要按照《科技成果登记办法》等有关规定进行登记和管理。支撑计划的知识产权管理及其产生的知识产权归属和利益分配，按照《中华人民共和国科学技术进步法》、国务院办公厅《关于国家科研计划项目研究成果知识产权管理的若干规定》和科技部《关于加强国家科技计划知识产权管理工作规定》等执行。

第四十七条 支撑计划根据《科技计划支持重要技术标准研究与应用的实施细则》的要求，鼓励、引导对形成技术标准的成果集成示范和转化应用。

第四十八条 对于涉及国家秘密的项目及取得的成果，按照《科学技术保密规定》执行。

第四十九条 项目组织单位和课题承担单位，在项目和课题启动实施前，应与各参与单位通过正式协议约定成果和知识产权的权益分配，不得有恶意垄断成果和知识产权等行为。如项目组织单位和课题承担单位违反成果和知识产权权益分配约定，在五年内不得参与支撑计划。

第五十条 加强支撑计划的宣传。支撑计划形成的技术、产品、专利和标准等成果的宣传推广，应标注“国家科技支撑计划资助”字样及项目编号，并作为评估或验收时确认依据。

第五十一条 建立规范、健全的项目科学数据和科技报告档案，建立项目科技资源的汇交和共享机制。项目组织单位和课题承担单位按照国家有关科学数据共享的规定，按时上报项目（课题）有关数据和成果。建立健全支撑计划项目数据和成果库，实现信息公开、资源共享。

第七章 附 则

第五十二条 支撑计划经费管理办法另行制定。

第五十三条 本办法自发布之日起施行，原《国家科技支撑计划暂行管理办法》（国科发计字〔2006〕331 号文件）同时废止。

第五十四条 本办法由科技部、财政部负责解释。

新闻出版总署、环境保护部关于实施绿色印刷的公告

（新闻出版总署公告2011年第2号）

为推动我国生态文明、环境友好型社会建设，促进印刷行业可持续发展，根据《中华人民共和国环境保护法》和《印刷业管理条例》的有关规定，新闻出版总署和环境保护部决定共同开展实施绿色印刷工作。现将有关事项公告如下：

一、实施绿色印刷的指导思想

认真贯彻党的十七大、十七届五中全会精神，深入学习实践科学发展观，坚持“以人为本”的宗旨，本着“全面推进、重点突破、创新机制、加强监管”的原则，通过在印刷行业实施绿色印刷战略，促进印刷行业发展方式的转变，加快建设印刷强国，推动生态文明、环境友好型社会建设。

二、实施绿色印刷的范围和目标

（一）实施绿色印刷的范围

绿色印刷是指对生态环境影响小、污染少、节约资源和能源的印刷方式。实施绿色印刷的范围包括印刷的生产设备、原辅材料、生产过程以及出版物、包装装潢等印刷品，涉及印刷产品生产全过程。

（二）实施绿色印刷的目标

通过在印刷行业实施绿色印刷战略，到“十二五”期末，基本建立绿色印刷环保体系，力争使绿色印刷企业数量占到我国印刷企业总数的30%，印刷产

品的环保指标达到国际先进水平，淘汰一批落后的印刷工艺、技术和产能，促进印刷行业实现节能减排，引导我国印刷产业加快转型和升级。

三、实施绿色印刷的组织管理

为加强对实施绿色印刷工作的组织领导，新闻出版总署和环境保护部决定共同成立实施绿色印刷工作领导小组，负责统一领导实施工作，统筹协调有关部门，督促检查工作进展。

领导小组组长由两部门主管副部级领导担任，日常工作由新闻出版总署印刷发行管理司和环境保护部科技标准司承担。

四、绿色印刷标准

绿色印刷标准是实施绿色印刷、评价绿色印刷成果的技术依据，绿色印刷标准由环境保护部和新闻出版总署共同组织制定，由环境保护部以国家环境保护标准《环境标志产品技术要求　印刷》的形式发布。绿色印刷标准对印前、印刷和印后过程的资源节约、能耗降低、污染物排放、回收利用等方面以及使用的原辅材料提出相关要求，特别是针对印刷产品中的重金属和挥发性有机化合物等危害人体健康的有毒有害物质提出控制要求。

环境保护部已于2011年3月2日发布了国家环境保护标准《环境标志产品技术要求　印刷　第一部分　平版印刷》（HJ 2503－2011）。今后根据工作进展情况，将陆续制定发布相关标准。各级新闻出版和环境保护行政主管部门应做好标准的宣传贯彻工作。

五、绿色印刷认证

实施绿色印刷工作的重要途径是在印刷行业开展绿色印刷环境标志产品认证（以下简称绿色印刷认证）。绿色印刷认证按照“公平、公正和公开”原则进行，在自愿的原则下，鼓励具备条件的印刷企业申请绿色印刷认证。国家对获得绿色印刷认证的企业给予项目发展资金、产业政策和管理措施等的扶持和倾斜。

六、实施绿色印刷的工作安排

（一）*启动试点阶段*

2011年，在印刷全行业动员和部署实施绿色印刷工作。各地要深入学习和宣传国家环境保护标准《环境标志产品技术要求　印刷　第一部分　平版印刷》；有条件的地区和企业要针对青少年儿童紧密接触的印刷品特别是在中小学教科书上率先进行绿色印刷试点；鼓励骨干印刷企业积极申请绿色印刷认证。

（二）深化拓展阶段

2012 年至 2013 年，在印刷全行业构筑绿色印刷框架。陆续制定和发布相关绿色印刷标准，逐步在票据票证、食品药品包装等领域推广绿色印刷；建立绿色印刷示范企业，出台绿色印刷的相关扶持政策；基本实现中小学教科书绿色印刷全覆盖，加快推进绿色印刷政府采购。

（三）全面推进阶段

2014 年至 2015 年，在印刷全行业建立绿色印刷体系。完善绿色印刷标准；绿色印刷基本覆盖印刷产品类别，力争使绿色印刷企业数量占到我国印刷企业总数的 30%；淘汰一批落后的印刷工艺、技术和产能，促进印刷行业实现节能减排，引导我国印刷产业加快转型和升级。

七、实施绿色印刷的配套保障

（一）宣传引导

新闻出版总署和环境保护部决定每年 11 月第一周为“绿色印刷宣传周”。各地要结合自身实际，大力宣传我国实施绿色印刷战略、推进绿色印刷的措施和成效，开展多种形式的宣传教育活动，普及绿色印刷知识，提高全社会的绿色印刷意识。引导印刷企业及印刷设备、原辅材料生产企业积极履行社会责任，大力推动节能环保体系建设。统筹协调组织好“绿色印刷在中国”等系列活动。

（二）教育培训

结合绿色印刷标准实施，对相关行政主管部门、行业协会和企业人员开展多层次、多形式的教育培训工作，提高政府行政管理人员的监督管理能力，提高行业协会工作人员的指导协调能力，提高检测机构和企业内部人员的技术保障能力，增强全行业从业人员的绿色印刷意识。

（三）政策扶持

新闻出版总署和环境保护部将与有关部门和地区研究出台绿色印刷的扶持

政策，鼓励有关企业、科研机构和高等院校建立产学研相结合的实施绿色印刷的新模式，对实施绿色印刷取得突出业绩的部门和企业进行奖励。各地要结合自身实际，研究出台对绿色印刷的扶持政策。

（四）监督检查

各级新闻出版和环境保护行政主管部门要高度重视实施绿色印刷工作，抓好工作落实；相关检测机构要根据有关标准做好绿色印刷质量检测工作。新闻出版总署和环境保护部将对各地实施绿色印刷工作的情况进行督促检查，建立健全责任制和责任追究制，逐步完善绿色印刷管理的长效机制。

特此公告。

新闻出版总署

环境保护部

二〇一一年十月八日

国家印刷复制示范企业管理办法

新出政发〔2011〕18 号

第一条 为贯彻落实国务院印发的《文化产业振兴规划》提出的建设一批印刷复制产业示范基地的要求，对印刷复制企业分类实施综合评估，规范国家印刷复制示范企业的建立和管理，充分发挥国家印刷复制示范企业在转变发展方式、调整产业结构、提升行业素质等方面的引导和辐射作用，将我国建设成为世界印刷强国，特制定本办法。

第二条 国家印刷复制示范企业，是指资质合格、遵纪守法、管理规范、技术先进、产品优质、业绩突出、创新节能、人才聚集、诚信经营，在全国具有示范作用的骨干印刷复制企业或者企业集团。

第三条 建立国家印刷复制示范企业的宗旨，是通过对具有示范作用的骨干印刷复制企业或者企业集团的认定、挂牌、扶持和宣传，进一步优化产业结构、培育优势企业，加快自主创新和技术进步，鼓励节能减排，倡导绿色印刷，引导整个产业实现转型和升级。

第四条 新闻出版总署负责制定国家印刷复制示范企业总量、结构、布局的全国规划，对国家印刷复制示范企业进行审核、认定和管理。各省、自治区、直辖市新闻出版行政主管部门负责对国家印刷复制示范企业进行初审、申报和日常管理。

第五条 国家印刷复制示范企业的规划目标，是从 2012 年开始，到“十二五”期末，在全国范围内建立 100 家左右“国家印刷示范企业”和 10 家左右“国家光盘复制示范企业”，国家印刷复制示范企业的引导作用和辐射效应明显显现，骨干印刷复制企业国际竞争力明显增强，产业分工合理，区域协调发展，形成相对完善的现代化印刷复制产业体系。

第六条　国家印刷复制示范企业必须具备的条件：

（一）合法经营方面

印刷复制企业模范遵守《出版管理条例》《印刷业管理条例》《音像制品管理条例》以及《复制管理办法》等法规和规章，没有盗版盗印等不良记录，近三年内未被新闻出版行政主管部门给予过行政处罚。

（二）规模效益方面

印刷复制企业主要经济效益指标及全员劳动生产率居国内同行业前列，在最近三个财务审计年度实现赢利。其中，印刷企业资产总额3亿元以上（主营出版物印刷企业或者数字印刷企业1亿元以上），年度销售收入5亿元以上（主营出版物印刷企业或者数字印刷企业2亿元以上），或者近三年销售总收入10亿元以上（主营出版物印刷企业或者数字印刷企业5亿元以上）且其间年度增长率均值超过20%，年度上缴税收1000万元以上；只读类光盘复制企业年度产量1亿片以上，销售收入1.2亿元以上，年度上缴税收500万元以上；可录类光盘生产企业年度产量2.5亿片以上，销售收入2.8亿元以上，年度上缴税收1000万元以上。

（三）技术装备方面

印刷复制企业关键生产设备居行业先进水平。其中，印刷企业拥有多色高速、自动、联动等先进技术设备，或者在数字印刷、柔印、印刷设备数字化自动控制、数字资产管理、数字直接制版、数字化工作流程等方面具备较强实力；光盘复制企业拥有DVD、DVDR或者高清光盘生产线以及配套的检测设备。

（四）创新研发方面

印刷复制企业研发投入达到销售收入的一定比重。其中，印刷企业研发投入占销售收入比重不低于1%，光盘复制企业研发投入占销售收入比重不低于4%。印刷复制企业建有国家级或省级企业技术中心或者研发机构，企业持有授权专利，且持有数量居国内同行业前列。印刷复制企业在新产品拓展、产业链延伸、商业模式探索等方面有实质性创新和相对成熟的创新成果。

（五）管理体系方面

印刷复制企业建立了规范的现代产权制度和科学的管理机制；通过了质量管理体系认证，按照国际与国内先进标准组织生产，产品质量经检测符合有关标准；建立了基于网络的企业管理信息化系统；企业安全生产管理体系完善，责任制健全，近三年内未发生重大安全生产事故。

（六）绿色环保方面

印刷复制企业积极开展绿色生产，通过环境管理体系及相关国际绿色认证；推行清洁生产审核；使用的各种原辅材料符合国际标准，应用节能减排、清洁生产的设备、材料与工艺；排放、节能等指标符合国家环保标准。其中，印刷企业能够达到国家绿色环保印刷标准的要求。

（七）人才队伍方面

印刷复制企业具有较强的经营管理和技术研发队伍。其中，印刷企业大专以上学历或者中级以上（含中级技工以上）职称人员人数比例不低于 70%，高级技术人员（含技师以上）比例不低于 20%；光盘复制企业大专以上学历或者中级以上职称人员人数比例不低于 90%，技术人员比例不低于 20%。

（八）地方扶持方面

印刷复制企业所在地省、自治区、直辖市对建立国家印刷复制示范企业给予了切实可行的扶持政策和措施。

第七条 为鼓励印刷企业“走出去”，对具备以下条件的印刷企业可以认定为国家印刷示范企业：印刷企业年度承接境外印刷加工业务占企业全面主营业务量的 30% 以上，且年度对外加工业务营业额达到 2000 万美元；企业的总资产报酬率应高于同期银行贷款利率；企业应不欠税、不欠工资，不欠社会保险金，企业资产负债率一般应低于 60%，企业银行信用等级在 AA 级以上（含 AA 级)。在同行业中企业的产品质量、产品科技含量、新产品开发能力居领先水平，原料综合利用率高，主营业务符合国家产业政策、环保政策和质量管理标准体系。

第八条 国家印刷复制示范企业实行自愿申请、初审、终审和认定的程序。凡符合本办法第六条或者第七条要求的印刷复制企业，均可申请建立成为国家印刷复制示范企业。

第九条 印刷复制企业应当向所在地县、市新闻出版行政主管部门提交《国家印刷复制示范企业申请表》（见附表），经所在地县、市新闻出版行政主管部门核实确认后，报送所在地省、自治区、直辖市新闻出版行政主管部门初审。审核同意后，由各省、自治区、直辖市新闻出版行政主管部门向新闻出版总署报送书面报告以及有关申请材料。报告要同时载明地方给予的扶持政策和措施。

第十条 新闻出版总署组织评审专家组，对各省、自治区、直辖市新闻出版行政主管部门申报的国家印刷复制示范企业进行考核和终审。

通过考核和终审的印刷复制企业在新闻出版总署门户网站上进行公示，公示期为7天。

通过公示的印刷复制企业，由新闻出版总署认定为国家印刷复制示范企业，授予“国家印刷示范企业”或者“国家光盘复制示范企业”的称号，颁发牌匾和证书，并通过媒体向社会公告。

第十一条 经过认定的国家印刷复制示范企业，新闻出版总署建议其所在地人民政府给予扶持和奖励。国家印刷复制示范企业享有以下方面的优惠扶持：

（一）项目资金方面

新闻出版总署对认定成为国家印刷复制示范企业的印刷复制企业优先给予产业发展项目和发展资金的支持。

（二）产业政策方面

认定成为国家印刷复制示范企业的中外合资、中外合作出版物印刷企业、其他印刷品印刷企业或者只读类光盘复制企业，外方可以控股或者占主导地位，但中方比例或者权益不得低于30%。

（三）管理措施方面

认定成为国家印刷复制示范企业的印刷复制企业，在接受委托印刷复制境外的印刷复制产品时，各省、自治区、直辖市新闻出版行政主管部门在保证文化安全的基础上，可以根据管理实际，适当简化审批程序，提高审批效率。

（四）评选奖励方面

中国出版政府奖（印刷复制奖）、全国文化重点出口企业、全国文化高新技术企业等的评定，在同等条件下，优先考虑被认定成为国家印刷复制示范企业的印刷复制企业。

（五）进口设备方面

认定成为国家印刷复制示范企业的光盘复制企业，可以进口境外性价比高且使用年限不足3年的光盘复制生产设备，但进口各种类型设备的总数量不得超过企业原有设备总数量的30%，而且进口设备只限于企业自身使用。

第十二条 新闻出版总署和各省、自治区、直辖市新闻出版行政主管部门对国家印刷复制示范企业进行跟踪管理。根据“目标考核、动态管理、能进能退”的原则，建立并完善国家印刷复制示范企业的年度考核机制。年度考核采取书面考核和现场考评相结合的方式。具体程序为：

（一）国家印刷复制示范企业应当于每年1月底前向所在地省、自治区、直辖市新闻出版行政主管部门提交上年度总结。

（二）各省、自治区、直辖市新闻出版行政主管部门对年度总结材料进行审核后，每年2月底前将本地区国家印刷复制示范企业发展情况、审核意见和有关审核材料报送新闻出版总署。

（三）新闻出版总署组织评审专家组对国家印刷复制示范企业进行考核，确定年度考核结果。对考核结果不合格的，撤销国家印刷复制示范企业称号。

第十三条 新闻出版总署对国家印刷复制示范企业年度考核情况予以通报，通过媒体向社会公告，并发布国家印刷复制示范企业年度发展报告。

第十四条 有下列情形之一的，由新闻出版总署直接撤销国家印刷复制示范企业称号并通过媒体向社会公告：

（一）严重违反《出版管理条例》、《印刷业管理条例》和《音像制品管理条例》有关规定且情节严重的；

（二）发生重大生产安全和质量事故，造成严重后果的；

（三）有其他严重违法违规行为的。

第十五条 本办法由新闻出版总署负责解释。

第十六条 本办法自2012年1月1日起施行。

国家文化科技创新工程纲要

国科发高〔2012〕759号

为深入贯彻党的十七届六中全会精神，落实《国家“十二五”时期文化改革发展规划纲要》部署，充分发挥科技创新对文化发展的重要引擎作用，深入实施科技带动战略，加强文化科技创新，增强文化领域自主创新能力和文化产业核心竞争力，推动文化产业成为国民经济支柱性产业，繁荣发展社会主义文化，制定本纲要。

一、形势与机遇

当今世界，随着世界多极化、经济全球化进程的加快和科学技术的飞速发展，国家和地区之间的竞争态势已发生深刻变化，文化越来越成为世界各国和地区竞争的重要力量。文化产业具有高附加值和高科技含量等新经济特征，已成为当今知识经济的重要组成部分，成为发达国家重要的支柱性产业，在经济增长中发挥着极其重要的作用。科技与文化融合态势突显，主要由数字技术和网络信息技术掀起的高科技浪潮在改造提升传统文化产业的同时，还催生了一大批新的文化形态和文化业态。科技已交融渗透到文化产品创作、生产、传播、消费的各个层面和关键环节，成为文化产业发展的核心支撑和重要引擎。文化产业国际化竞争趋势日益明显，发达国家凭借其优越的经济和技术实力，形成了强大的文化传播体系，其文化产品覆盖全球，国际化竞争日趋激烈，由此也对发展中国家的本土民族文化和价值理念带来冲击。

中华民族具有悠久的传统文化和丰厚的民族文化底蕴。改革开放特别是党的十六大以来，我国文化科技创新能力不断加强，有力促进了文化事业和文化产业发展。然而，从全球文化竞争格局来看，我国文化科技发展仍相对滞后。一方面，文化领域的核心技术和高端系统装备国产化不足、进口依赖度高，造成文化产品制作成本昂贵、文化服务效率低下，制约了文化产业核心竞争力的提高。另一方面，文化和科技融合不足，相关科研成果与文化领域实际需求结合不够紧密，缺乏既通晓高科技又熟谙文化的复合型人才，难以创作出民族文化与高科技手段高度融合的文化精品，影响了中华文化自身的感染力、表现力和传播力。

当前我国已进入全面建设小康社会的关键时期和深化改革开放、加快转变经济发展方式的攻坚时期，文化科技发展正面临重大的战略机遇。首先，推进文化科技创新已成为深化文化体制改革、推动社会主义文化大发展大繁荣的重要任务之一。党的十七届六中全会提出“要发挥文化和科技相互促进的作用，深入实施科技带动战略，增强自主创新能力”。其次，我国文化科技发展具有明显的比较优势：一是我国文化产业具有极大的发展潜力和市场空间。人均GDP 已超过 4000 美元，在物质生活基本满足的条件下，文化消费将成为重要的经济增长点。巨大的人口资源为文化产业提供了广阔的发展空间，同时也为支撑文化产业发展的文化科技创新提供了发挥作用的舞台。二是我国信息网络基础设施已有相当规模和水平，三网融合步伐加快，通过国家科技计划的支持，我国在文化科技相关领域已经积累了一批技术成果，文化和科技融合的国际知名企业不断涌现，为我国文化科技全面发展奠定了良好的基础。三是全球文化产业仍处于发展阶段，相关体系与标准尚未健全，而文化技术体系具有系统性、集成性和应用性的特征。我国有可能在文化装备制造业相对落后的情况下，通过系统集成创新和应用创新，促进文化领域技术和产业体系整体的跨越发展。四是文化产业具有鲜明的区域和民族特色，外来文化难以快速扩张，这一特点非常有利于推动我国文化科技和文化产业的自主发展，并借助我国丰富的文化资源和庞大的文化消费市场，通过文化和科技的融合创新弘扬优秀传统文化，掌握中国文化发展的主导权，提升我国文化科技的国际竞争力。

党的十七届六中全会对推进文化科技创新作出战略部署，为推动社会主义文化大发展大繁荣提供了难得的历史机遇。积极把握我国新时期文化发展的良好契机，加强文化和科技的融合，全面提高文化科技创新能力，提升文化产业核心竞争力，对我国文化发展和科技进步具有十分重大的现实意义和长远的战略意义。

二、指导思想与基本原则

（一）指导思想

以邓小平理论和“三个代表”重要思想为指导，深入贯彻落实科学发展观，深入贯彻落实党的十七届六中全会精神，坚持社会主义先进文化前进方向，深化文化体制改革，推进文化科技创新，加强文化和科技融合，探索建立文化和科技融合路径，全面提升文化科技创新能力，转变文化产业发展方式，推动文化事业和文化产业更好更快发展，解放和发展文化生产力，不断满足人民群众日益增长的精神文化需求。

（二）基本原则

—创新引领、促进融合。科学技术是第一生产力，文化科技创新必须始终把提高自主创新能力摆在突出位置，促进有利于文化和科技有机融合、相互作用、相互促进、共同提高的文化科技创新体系和机制的形成。

市场牵引、应用驱动。文化科技创新要以需求为导向，应用为驱动，市场为牵引，结合文化科技发展的特点，注重对文化各重点领域重大科技需求的分析凝练，结合实际应用，开展技术创新，真正解决文化发展遇到的实际技术难点问题，实现科技创新与文化发展的有机融合。

技术集成、模式创新。科技创新已渗透到文化领域的各个方面，要充分利用已有的现代科技成果和技术积累，加强技术集成创新，提升文化领域的科技含量与技术水平，强化发展模式、服务模式、管理模式的创新，推进文化和相关产业的融合发展。

整合资源、统筹兼顾。推动文化大发展大繁荣是全社会的共同责任，必须凝聚各相关领域的系统力量，发挥整体优势，坚持开放合作，广汲各方资源，创新组织方式，以促进文化产业发展为主线，统筹推进文化事业和文化行政管理的科技进步，实现经济效益与社会效益的和谐统一。

三、总体目标与主要任务

（一）总体目标

围绕促进社会主义文化大发展大繁荣的重大科技需求，深入实施科技带动战略。突破一批共性关键技术，增强自主创新能力，以先进技术支撑文化装备、软件、系统研制和自主发展，提高重点文化领域的技术装备水平；加强文化领域技术集成创新与模式创新，推进文化和科技相互融合，促进传统文化产业的调整和优化，推动新兴文化产业的培育和发展，提高文化事业服务能力，加强科技对文化市场管理的支撑作用；开展文化科技创新发展环境建设，建设一批特色鲜明的国家级文化和科技融合示范基地，培育一批创新能力强的文化和科技融合型领军企业，加强文化领域战略性前沿技术前瞻布局，培养一大批文化科技复合型人才，培育发展以企业技术创新中心、技术创新战略联盟、专业孵化器、大学科技园、工程（技术）研究中心为核心，以科研院所和高校为重要支撑的文化科技创新体系。

到 2015 年，文化科技共性支撑技术取得重要突破，科技对文化产业的带动作用明显提高，以文化和科技融合示范基地为主体的产业化载体建设全面推进，文化事业科技服务能力和文化行政管理科技手段显著增强，文化科技创新体系初步建立，重点文化领域科技支撑水平显著提升，推动文化产业逐步成长为国民经济支柱性产业。

到 2020 年，文化和科技深度融合，科技创新成为文化发展的核心支撑和重要引擎。文化科技发展环境不断完善，文化科技创新充满活力，高素质文化科技人才队伍发展壮大，文化科技创新体系得到完善，文化和科技融合示范基地成为文化产业的重要载体，基本形成带动文化产业发展、推动文化事业进步、规范文化市场秩序的文化科技支撑体系。文化产业成为国民经济支柱性产业。

（二）主要任务

1. 加强文化领域共性关键技术研究

（1）加强文化领域共性技术研究与关键系统装备研制

加强文化领域战略性前沿技术和核心技术研究，提升我国文化科技自主创新能力和国际影响力。面向文化产业和行业发展科技需求，开展文化内容创作、生产、管理、传播与消费等文化产业发展的共性关键技术研究，增强文化领域共性技术支撑能力，提高文化产品的创造力、表现力和传播力。研究文化资源保护开发共享、知识产权保护、文化安全监管、文化诚信评价等文化管理共性技术，提高科技服务能力。开展文化艺术、广播影视、新闻出版网络文化等行业关键设备与集成系统研制，提升文化重点领域关键装备和系统软件国产化水平。

（2）加强文化领域标准规范体系建设

研究制定文化资源统一标识、核心元数据、分类编码和目录体系、数据格式和数据交换等通用技术标准规范，促进文化资源整合和共享。研究制定文化艺术、广播影视、新闻出版、网络文化等重点文化行业技术和服务标准规范，引导和规范相关产业和行业健康发展。

2. 促进传统文化产业的优化和升级

（1）文化艺术

重点围绕演艺、工艺美术等产业发展开展技术创新和应用服务示范。研究增强舞台艺术表现力的声光电综合集成应用技术、基于虚拟现实的舞美设计与舞台布景技术、移动舞台装备制造技术和演出院线网络化协同技术等演艺关键支撑技术，提升文化演出的艺术创作力、感染力、表现力和传播力，调整和优化传统文化演艺产业结构。加强高新技术与陶瓷、漆器、织造、印染、雕刻等中国传统工艺有机结合，研究建立文化艺术品知识数据库，在传承民族传统工艺特色的基础上，推陈出新，焕发生命力。

（2）广播影视

围绕下一代广播电视网、互联网电视、地面数字电视、移动多媒体广播、直播卫星、电影产业科技提升以及融合网络创新服务等广播影视文化产业布局，重点研究下一代广播电视网关键支撑技术，地面数字电视与有线和直播卫星协同覆盖与综合管理技术、影视动漫生产与集成制作技术以及新媒体集成管理与分发传播技术，促进广播电视网升级换代及新技术推广，提升影视制作质量和效率，提高影视装备国产化水平，推进网络与内容协同发展，形成网络互通、内容丰富的广播影视文化传播服务体系。

（3）新闻出版

围绕新闻出版全产业链上的内容资源集成、出版、印刷、发行、版权保护等重点环节开展技术创新与应用示范。加快全媒体资源管理与集成技术、语义分析搜索及自动分类标引技术、多介质多形态内容发布技术、彩色电子纸等新兴数字显示技术的研究，促进传统新闻出版产业的数字化转型升级，形成覆盖网络、手机以及适用于各种终端的数字出版内容生产供给体系；研究数字印刷和绿色环保印刷技术，促进传统印刷设备的升级改造和节能减排；重点支持电子图书、数字报刊、网络原创文学、网络教育出版、数据库出版、手机出版等数字出版新兴业态，提升创新能力；研究数字版权保护关键技术，推动数字出版产业健康发展。

3．推动新兴文化产业的培育和发展

（1）创意设计

加强文化创意设计与展示自主核心技术和装备研发，形成整体技术集成解决方案。构建专业化媒体超算与协同式创意设计云服务平台，面向广告、会展、工艺品等文化创意设计开展社会化服务，提升文化创意设计的表现力和创作力，提高创意设计效率和质量。研发文化主题公园关键技术及装备，形成系统集成解决方案，提升主题公园创意设计自主创新能力和文化旅游应用服务效果。

（2）网络文化

研究网络原创文学、微博、网络剧、微电影等新兴网络文化形态、网络信息集成传播技术及前沿引导技术，研究新兴网络文化创新服务模式，繁荣民间文学、影视、音乐创作与传播。研究基于互联网群体互动的新型文化生活服务集成应用技术，建立网络文化信誉社会监督机制，突破网络社会系统安全监控监管技术，引导新兴网络社交服务业规范健康发展。

（3）推动文化科技与相关产业融合发展

研究文化科技与相关产业融合发展的集成技术，增加相关产业文化科技含量，促进创新文化建设。融合中华民族地理文化资源和旅游资源，构建中华地理风情和民族文化信息资源库，开展红色旅游和我国少数民族地区文化走廊旅游服务应用示范，繁荣文化旅游服务经济。研究新型网络娱乐化学习模式与云服务平台技术，聚合中华传统文化教育学习资源开展应用示范，弘扬中华传统文化和社会主义核心价值观。利用先进技术手段，开展形式多样和内容丰富的高质量科学普及，创新文化产品的创作、生产与传播，提高全社会文化和科学素质。研究动漫游戏与虚拟仿真技术在设计、制造、科普、教育、体育、建筑、旅游、商务等产业领域中的集成应用，加强动漫衍生品综合开发及文化娱乐装备的集成制造，促进动漫创意文化元素与相关产业的融合发展。

4. 提升文化事业服务能力

（1）文化资源传承和保护

加强文化资源数字化保护和开发利用，重点针对文物、典籍、民俗、宗教等各类物质与非物质文化遗产传承和保护的需求，研究突破文化资源数字化关键技术，研究数字文化资源公益服务与商业运营并行互惠的运行模式，整合各类文化机构传统文化资源，开展文化资源数字化公共服务与社会化运营服务示范。开展出土出水文物保存、无损检测及保护技术研究，加强高新技术与传统工艺结合的文物保护与修复方法研究，提高文物保护的安全性、可靠性和科学性。

（2）公共文化服务

结合国家公共文化服务体系建设，加强农家书屋、文化馆、图书馆、博物馆、科技馆等文化公共服务平台的网络化和数字化建设，重点针对农村、边疆少数民族地区、社区及工地等的精神文化生活实际需求，实现对公众文化产品的普惠和精准投放，推动全社会文化共享，提高国民文化消费力。充分利用官方和民间文化交流渠道，聚合国际文化交流资源，构建网络化国际文化交流服务平台，架设国际文化互通的桥梁，弘扬中国传统文化。

（3）文化市场管理

针对多种形态网络环境中各种形式文化内容的传播安全需求，研究文化安全信息监管、文化安全评价及文化传播平台安全管控技术，形成文化安全监管整体技术解决方案，强化文化执法科技手段。完善文化产品评估标准体系，建立版权公共管理与举证服务平台，保护著作权人合法权益。研究文化市场信用和诚信服务评价机制，加强监管，营造诚信经营市场秩序。

5. 加强文化科技创新发展环境建设

（1）加强文化科技创新载体建设

依托国家高新技术产业开发区、国家可持续发展实验区等，建立一批各具特色的国家级文化和科技融合示范基地。重点选择若干文化产业特色突出、条件好的国家高新技术产业开发区，加强文化科技产业集群建设，探索集群式发展、创新链和产业链互动结合的新模式。研究完善促进高技术企业和文化产业发展的相关政策，培育一批带动性强的文化科技创新型领军企业，促进文化产业的集聚发展。加强项目、基地、人才和政策的统筹，加速推进科研成果的产业化。

(2) 加强文化科技创新服务体系建设

以提高文化科技创新能力为目的，建立和完善文化科技创新服务体系。充分利用和整合现有资源，依托高等院校、科研院所及文化科技企业，培育建设若干文化科技国家工程（技术）研究中心，开展文化科技发展战略和政策研究、共性技术研究和国际交流合作，提高文化领域基础科技创新能力。加强文化科技专业孵化器和国家大学科技园建设，促进文化科技成果转化和创新创业人才培养，培育和扶植文化科技类中小企业快速成长。加强产学研用的紧密结合，构建以技术创新型企业、文化综合服务运营商及骨干文化企业为主体的文化技术创新战略联盟。面向文化事业与文化产业发展，加强文化产品与设备测试服务平台建设，建立测试服务体系，提供社会化检测和咨询服务。

(3) 完善文化科技工作体系和统计评价体系

以促进文化科技创新发展为目标，加强部门间的沟通协调，积极探索跨部门合作新机制，鼓励地方科技部门、文化部门建立文化科技协调工作机制，形成有利于文化科技发展的工作体系。加强文化科技工作统计制度、指标体系、调查方法的研究，逐步探索建立一套适用于评价文化科技发展速度、发展水平、发展潜力以及投入产出效益的评价指标体系。加强文化科技创新发展的宣传、知识普及和教育工作，在全社会形成支持文化科技创新发展的良好氛围。

四、保障措施

(一) 建立跨部门、跨地方协调工作机制

文化科技创新工作涉及面广，既有跨部门、跨区域的共性技术研究，又有行业和区域协调的应用示范，需要各方面密切协作，整体规划推进。建立由科技部、中宣部、发改委、教育部、工业和信息化部、财政部、文化部、广电总局、新闻出版总署、国家文物局、中国科学院、中国工程院等部门参加的文化科技创新工程部际联席会议机制，建立专家咨询机制，创新组织方式，加强整体协调，跨部门、跨区域联合推动工程各项具体工作，保障工程的顺利实施。

(二) 完善国家文化科技创新扶持政策

把文化科技重大项目纳入国家相关科技发展规划和计划，予以持续稳定支持，支持开展文化科技创新。文化科技类企业符合相关条件的，按规定享受高

新技术企业税收优惠政策和现行有关鼓励企业技术创新和科技进步的税收优惠政策。支持科研机构和科技企业技术成果向文化企业转移，支持文化企业提升科技研发和技术集成应用能力。

（三）建立健全文化科技投融资体系

综合运用资助、贷款贴息、政府购买服务等中央和地方财政投入支持方式，通过政府资金引导，带动社会资本、金融资本参与文化科技相关领域的研发和产业化。鼓励民间创业投资机构、科技担保机构搭建文化科技投融资服务平台，为文化科技企业提供创业投资、贷款担保和银行融资服务。推动条件成熟的文化科技类企业上市融资。

（四）加强文化科技学科建设与人才培养

加强理工学科与人文、管理学科的交叉融合，支持高校设立文化科技交叉学科，支持科研院所开展文化科技专业研究生培养，培养文化科技融合人才。依托高校、科研院所，建设文化和科技融合的综合性研究中心。依托国家各类人才计划，注重对高端文化科技人才的引进，培养造就专业化、复合型的人才队伍与团队，为文化科技创新的可持续发展提供人才支撑。

（五）积极开展文化科技领域的国际交流与合作

支持文化科技相关高校、科研院所和企业开展国际交流与合作。加强文化科技的引进吸收再创新，提升我国文化科技整体水平。推动建立内地与港澳台在文化科技领域的合作机制，深化双边、多边和区域文化科技合作，提升我国文化科技影响力；支持我国文化科技企业和科研机构主导或参与制定国际标准，推动文化领域自主标准国际化。

文化产业发展专项资金管理暂行办法

财文资〔2012〕4 号

第一章　总　则

第一条　为进一步规范和加强文化产业发展专项资金（以下简称“专项资金”）管理，提高资金使用效益，根据《中华人民共和国预算法》和有关法律法规，制定本办法。

第二条　专项资金由中央财政安排，专项用于提高文化产业整体实力，促进经济发展方式转变和结构战略性调整，推动文化产业跨越式发展。

第三条　专项资金的管理和使用应当体现国家文化发展战略和规划，符合国家宏观经济政策、文化产业政策、区域发展政策及公共财政基本要求，坚持公开、公正、公平的原则，确保专项资金的规范、安全和高效使用。

第四条　财政部负责专项资金预算管理、资金分配和拨付，对资金使用情况进行监督检查。

第二章　支持方向与方式

第五条　专项资金的支持方向：

（一）推进文化体制改革。对中央级经营性文化事业单位改革过程中有关费用予以补助，并对其重点文化产业项目予以支持。

（二）培育骨干文化企业。对中央确定组建的大型文化企业集团公司重点发展项目予以支持，对文化企业跨地区、跨行业、跨所有制联合兼并重组和股改等经济活动予以支持。

（三）构建现代文化产业体系。对国家文化改革发展规划所确定的重点工程和项目、国家级文化产业园区和示范基地建设、文化内容创意生产、人才培养等予以支持，并向中西部地区、特色文化产业和新兴文化业态倾斜。

（四）促进金融资本和文化资源对接。对文化企业利用银行、非银行金融机构等渠道融资发展予以支持；对文化企业上市融资、发行企业债等活动予以支持。

（五）推进文化科技创新和文化传播体系建设。对文化企业开展高新技术研发与应用、技术装备升级改造、数字化建设、传播渠道建设、公共技术服务平台建设等予以支持。

（六）推动文化企业“走出去”。对文化企业扩大出口、开拓国际市场、境外投资等予以支持。

（七）财政部确定的其他文化产业发展领域。

第六条 专项资金支持项目分为重大项目和一般项目，支持方式包括：

（一）项目补助。对符合支持条件的重点发展项目所需资金给予补助。

（二）贷款贴息。对符合支持条件的申报单位通过银行贷款实施重点发展项目所实际发生的利息给予补贴。

（三）保费补贴。对符合支持条件的申报单位通过保险公司实施重点发展项目所实际发生的保费给予补贴。

（四）绩效奖励。对符合支持条件的申报单位按照规定标准给予奖励。

（五）财政部确定的其他方式。

第三章 重大项目

第七条 本办法所称重大项目，是指财政部按照国家文化改革发展规划要求，组织实施的文化产业重点工程和项目。

第八条 财政部根据专项资金支持方向和文化产业发展需要印发年度专项资金重大项目申报通知，符合条件的申请人可按要求进行申报。

第九条 重大项目申请人应当是符合申报通知要求的部门或企事业单位。

第十条 重大项目申请人应按要求提交项目申请书及其他相关材料。申请书包括以下内容：申请人基本情况、项目背景材料、项目目标及主要内容、项目执行进度安排、申请资金额及预算安排、地方财政资金支持情况和其他相关内容。

第十一条 重大项目申请人应按以下程序进行申报：

（一）中央各部门、资产财务关系在财政部单列的中央企业，直接向财政部申报；

（二）中央各部门归口管理的申报单位，由主管部门报财政部；

（三）地方申报单位，由各省、自治区、直辖市、计划单列市财政部门报财政部。

第十二条 财政部负责对重大项目的组织、立项、评审等工作，并根据评审结果研究确定具体支持项目和金额。

第十三条 财政部负责对重大项目的实施情况进行监督检查和追踪问效。

第四章 一般项目

第十四条 本办法所称一般项目，是指申请人按照本办法所确定的支持方向自行申报的文化产业项目。

第十五条 财政部根据专项资金支持方向和文化产业发展需要印发年度专项资金一般项目申报通知，符合条件的申请人可按要求进行申报。

第十六条 一般项目申请人为在中国境内设立的企业，以及从事文化产业相关工作的部门或事业单位。

第十七条 一般项目申请人除需按要求提交资质证明和专项资金申请文件外，还应提供下列材料：

（一）申请项目补助的，需提供项目可行性研究报告以及相关合同等复印件。

（二）申请贷款贴息的，需提供银行贷款合同、贷款承诺书、付息凭证等复印件。

（三）申请保费补贴的，需提供保险合同、保险费发票等复印件。

（四）申请绩效奖励的，需提供相关证明、合同、原始凭证等复印件。

（五）财政部要求提供的其他资料。

第十八条 一般项目申请人应按以下程序进行申报：

（一）中央各部门、资产财务关系在财政部单列的中央企业，直接向财政部申报；

（二）中央各部门归口管理的申报单位，由主管部门报财政部；

（三）地方申报单位向地方财政部门申报，由各省、自治区、直辖市、计划单列市财政部门汇总后报财政部。

（四）企业集团下属单位，通过企业集团统一进行申报。

第十九条 中央各部门负责组织本部门及归口管理单位的一般项目申报工作。各省、自治区、直辖市、计划单列市财政部门负责组织本地区一般项目申报工作。

第二十条 中央各部门和各省、自治区、直辖市、计划单列市财政部门要建立规范的项目审核机制，重点是审核申请人是否具备申请资格；申报程序是否符合要求；申请项目数量是否超出有关限制条件；有关申报文件材料是否真实有效等。

第二十一条 中央各部门和各省、自治区、直辖市、计划单列市财政部门在对申报项目初步审核、遴选的基础上，按规定向财政部汇总报送本部门或本地区申报项目。

第二十二条 财政部组织成立专项资金专家评审委员会，负责审核有关申请材料，重点是项目是否符合国家文化产业政策；项目可行性、实施计划及准备情况；项目投资概算、自筹资金情况、地方财政投入情况等，在此基础上提出扶持项目预算安排建议。

第二十三条 财政部根据专项资金专家评审委员会建议，结合预算管理要求及专项资金规模研究确定具体支持项目和金额。

第五章 资金使用

第二十四条 财政部确定资金分配方案后，按照预算和国库管理规定，及时下达并拨付资金。

第二十五条 专项资金预算一经批复，应严格执行。资金使用单位应按规定报告资金使用情况。

第二十六条 资金使用单位应当按照“专款专用、单独核算、注重绩效”的原则，及时制定内部管理办法，建立健全内部控制制度，加强对专项资金的管理。

第二十七条 财政部建立重点文化产业项目库，对获得补助资金的项目实施跟踪管理。

第二十八条 专项资金结转和结余按照财政部门有关规定执行。

第六章 监督管理

第二十九条 中央各部门和各省、自治区、直辖市、计划单列市财政部门应当建立专项资金监督检查制度，督促资金使用单位及时报告资金使用情况，并于每年 3 月 31 日前将有关材料汇总后报财政部备案。资产财务关系在财政部单列的中央企业，按上述要求直接报财政部备案。

第三十条 资金使用单位应遵守国家财政、财务规章制度和财经纪律，自觉接受财政、审计等部门的监督检查。

第三十一条 财政部驻各地财政监察专员办事处，对专项资金的拨付使用情况及项目实施情况进行监督检查。

第三十二条 财政部对专项资金使用情况进行跟踪检查，根据需要组织或委托有关机构对项目开展绩效评价，检查和评价结果作为以后年度安排资金的重要依据。

第三十三条 项目申请人存在下列情况之一的，不予支持：

（一）申报项目存在重大法律纠纷的；

（二）未按规定报告以往年度专项资金使用情况的；

（三）受补助项目经绩效评价不合格未按要求整改的；

（四）因违法行为被执法部门处罚未满 2 年的；

（五）违反本办法规定，正在接受有关部门调查的。

第三十四条 任何单位和个人不得滞留、截留、挤占、挪用专项资金。对以虚报、冒领等手段骗取专项资金的，一经查实，财政部将收回专项资金，并按《财政违法行为处罚处分条例》（国务院令第 427 号）的相关规定进行处理。

第七章　附　则

第三十五条　本办法由财政部负责解释。

第三十六条　本办法自发布之日起施行，《财政部关于印发〈文化产业发展专项资金管理暂行办法〉的通知》（财教〔2010〕81号）同时废止。

新闻出版总署关于支持民间资本参与出版经营活动的实施细则

(新闻出版总署2012年6月28日发布)

为推动社会主义文化大发展大繁荣，充分调动民间资本参与文化建设，促进出版行业科学发展，根据《国务院办公厅关于鼓励和引导民间投资健康发展的若干意见》(国发〔2010〕13号)，结合出版行业特点，现就支持民间资本参与出版经营活动，提出如下实施细则：

一、继续支持民间资本投资设立印刷复制企业，从事出版物、包装装潢印刷品及其他印刷品、可录类光盘生产和只读类光盘印刷复制经营活动。

二、继续支持民间资本投资设立出版物总发、批发、零售、连锁经营企业，从事图书、报纸、期刊、音像制品、电子出版物等出版产品发行经营活动。

三、继续支持民间资本投资设立网络出版包括网络游戏出版、手机出版、电子书出版和内容软件开发等数字出版企业，从事数字出版经营活动。

四、支持民间资本在党报党刊出版单位实行采编与经营“两分开”后，在报刊出版单位国有资本控股51%以上的前提下，投资参股报刊出版单位的发行、广告等业务，提高市场占有率。

五、支持民间资本投资设立的文化企业，以选题策划、内容提供、项目合作、作为国有出版企业一个部门等方式，参与科技、财经、教辅、音乐艺术、少儿读物等专业图书出版经营活动。

六、支持民间资本通过国有出版传媒上市企业在证券市场融资参与出版经营活动，支持国有出版传媒企业通过上市融资的方式吸收民间资本，实现对民间资本的有序开放。

七、支持民间资本参与“走出去”出版经营，从事图书、报纸、期刊、音像制品、电子出版物等出版产品的出口业务，到境外建社建站、办报办刊、开厂开店等出版发行业务。经批准，对面向境外市场生产销售外语出版物的，可以配置专项出版权。

八、支持民间资本投资成立版权代理等中介机构，开展版权贸易业务。

九、支持民间资本投资设立的文化企业通过所在地区新闻出版行政管理部门申报新闻出版改革和发展项目，申请国家文化产业发展专项资金。

十、支持民间资本参与出版产业园区和产业基地建设，在项目安排、资金支持、税收优惠等方面予以国有资本同等待遇。

支持民间资本参与出版经营活动，对于出版行业持续健康发展具有十分重要的意义。各级新闻出版行政管理部门要认真贯彻落实国发〔2010〕13 号文件精神，继续深化改革，规范市场准入，为民间资本从事出版经营活动提供良好环境和制度保障。要切实加强指导和管理，引导民间投资主体按照国家的法律法规要求，认真履行审批备案程序，依法经营，诚实守信，履行社会责任。要不断提高管理水平，做到依法管理、科学管理、有效管理，确保民间资本参与出版经营活动健康发展。

新闻出版总署关于推进绿色印刷产业发展的通知

新出政发〔2013〕96 号

各省、自治区、直辖市新闻出版局，新疆生产建设兵团新闻出版局，解放军总政治部宣传部新闻出版局：

为贯彻落实党的十八大精神，实现印刷业“十二五”规划目标，发挥绿色印刷对印刷业发展增长的引领作用，在做好绿色印刷推进实施的基础上，现就绿色印刷产业发展有关工作安排通知如下：

一、加快营造绿色印刷发展环境

修改完善《印刷业管理条例》及有关规章，增加推进绿色印刷发展的内容。坚持各部门各地协同配合，尽快出台推进绿色印刷产业发展的政策措施，积极探索绿色印刷发展统计评估制度，建立完善推进绿色印刷发展的有效机制。加强社会宣传，培育绿色印刷发展理念。

二、加大拓展绿色印刷市场力度

今年中小学教科书实施绿色印刷的比例由去年的30%提高到60%以上，有条件的地区争取提前实现全覆盖；鼓励引导更多畅销图书采用绿色印刷。加快推进票据票证领域绿色印刷认证工作，逐步推广票据票证绿色印刷。鼓励印刷企业积极开展食品药品包装绿色印刷的试点工作。

三、重点支持绿色印刷发展项目

项目包括以下 3 类：①为达到绿色印刷认证标准购置环保型印刷设备的项目；②已达标绿色印刷企业扩大产能购置环保型印刷设备的项目；③绿色环保水性油墨的研发与推广项目。各地要将本辖区内规模以上重点印刷企业及相关企业意向实施上述3类项目的情况进行审核汇总，并按照《绿色印刷发展储备项目基本要求》（见附件1），准确填写《绿色印刷发展储备项目一览表》（见附件2），并于2013年4月26日前报送至总局。总局将向有关部门推荐支持重点项目。

四、充分发挥骨干企业示范作用

鼓励国家印刷示范企业强强联合，开展跨地区、跨所有制、跨产业链的兼并重组和资源整合，引导形成以国家印刷示范企业为核心的卫星式绿色印刷发展企业集群。组织印刷企业开展绿色印刷发展观摩学习，系统总结特色发展经验，加快培育一批优势骨干印刷企业。

五、积极鼓励绿色印刷自主创新

围绕绿色印刷发展的重点和难点，在印刷设备改造、加工工艺改进、原辅材料研发、环保环境建设等方面，加快建立以印刷企业为主体、市场需求为导向、产学研用相结合的自主创新体系。鼓励印刷企业建设数字资产管理系统。推广使用我国自主开发的绿色印刷新工艺和新材料。

六、全面加强绿色印刷人才培养

大力实施绿色印刷人才工程，发挥高等院校、科研机构在绿色印刷专业人才培养中的重要作用。加强印刷企业在职人员绿色印刷技能培训。建立健全绿色印刷人才资源管理、开发、流动机制，形成有利于绿色印刷人才培养的体制环境，逐步提高从业人员素质。

绿色印刷是拉动我国印刷业持续发展的重要引擎。要通过认真做好文化产业发展专项资金资助项目的申报工作申请财政扶持，要通过国家印刷示范企业的建设工作发挥政策引导，要通过印刷企业的年度核验工作科学评估成果，切实推动我国印刷业实现绿色发展。各地新闻出版行政主管部门要树立绿色印刷产业发展的“问题意识”，针对发展中的问题，切实履行好发展职责，有关重大情况请及时报送总局。

附件：绿色印刷发展储备项目基本要求

新闻出版总署

二〇一三年四月十日

附件

绿色印刷发展储备项目基本要求

一、项目承担单位基本条件

项目承担单位应是在中国境内依法设立、财务管理制度健全、会计信用和纳税信用良好、具备一定规模实力、成长性好的企业或相关科研机构。同时，项目承担单位还应具备以下条件：

（一）已通过绿色印刷认证的企业，应实现绿色印刷产业化应用，并计划继续扩大绿色印刷产能；正在申请绿色印刷认证的企业，已制定绿色印刷实施规划，并在绿色印刷技术装备改造方面取得显著进展。

（二）印刷企业年产值应在5000 万元以上或年增长率在20% 以上；绿色印刷原辅材料生产企业年产值应在 1 亿元以上；科研机构应具备绿色印刷科研基础设施、人才队伍，并在相关领域取得一定成果，具有良好的产学研合作经验。

二、项目主要内容

此次储备项目主要指围绕绿色印刷所实施的扩大绿色印刷产能、提高节能减排成效、开发环保原辅材料等方面的重点项目，主要包括：

（一）绿色印刷设备购置项目。包括购置具备高效率、低能耗、少排放等环保特性的高端印刷设备、数字化印刷设备以及对现有设备增加环保、节能装置，降低原辅材料和能源消耗的项目。

（二）环保综合改造项目。包括集中供墨、供水系统，废液、废气回收处理系统，废烟气余热回收利用系统，生产环境节能环保系统，数字化生产管理系统等综合型技术改造项目。

（三）环保原辅材料研发及产业化项目。包括印刷成品所涉及的环保纸张、油墨、粘接胶等原辅材料以及生产过程中所使用的各类环保型清洗溶剂等原辅材料的研发及产业化项目。

关于推动新闻出版业数字化转型升级的指导意见

新广出发〔2014〕52号

各省、自治区、直辖市新闻出版广电局、财政厅（局），各计划单列市新闻出版广电局、财政厅（局），新疆生产建设兵团新闻出版广电局、财务局：

面对数字化与信息化带来的挑战与机遇，传统新闻出版业只有主动开展数字化转型升级，才能实现跨越与发展。开展数字化转型升级是进一步巩固新闻出版业作为文化主阵地主力军地位的客观需要，是抢占未来发展制高点、参与国际竞争的重要途径。经过几年的探索和积累，目前新闻出版业已经具备了实现整体转型升级的思想基础、技术基础、组织基础和工作基础，但还存在资源聚集度不高、行业信息数据体系不健全、技术装备配置水平较低、对新技术与新标准的应用不充分、市场模式不清晰、人才不足等问题。为贯彻党的十八大关于加快文化与科技融合的精神，落实《国家"十二五"时期文化改革发展规划纲要》关于"出版业要推动产业结构调整和升级，加快从主要依赖传统纸介质出版物向多种介质形态出版物的数字出版产业转型"的要求，推动新闻出版业健康快速发展，特制定本意见。

一、总体要求

（一）指导思想

深入贯彻落实党的十八大、十八届三中全会精神，充分发挥市场机制作用，通过政府引导、以企业为主体，加速新闻出版与科技融合，推动传统新闻出版业转型升级，提高新闻出版业在数字时代的生产力、传播力和影响力，为人民群众的知识学习、信息消费提供服务，为国民经济其他领域的产业发展提供知识支撑，更好更多地提供生活性服务与生产性服务，推动新闻出版业成为文化产业的中坚和骨干，为把文化产业打造成国民经济支柱性产业做出积极贡献。

（二）主要目标

通过三年时间，支持一批新闻出版企业、实施一批转型升级项目，带动和加快新闻出版业整体转型升级步伐。基本完成优质、有效内容的高度聚合，盘活出版资源；再造数字出版流程、丰富产品表现形式，提升新闻出版企业的技术应用水平；实现行业信息数据共享，构建数字出版产业链，初步建立起一整套数字化内容生产、传播、服务的标准体系和规范；促进新闻出版业建立全新的服务模式，实现经营模式和服务方式的有效转变。

（三）基本原则

改革先行、扶优助强、鼓励创新、示范推广。优先扶持已完成出版体制改革、具备一定数字化转型升级工作基础的新闻出版企业，鼓励新闻出版企业在数字化转型升级进程中大胆创新，探索新产品形态、新服务方式、新市场模式，形成示范项目并进行推广。

分步启动、并行实施、叠加推进、市场调节。优先支持已经先行启动转型升级项目的企业，对不同支持方向的转型升级项目并行推进，正确处理政府与市场关系，充分发挥财政资金引导示范作用，培养企业市场风险意识，提高企业市场应对能力。

二、主要任务

（一）开展数字化转型升级标准化工作

支持企业对《中国出版物在线信息交换（CNONIX）》国家标准开展应用。重点支持图书出版和发行集团。包括：支持企业研制企业级应用标准；采购基于CNONIX标准的数据录入、采集、整理、分析、符合性测试软件工具，开展出版端系统改造与数据规范化采集示范；搭建出版、发行数据交换小型试验系统，实现出版与发行环节的数据交换；开展实体书店、电子商务（网店）、物流各应用角度基于CNONIX标准的数据采集、市场分析、对出版端反馈的应用示范。

支持企业对《多媒体印刷读物（MPR）》国家标准开展应用。重点支持教育、少儿、少数民族语言等出版单位，推动企业从单一产品形态向多媒体、复合出版产品形态，从产品提供向内容服务的数字化转型升级。包括：研制企业级应用标准；部署相应软件系统；完成选题策划、资源采集，研发教材教辅产品、少儿、少数民族文字阅读产品；开展底层技术兼容性研究与应用；建设MPR出版资源数据库；创新产品销售体系，构建从实体店到电子商务的立体销售体系。

支持企业面向数字化转型升级开展企业标准研制。支持出版企业研制企业标准，以及开展国家标准、行业标准的应用研究；支持、鼓励相关技术企业研制基于自主知识产权技术的企业标准；支持以企业标准为基础申报行业标准、国家标准乃至国际标准。

（二）提升数字化转型升级技术装备水平

支持企业采购用于出版资源深度加工的设备及软件系统。以实现出版资源的知识结构化、信息碎片化、呈现精细化为目标，支持企业采购出版资源专业化的深度加工服务；支持部分专业出版单位采购专用的扫描设备、识别软件等资源录入设备及软件。

支持企业采购用于出版业务流程改造、复合出版产品生产与投送的软件及系统。以数字环境下出版业务流程再造、实现出版业务流程完整性为目标，支持采购出版内容资源数字化加工软件、内容资源管理系统、编辑加工系统、产品发布系统等软件及系统；以实现出版产品表现形式完整性为目标，支持采购关联标识符编码嵌入软件、复合出版物生产和投送系统等软件及系统。

支持企业采购版权资产管理工具与系统。以支撑新闻出版企业版权运营多元化为目标，为全面开展版权运营奠定基础，支持采购版权资产管理工具与系统，包括：自有版权资产与外购版权资产数据输入模块，以控制版权资产的规范化输入；授权管理模块，以控制版权资产的规范化输出；版权管理模块和业务支撑管理模块，以记录版权资产状况、控制版权运营策略；与出版企业其他生产业务流程系统进行对接，以实现对版权资产的精细化管理，对存量版权资产的清查和增量版权资产的管控。

（三）加强数字出版人才队伍建设

支持出版企业与高校、研究机构联合开展基础人才培养，开展定向培养。支持、鼓励高校设立专业课程，联合研究机构，培养面向出版企业数字化转型升级的专业人才，定向输送出版与科技专业知识相融合的基础性人才。

支持相关技术企业与高校、研究机构联合开展数字出版业务高级人才培养。支持、鼓励技术企业提供技术支撑，参与高校、研究机构的高级人才培养计划，开展面向出版企业在岗高级数字出版人才的培养。

（四）探索数字化转型升级新模式

支持教育出版转型升级模式探索。重点支持部分以教育出版为主的出版企业开展电子书包应用服务项目。包括：研制电子书包（数字出版教育应用服务）系列标准；以课程标准和完整的教材教辅内容框架为基础，整合内容资源，开发富媒体、网络化数字教材，开展立体化的教育出版内容资源数字化开发，打造数字资源库，为电子书包试验的顺利推进奠定内容基础；构建对教育出版内容的价值评测、质量评测的完整评测系统；研发包括下载与推送、使用统计等功能的教育出版内容资源服务系统；构建包括教学策略服务、过程性评测、个性化内容推送、内容互动服务等教学应用服务支撑体系，并开展入校落地试验；基于用户数据分析技术开展个性化定向投送平台建设（B2C 模式），基于集团化学习的出版资源投送平台建设（B2B 模式）。

支持专业出版转型升级模式探索。重点支持部分专业出版企业按服务领域划分、联合开展专业数字内容资源知识服务模式探索。包括：开展知识挖掘、语义分析等知识服务领域关键技术的应用，基于专业内容的知识服务标准研制，基于专业出版内容的知识资源数据库建设，基于知识资源数据库的知识服务平台建设。

支持大众出版转型升级模式探索。重点支持出版企业在关注阅读者需求、引导大众阅读方向的模式创新。包括：建设作者资源管理系统，选题热点推荐与评估系统；开展生产与消费互动的定制化服务模式探索，形成线上与线下互动（O2O）的出版内容投送新模式；建设经典阅读、精品阅读产品投送平台。

三、保障措施

（一）加大财政扶持。加大财政对新闻出版业数字化转型升级的支持力度，将新闻出版业数字化转型升级项目作为重大项目纳入中央文化产业发展专项资金扶持范围，分步实施、逐年推进。发挥财政资金杠杆作用，推动重点企业的转型升级工作，引导企业实施转型升级项目。

（二）充分利用新闻出版改革与发展项目库。进一步完善新闻出版改革与发展项目库建设，征集符合本指导意见并具有较强示范带动效应的新闻出版业数字化转型升级项目，加强对重点项目的组织、管理、协调、支持和服务。

（三）加强组织实施。各级新闻出版广电行政部门、财政部门要按照本意见要求，在党委、政府的领导下，结合本地区实际，切实加强新闻出版业数字化转型升级工作的组织领导，同时加强跨地区、跨部门协作，确保各项任务的执行和落实。

国家新闻出版广电总局　财政部

2014 年 4 月 24 日

国家新闻出版产业基地（园区）管理办法

新广出办发〔2014〕107 号

第一条 为进一步提高新闻出版产业规模化、集约化、专业化水平，推动产业结构调整，加快产业升级步伐，规范新闻出版产业基地（园区）的建设和管理，充分发挥其在深化新闻出版业改革，促进制度创新，带动产业发展中的示范、引领作用，特制定本办法。

第二条 国家新闻出版产业基地（园区）是指经国家新闻出版广电总局认定，以新闻出版创意策划、内容采集加工、产品生产制作、数字内容服务、绿色印刷复制、出版物物流配送、版权交易、进出口贸易等为主要发展方向，以聚集新闻出版企业，及为其提供技术支撑、原料设备供给、行业服务企业为主的产业集群区。

第三条 国家新闻出版产业基地（园区）建设的总体要求是：产品内容导向正确，符合国家区域经济发展布局的总体要求，符合新闻出版产业发展实际，符合文化创意和设计服务与相关产业融合发展要求，有利于体制机制、发展模式、管理方式创新，有利于产品内容、产品服务和产业形态创新，有利于资源合理配置、有效整合和综合利用，有利于推动科技与文化的融合，推动产业转型升级和协调发展。

第四条 国家新闻出版广电总局负责对国家新闻出版产业基地（园区）总量、结构、布局进行宏观指导，对国家新闻出版产业基地（园区）进行认定和监管。各省、自治区、直辖市人民政府负责对本地区国家新闻出版产业基地（园区）的建设与发展进行指导，制定鼓励与支持发展的政策。省、自治区、直辖市新闻出版行政部门负责对本地区国家新闻出版产业基地（园区）进行日常监管与指导。

第五条 国家新闻出版产业基地（园区）应具备下列条件：

（一）基地（园区）所在地应具有新闻出版资源优势，相关产业发展基础雄厚，已经形成产业聚集，对周边地区具有带动、辐射作用，区位优势明显，产业发展环境良好。

（二）当地政府已经制定切实可行的配套财税、用地、融资等优惠经济政策，支持基地（园区）的建设发展，能够保障基地（园区）基础设施建设、重大项目实施、骨干企业培育、战略人才引进等方面工作顺利开展。

（三）基地（园区）建设的可行性论证充分，发展方向明确，建设进度明确，鼓励政策明确，发展特色鲜明。基地（园区）建设规划已经得到省（区、市）有关部门的认可，并纳入本地区总体发展规划。

（四）基地（园区）应有地域范围相对集中的园区（区域），其规划建筑面积一般应在 5 万平方米以上，已投入使用的建筑面积一般不少于 2 万平方米，水、电、气、交通、通讯等设施完备。

（五）基地（园区） 已实现年营业收入不低于 20 亿元人民币。基地（园区）已入驻的新闻出版及相关企业不少于 30 家，其中年营业收入总额大于 3 亿元人民币的入驻企业不少于 3 家。

（六）基地（园区）应具有符合新闻出版产业发展要求和新技术发展要求的研究开发能力，具有完善的公共服务体系和服务平台，可提供成熟的投融资、交易、展示等功能。

（七）基地（园区）须设立具有独立法人资格的运营管理机构，具有有利于发展和创新的管理体制和顺畅、高效的运营机制。

（八）基地（园区）应具有健全的管理制度，能够对入驻企业的资质审核、业务规范、年度考评、产业统计以及激励淘汰等方面实行科学管理。同时，能够协助新闻出版行政部门监督入驻企业依法经营，向入驻企业宣传普及新闻出版法律法规及相关知识。

（九）法律、行政法规规定的其他条件。

第六条 国家新闻出版产业基地（园区）实行自愿申报的原则。凡符合本办法第五条申报条件的基地（园区），均可以由所在地省、自治区、直辖市人民政府向国家新闻出版广电总局申报国家新闻出版产业基地（园区）。

鼓励省、自治区、直辖市地方人民政府发挥地方优势，基于区域经济圈和新闻出版产业带发展实际，建设省级新闻出版产业特色基地（园区），为建设国家新闻出版产业基地（园区）奠定基础，创造条件。

第七条 申报国家新闻出版产业基地（园区），须提交以下材料：

（一）所在地省、自治区、直辖市人民政府申请文件。

（二）基地（园区）发展研究报告。

（三）基地（园区）近期和中长期建设发展规划。

（四）基地（园区）管理机构的设置和人员组成情况及法人资质证明。

（五）地方政府支持基地（园区）发展的政策清单及相关文件。

（六）《国家新闻出版基地（园区）审核认定申请表》（见附件）以及有关情况的有效证明材料。

（七）申请单位认为需要提供的其他文件材料。

第八条 国家新闻出版广电总局组织对申报材料进行审核，组织专家组对申报基地（园区）进行实地考察。

经审核，申报材料齐全、属实、符合本办法要求，且经实地考察基地（园区）发展现状和趋势良好的，由国家新闻出版广电总局授予国家新闻出版产业基地（园区）称号并向社会公告。

第九条 国家通过以下方式支持国家新闻出版产业基地（园区）建设：

（一）将国家新闻出版产业基地（园区） 的建设发展列为新闻出版业五年发展规划的重要任务。

（二）在出版资源的综合配置、重大出版工程项目的安排实施等方面，对国家新闻出版产业基地（园区）予以政策倾斜，开展相关政策的先行先试工作。

（三）将通过专家评审的国家新闻出版产业基地（园区）项目列为新闻出版改革发展项目库重点支持项目。

（四）对符合条件的国家新闻出版产业基地（园区），按规定落实国家有关优惠政策。

（五）定期对发展较好或做出显著成绩的基地（园区）及企业择优予以表彰。

第十条 省、自治区、直辖市新闻出版行政部门重点从以下方面加强对国家新闻出版产业基地（园区）的日常管理和服务。

（一）内容导向管理。建立基地入驻单位内容产品审读工作机制，实行审读结果季度报告制度。

（二）产品质量管理。建立新闻出版产品编校、印刷等质量检查制度。对不符合国家质量管理要求的产品，应予召回、销毁。

（三）重大项目管理。建立基地重大项目协调机制，积极推动重大项目实施，为项目争取政策和资金支持提供服务和帮助。

省、自治区、直辖市新闻出版行政部门要指定部门和人员负责相关工作。

第十一条 国家新闻出版产业基地（园区）实行年度报告抽检制度，按照以下程序进行。

（一）每年6月30日前，基地（园区）运营管理机构要向所在省、自治区、直辖市新闻出版行政部门报告基地（园区）上一年度整体建设发展情况，同时报送入驻企业经营概况和遵守新闻出版法规等有关情况。

（二）省、自治区、直辖市新闻出版行政部门收到相关材料后，要及时对材料予以审核，组织专家进行实地考察，并就基地（园区）建设发展是否符合规划要求，新闻出版主业是否突出，各项政策是否落实到位，管理是否规范有序，报送统计数据是否规范等情况出具相关意见；对基地（园区）建设偏离主业、发展规模严重萎缩或入驻企业存在违法违规问题的，要求其限期整改。

每年8月31日前，各省、自治区、直辖市新闻出版行政部门将基地（园区）建设发展等有关情况及工作意见报送国家新闻出版广电总局，同时报送当地省、自治区、直辖市人民政府。

（三）国家新闻出版广电总局在收到省、自治区、直辖市新闻出版行政部门报送的基地（园区）建设发展等有关情况及工作意见后，按照不低于30%的比例进行抽查。对不按时报送建设发展等有关情况，或发现有其他重大问题的基地（园区），将予以通报批评，情节严重的，取消其国家新闻出版产业基地（园区）称号。

第十二条 国家新闻出版产业基地（园区）增设园区、合并、迁移等，须按本办法规定的条件、程序报国家新闻出版广电总局重新认定。

第十三条 国家新闻出版产业基地（园区）纳入国家新闻出版统计范围。基地（园区）要按照有关规定报送统计数据。

第十四条 本办法自2014年10月1日起实施。

深化新闻出版体制改革实施方案

按照党的十八届三中全会通过的《中共中央关于全面深化改革若干重大问题的决定》精神和《中共中央办公厅　国务院办公厅关于印发〈深化文化体制改革实施方案〉的通知》要求，新闻出版领域要紧紧围绕巩固马克思主义在意识形态领域的指导地位、巩固全党全国各族人民团结奋斗的共同思想基础这一宣传思想文化工作的根本任务，坚持社会主义先进文化前进方向，坚持中国特色社会主义文化发展道路，坚持以人民为中心的工作导向，坚持把社会效益放在首位、社会效益和经济效益相统一，以激发全民族文化创造活力为中心环节，进一步深化新闻出版体制改革，进一步解放和发展新闻出版生产力，促进社会主义文化强国建设，增强国家文化软实力。为此，特提出如下实施方案。

一、完善新闻出版管理体制

1. 加快推动政府职能转变。按照党管媒体、党管干部和政企分开、政事分开的原则，在坚持新闻出版主管主办制度前提下，推动党政部门与所属新闻出版企事业单位进一步理顺关系。进一步推动新闻出版行政管理部门更好发挥政策调节、市场监管、社会管理和公共服务职能。推动建立健全党委和政府监管国有文化资产的管理机构，完善工作机制，实现管人管事管资产管导向相统一，确保对企业重大事项决策权、资产配置控制权、宣传文化内容终审权、主要领导干部任免权落到实处。

2. 创新网络出版管理机制。修订《网络出版服务管理办法》及其配套规章和规范性文件，科学界定和划分网络出版业务范围，依照图书、报刊等传统出版准入资质，严格网络出版主体资格和准入条件，加强对网络出版的管理和服务。规范出版物内容网络传播，强化监管。根据出版物国家标准推行网络连续出版物编号管理，参考国际数字文献标识办法加强对网络出版物的管理和版权保护，营造良好的网络出版空间。

3. 严格新闻出版工作者职业资格制度。将新闻出版工作者职业资格制度，纳入全国专业技术人员职业资格制度统一规划。完善出版专业技术人员职业资格制度，建立新闻采编人员职业资格制度。研究制定新闻采编专业技术人员职业资格考试暂行规定及其实施办法，严格新闻采编人员准入退出管理，加强职业培训，规范采编行为。推进采编人员同岗同责同权同待遇。本着严格把关、稳妥有序的原则，逐步将新闻网站从事新闻采集业务的采编人员纳入新闻记者管理，将从事新闻转载、聚合、搜索等业务的新闻网站和网络出版单位编排人员纳入出版编辑职业资格管理，实现对新闻出版工作者管理的全覆盖。规范新闻从业人员职务行为信息管理。建立健全全国联网的各级各类新闻出版从业人员数据库及不良从业行为档案库。

4. 完善产品评价体系。坚持把弘扬社会主义核心价值观、坚持社会主义先进文化前进方向、人民群众满意作为评价产品最高标准，把群众评价、专家评价、市场检验统一起来，建立两个效益相统一的评价体系，增强导向性、权威性和公信度。把产品评价与企业评级、年度核验和编辑注册、职称评定等直接挂钩，以激励约束机制推动出精品、出人才、出效益。改革评奖制度，严格控制政府主办的各类评奖，改进中国出版政府奖等重要奖项评奖方式，清理整治违规设立的全国性新闻出版奖项。加强图书排行榜引导和管理工作。

5. 建立健全市场准入和退出机制。建立健全分类准入制度，针对不同类型新闻出版单位实行不同的准入政策。在继续实行行政审批的前提下，根据社会发展和市场需求更加灵活调整新闻出版单位总量布局。放宽发行、印刷等企业的准入条件。完善书报刊等出版资源配置方式，着重向大型和“专、精、特、新”新闻出版单位倾斜。建立健全严格的退出机制，对不具备从事新闻出版条件和存在严重违规行为的新闻出版单位依法吊销、撤销行政许可，予以关停。研究建立新闻出版从业单位信用信息公示系统。

6. 加大版权保护力度。推动尽快修订《著作权法》及相关条例。加强版权保护体系建设，完善版权登记制度，扩大版权登记的数量和覆盖面。推进国家版权监管平台建设。支持文化产品和服务的专利申请、商标注册和版权登记以及评估、质押。进一步推动网络使用作品依法依规进行，完善信息网络传播权保护机制。依法严惩侵权盗版、非法出版、非法营销及制售假冒伪劣产品等行为，着力打击网络侵权盗版，维护著作权人合法权益，激发文化创造创新活力。

7. 加强出版市场秩序管理。加强和改进新闻出版主管主办、许可准入和年审年检等制度，完善事中事后监管措施，进一步规范市场主体行为。建立健全质量检验及认证体系，完善相关登记备案和年度核验制度。深入开展“扫黄打非”，严厉打击各类非法出版物，严厉打击网上淫秽色情信息，严厉打击新闻敲诈、假新闻和假媒体假记者站假记者，切实整治少儿出版物和中小学教辅材料市场，不断优化出版市场秩序。

二、增强新闻出版单位发展活力

8. 深化公益性新闻出版单位改革。结合事业单位分类改革，研究制定加快公益性新闻出版单位劳动人事、收入分配、社会保障等内部制度改革意见，进一步细化公益服务内容和标准，建立健全绩效考核等机制。改革和完善企业化管理机制，扩大和落实选人用人、薪酬分配、资金使用等自主权，提高面向市场、服务群众的能力。在坚持党管媒体、党管干部、确保正确舆论导向的前提下，可将公益性新闻出版单位中经营性部分转制为企业进行公司制、股份制运作，增强市场运营能力，为新闻出版宣传主业服务。积极探索公益性新闻出版单位通过接受政府采购和面向市场服务的方式开展公益服务。深化党报发行体制改革，提高自主发行能力和市场占有率。

9. 继续推进新闻出版单位体制改革。继续推进生活、科普等非时政类报刊出版单位转企改制，与优化报刊出版单位布局相结合，整合归并一批，撤销退出一批，做大做强一批。稳步推进不具有独立法人资格的报刊编辑部体制改革，或并入其他新闻出版单位，或转为内部资料性出版物，或予以撤销，符合条件的可合并设立报刊出版单位，切实解决“小散滥”问题。探索重点科技期刊和学术期刊编辑部组稿审稿并交由出版单位统一出版发行的运营模式。推动已转制的新华书店、图书出版社、电子音像出版社、非时政类报刊社等进行公司制、股份制改造，完善法人治理结构，建立健全符合现代企业制度要求、体现文化企业特点的资产组织形式和经营管理模式，健全坚持把社会效益放在首位，实现社会效益和经济效益相统一的体制机制。所有出版单位必须设立总编辑岗位，上市出版企业要探索建立编辑委员会制度，对出版物内容问题实行一票否决，确保正确导向。探索建立职业经理人制度和选聘外部董事制度。有条件的国有出版企业可以上市融资，尽快做大做强。探索国有出版企业股权激励机制，制定试点方案，经批准允许有条件的国有控股上市出版企业开展股权激励试点。

10. 推动传统出版传媒与新兴出版传媒融合发展。支持新兴出版传媒健康发展，制定关于加强数字出版内容投送平台建设和管理的指导意见等政策性文件，鼓励和支持传统出版传媒与新兴出版传媒融合发展。通过开展传统新闻出版单位数字化转型示范，引导图书、报刊、电子音像等传统出版形态向数字出版转型升级。打破行业、地域界限，拓宽融合发展渠道，支持传统新闻出版单位与新媒体企业、渠道运营企业、适用技术企业开展合作。加快 MPR（多媒体印刷读物）、CNONIX（出版物在线信息交换）等新技术标准应用推广，推动和支持聚合精品、覆盖广泛、消费便捷的优质数字出版内容发布投送平台建设。

11. 推动出版企业兼并重组。鼓励和支持国有骨干出版企业以资本为纽带，打破区域限制和行业壁垒，实施跨地区、跨行业、跨所有制兼并重组，培育一批主业突出、产业链完整、核心竞争力强的骨干出版传媒集团，发挥主导作用，增强国有经济活力、控制力、影响力。支持国有出版企业兼并重组非公有制文化企业。通过兼并重组，推动出版资源和要素向优质出版企业聚集，提高出版产业规模化、集约化、专业化水平。

三、建立健全多层次出版产品和要素市场

12. 加强出版产品市场建设。建立全国统一的出版产品信息交换平台，着力推动出版信息标准化建设。有条件的大中城市可建立区域性或全国性的出版产品交易市场。创新商业模式，拓展大众消费市场，满足不同层次和多样化、个性化的消费需求。推进印刷订单综合服务平台建设工作。争取和落实财政资金及税收优惠政策，支持实体书店发展，推动实体书店、报刊亭等发行网点建设纳入城市建设规划和文明城市考评体系。支持、引导各类社会资本在农村、社区和其他基层单位开办书店，综合利用各种资源解决“最后一公里”问题。支持、引导国有出版发行集团整合各类发行资源和资产，组建跨地区、跨行业的综合性大型发行集团。大力发展连锁经营、物流配送、电子商务等现代流通组织和流通形式，鼓励出版企业发展第三方物流，形成以大城市为中心、中小城市相配套、贯通城乡的流通网络，打造低成本、高效率流通和配送的限时“服务圈”。

13. 强化出版要素市场建设。加快制定完善著作权、商标权、专利权等出版无形资产评估、质押、登记、托管、投资、流转和变现等管理办法，鼓励和支持版权、股权、商标、品牌等交易。规范发展版权基地、交易中心，建设实体和网络交易平台。利用债券、基金等国内外多层次资本市场，促进出版资源与金融资本、社会资本有效对接，解决出版企业融资难问题。加强专业化文化金融服务，鼓励有条件的新闻出版单位设立财务公司等非银行金融机构。落实国家推进文化创意等新型服务业发展的政策，以企业为主体，促进出版与科技深度融合，推动成果产业化、市场化。支持出版产业与体育、旅游、制造等相关产业融合发展，提升品牌价值，增加附加值和文化含量。制定规范出版产业基地（园区）建设的办法，促进基地（园区）健康发展。制定和完善行业经纪、评估鉴定、推介咨询、担保拍卖等出版市场中介服务机构管理办法，提供全方位服务。

14. 引导社会资本有序参与出版经营活动。在国家许可范围内，引导社会资本以多种形式投资参与出版经营活动。制定制作和出版分开的实施办法，在坚持出版权特许经营前提下，吸纳社会资本从事除出版以外的图书期刊前期制作和经营发行业务。允许国有出版单位同非公有制文化企业开展除教材、党和政府的文件及学习辅导读物外的有关出版代理及租型业务，同时确保国有出版单位对出版内容的控制权，确保出版物的质量、印数、发行范围等可控。开展实行特殊管理股制度试点，通过特殊股权结构设计，保证党和政府对新闻出版企业的领导权和管理权。以有资质的国有出版单位拥有特殊管理股为前提，允许符合条件的非公有制企业参与网络原创出版业务，给予非公有制文化企业对外专项出版权。

15. 支持小微出版服务企业发展。落实国家支持小微企业发展政策，实施小微文化企业孵化培育计划，鼓励各类资本投资设立小微出版服务企业，从事实体书店、报刊亭等出版物零售及选题策划、装帧设计、数字印制、展会服务等经营活动，发挥其在调整产业结构、转变方式、扩大内需、增加就业等方面的积极作用。充分发挥融资性担保机构的积极作用，引导和鼓励其支持小微出版服务企业发展。扶持“专、精、特、新”小微出版服务企业发展，重点支持有核心竞争力和发展潜力的小微出版服务企业逐步发展壮大。

16. 用好用足文化经济政策。用好财政、税收、金融、社会保障等方面优惠政策。争取各级财政加大对新闻出版领域各项专项资金、基金的支持力度，扩大资金规模。重点支持主题出版、精品力作生产和新闻出版走出去，积极支持全民阅读、传统媒体转型、集团化建设、示范企业建设、产业基地（园区）建设以及新媒体、新项目、新产品的研发和推广等。积极探索运用专项资金或基金形式，加大对数字出版、绿色印刷、中小出版企业发展等扶持力度。对党报党刊、时政类报刊社、公益性出版社等公益二类事业单位，争取国家重点扶持，增强发展活力。

四、推进出版公共服务体系标准化、均等化

17. 深入开展全民阅读活动。推动尽快制定全民阅读促进条例，制定全民阅读中长期规划，推动建立全民阅读工作组织协调机制。以政府为主导，进一步加快城乡阅报栏（屏）工程建设，组织好各类优秀出版物推荐活动，推进“书香之家（乡、县、市）”推介工作。鼓励出版适应群众购买能力的书报刊，鼓励有条件的地方对低收入人群发放阅读消费券。加大对革命老区、边远山区、民族地区、边疆地区开展全民阅读活动的支持和帮扶力度。完善全民阅读状况监测与评估机制，提高全民阅读指数和国民阅读调查的科学化水平。

18. 更好发挥农家书屋效能。会同有关部门提出农家书屋工程建设标准化的方案，研究制定具体指标，按照标准落实推动并监督考核。建立以基层群众为主的选书机制，变“标配”为“特配”，加强县级参与、省级指导，更好实现农家书屋配书与农民阅读需求的有效对接。提高农家书屋传播能力，推动有条件的地方建立多种形式的数字农家书屋。促进农家书屋与农村综合文化站（室）、广播电视“村村通”“村村响”。县乡图书馆，党员远程教育、文化资源共享工程、文化科技卫生“三下乡”之间进行整合，加强与地方新华书店的合作。依托农家书屋开展多种形式的农民读书活动，提高农家书屋利用率。鼓励农民成立读书会等自助读书组织，发挥群众参与文化活动的积极性。

19. 扶持少数民族新闻出版工作。加大对少数民族新闻出版事业的投入，支持出版优秀民族文字和双语出版物。继续推进新闻出版“东风工程”，适度扩大实施范围，增强对民族地区新闻出版基础设施和文化民生项目的扶持力度。加强对少数民族新闻出版从业人员培养培训，优先选派少数民族新闻出版骨干参加领军人才能力建设研修班等培训项目。进一步做好藏传佛教寺庙书屋建设和出版物补充更新工作。

20. 健全新闻出版公共服务工作机制。引入竞争机制，采取政府招标采购、项目外包、专项补贴、委托管理等，推动新闻出版公共服务提供方式社会化。鼓励社会力量、社会资本等通过兴办实体、资助项目、赞助活动、提供设施等形式参与公共服务。建立新闻出版公共服务需求评价和反馈机制，推行“菜单式”服务，实行服务公示制度，与群众需求有效对接。

五、提高新闻出版开放水平

21. 大力推动新闻出版走出去。研究制定新闻出版走出去中期发展规划，完善项目立项评审机制和效果评估机制。进一步推进中国当代作品翻译工程、中国图书对外推广计划、中国文化著作翻译出版工程、“经典中国”国际出版、中外图书互译计划等重点工程建设。探索市场化、商业化、产业化、社会化、本土化的运作方式，创作和提供坚持中国立场观点、贴近国外受众阅读习惯和关注点、兴趣点的产品。利用海外主要分销企业、华文书店、网络书店等渠道资源“借船出海”，构建多种渠道并行的国际营销网络。支持新闻出版单位通过合资、合作、参股、控股、并购等方式，在海外建站建社、办报办刊、开厂开店，并实施公司化运作、本土化战略、全媒体发展，积极参与国际市场竞争。培育一批国际竞争力和抗风险能力强的综合性、专业性知名跨国出版传媒集团。打造一批融通中外、具有自主知识产权和核心竞争力的国际知名产品品牌，进入国外主流社会和主流人群。配合“丝绸之路经济带”“21 世纪海上丝绸之路”建设，大力实施“丝路书香工程”。积极稳妥做好中美、中欧等双边多边重大协定谈判所涉及出版领域工作。依托中国（上海）自由贸易试验区等自由贸易园（港）区、海关综合保税区，推动出版对外贸易。实行版权输出奖励制度。

22. 加快实施边疆地区新闻出版走出去扶持计划。通过国家专项资金资助等方式，鼓励和支持边疆省（区），借助地缘人缘文缘等优势，完善工作机制，构建双边多边框架下的新闻出版交流平台和投资、销售渠道。依托中国（新疆）—亚欧出版博览会、中国（宁夏）—阿拉伯国家版权贸易洽谈会、云南边境口岸“国门书社”以及民文出版基地等，推动出版产品、版权输出，扩大对周边国家和地区的辐射力和影响力。

23. 积极吸收借鉴国外优秀文化成果。引进有利于出版产业发展的人才、技术、经营管理经验，启动引进人才、技术等交流合作平台建设。进一步健全进口管理体系，完善出版物进口实时监控系统，加快出版物进口管理平台建设，运用科技手段提高内容审核把关能力，切实维护国家文化安全。

关于推动传统出版和新兴出版融合发展的指导意见

新广发〔2015〕32 号

各省、自治区、直辖市新闻出版广电局、财政厅（局），新疆生产建设兵团新闻出版局、财务局，解放军总政治部宣传部新闻出版局：

推动传统出版和新兴出版融合发展，把传统出版的影响力向网络空间延伸，是出版业巩固壮大宣传思想文化阵地的迫切需要，是履行文化职责的迫切需要，是自身生存发展的迫切需要。根据中共中央办公厅、国务院办公厅印发的《关于推动传统媒体和新兴媒体融合发展的指导意见》，结合出版业实际情况，现就推动传统出版和新兴出版融合发展，提出如下指导意见：

一、总体要求

1. 指导思想。以邓小平理论、“三个代表”重要思想、科学发展观为指导，深入贯彻落实习近平总书记系列重要讲话精神，贯彻落实中央关于全面深化改革的重大战略部署，坚持以先进技术为支撑、内容建设为根本，充分运用新技术，创新出版方式、提高出版效能，进一步掌握网络空间话语权，进一步提高出版业的影响力传播力和竞争实力，推动出版业更好更快发展。

2. 基本原则。必须始终坚持党管出版，把坚持正确政治方向和出版导向贯穿到出版融合发展的各环节、全过程，自觉体现社会主义核心价值观，始终坚持把社会效益放在首位，努力实现社会效益和经济效益有机统一；坚持正确处理传统出版和新兴出版关系，以传统出版为根基实现并行并重、优势互补、此长彼长；坚持强化互联网思维，积极推进理念观念、管理体制、经营机制、生产方式创新；坚持一体化发展，推动传统出版和新兴出版实现出版资源、生产要素的有效整合；坚持内容为本技术为用、内容为体技术为翼，运用先进技术传播先进文化；坚持重点突破和整体推进相结合，因地制宜、积极探索、差异化发展。

3. 工作目标。按照积极推进、科学发展、规范管理、确保导向的要求，立足传统出版，发挥内容优势，运用先进技术，走向网络空间，切实推动传统出版和新兴出版在内容、渠道、平台、经营、管理等方面深度融合，实现出版内容、技术应用、平台终端、人才队伍的共享融通，形成一体化的组织结构、传播体系和管理机制。力争用3—5年的时间，研发和应用一批新技术新产品新业态，确立一批示范单位、示范项目、示范基地（园区），打造一批形态多样、手段先进、市场竞争力强的新型出版机构，建设若干家具有强大实力和传播力公信力影响力的新型出版传媒集团。

二、重点任务

4. 创新内容生产和服务。始终坚持贴近需求、质量第一，严格把关、深耕细作，将传统出版的专业采编优势、内容资源优势延伸到新兴出版，更好发挥舆论引导、思想传播和文化传承作用。探索和推进出版业务流程数字化改造，建立选题策划、协同编辑、结构化加工、全媒体资源管理等一体化内容生产平台，推动内容生产向实时生产、数据化生产、用户参与生产转变，实现内容生产模式的升级和创新。顺应互联网传播移动化、社交化、视频化、互动化趋势，综合运用多媒体表现形式，生产满足用户多样化、个性化需求和多终端传播的出版产品。强化用户理念和体验至上的服务意识，既做到按需提供服务、精准推送产品，又做到在互动中服务、在服务中引导，不断增强用户的参与度、关注度和满意度。

5. 加强重点平台建设。整合、集约优质内容资源，推动建立国家级出版内容发布投送平台、国家学术论文数字化发布平台、出版产品信息交换平台、国家数字出版服务云平台、版权在线交易平台等聚合精品、覆盖广泛、服务便捷、交易规范的平台及出版资源数据库，推进内容、营销、支付、客服、物流等平台化发展。鼓励平台间开放接口，通过市场化的方式，实现出版内容和行业数据跨平台互通共享。

6. 扩展内容传播渠道。各出版发行单位要探索适合自身融合发展的道路，创新传统发行渠道，大力发展电子商务，整合延伸产业链，构建线上线下一体化发展的内容传播体系。进一步加强实体书店建设，努力将实体书店建设成为集阅读学习、展示交流、聚会休闲、创意生活等功能于一体的复合式文化消费场所。支持实体书店与电子商务合作，在区域配送发挥各自优势。探索以用户为中心的全渠道服务模式。进一步开拓农村等出版产品消费市场。利用社交网络平台，建立出版网络社区等传播载体，打通传统出版读者群和新兴出版用户群，着力增强粘性，广泛吸引用户。借力商业网站的微博微信微店等渠道，不断扩大出版产品的用户规模，进一步扩大覆盖面。

7. 拓展新技术新业态。运用大数据、云计算、移动互联网、物联网等技术，加强出版内容、产品、用户数据库建设，提高数据采集、存储、管理、分析和运用能力。积极通过多种方式吸收借鉴、善加利用先进的传播技术和渠道，借力推动出版融合发展。充分利用新一代网络的技术优势，加快发展移动阅读、在线教育、知识服务、按需印刷、电子商务等新业态。加强出版大数据分析、结构化加工制作、资源知识化管理、数字版权保护、数字印刷、发布服务以及产品优化工具、跨终端呈现工具等关键性技术的研发和应用实践，着力解决出版融合发展面临的技术短板。建立和完善用户需求、生产需求、技术需求有机衔接的生产技术体系，不断以新技术引领出版融合发展，驱动转型升级。有计划地组织相关标准的制修订工作，完善标准化成果推广机制，加快国际标准关联标识符（ISLI）、中国出版物在线信息交换（CNONIX）等标准的推广和应用。

8. 完善经营管理机制。积极适应出版融合发展要求，主动探索出版单位内部组织结构的重构再造，逐步建立顺畅高效、适应市场竞争和一体化发展的内部运行机制。变革和融合传统出版和新兴出版生产经营模式，建立健全一个内容多种创意、一个创意多次开发、一次开发多种产品、一种产品多个形态、一次销售多条渠道、一次投入多次产出、一次产出多次增值的生产经营运行方式，激发出版融合发展的活力和创造力。探索建立首席信息官制度，加强版权、商标、品牌等的保护和多元化、社会化运营，构建融合发展状态下的经营管理模式。

9. 发挥市场机制作用。坚持行政推动和发挥市场作用相结合，探索以资本为纽带的出版融合发展之路，支持传统出版单位控股或参股互联网企业、科技企业，支持出版企业尤其是出版传媒集团跨地区、跨行业、跨媒体、跨所有制兼并重组。在网络出版以及对外专项出版领域，探索实行管理股试点。引导社会力量参与融合项目的技术研发和市场开拓，鼓励支持符合条件的出版企业上市融资，促进金融资本、社会资本与出版资源有效对接。增强传统出版单位的市场竞争意识和能力，健全技术创新激励机制和容错、纠错机制，探索建立股权激励机制。

三、政策措施

10. 加强相关法律法规修制工作。推动修订《中华人民共和国著作权法》，加快修订出台《网络出版服务管理规定》和《出版物市场管理规定》。制定新闻出版许可证管理办法、新闻采编人员职业资格制度暂行规定和网络连续出版物管理规定等。制定网络出版等新兴出版主体资格和准入条件，制定加强信息网络传播权行政保护指导意见，推动网络使用作品依法依规进行。通过逐步建立以法律法规为主体，以部门规章为配套，以规范性文件为补充的法律法规体系，规范、保障、推动出版融合发展。

11. 加大财政政策支持力度。充分发挥财政引导示范和带动作用，着力改善传统出版和新兴出版融合发展环境。加大中央文化产业发展专项资金支持力度，完善和落实项目补助、贷款贴息、保费补贴、绩效奖励等措施，更好地与新闻出版改革发展项目库等进行衔接，实现财政政策、产业政策与企业需求的有机衔接。支持出版企业在项目实施中更多运用金融资本、社会资本，符合条件的可通过“文化金融扶持计划”给予支持。加大国家出版基金对涉及出版融合发展的出版项目支持力度。继续实施新闻出版业转型升级重大项目，探索将传统出版和新兴出版融合发展纳入重大项目支持范围，突出重点、分步实施、逐年推进。

12. 优化出版行政管理。坚持和完善新闻出版主管主办制度，坚持出版特许经营，严格许可证管理。对网上网下、不同出版业态进行科学管理、有效管理，建立统一的导向要求和内容标准，建立出版单位社会效益评价机制。严厉打击各类非法出版物、网上淫秽色情信息，严厉打击出版领域的侵权盗版行为尤其是网上侵权盗版行为，创造良好的版权保护环境。加强质量管理，建立不良产品和企业退出机制。鼓励有条件的地区和出版单位率先发展，支持有先发优势的产业带、产业基地（园区）依托资源条件和产业优势，建设出版融合发展聚集区，扶持创业孵化，培育新的经济增长点。建立国家级出版融合发展研究基地（中心），对融合发展重大项目实施集智攻关。支持行业组织在出版融合发展研究、标准制定、自律维权等方面发挥积极作用。

13. 实施项目带动战略。充分发挥全民阅读、国家古籍整理出版、农家书屋、民文出版、出版发行网络建设、绿色印刷、“丝路书香”、国家数字复合出版、数字版权保护技术研发等项目的带动作用，支持提升出版融合发展的质量和水平。

14. 强化人才队伍建设。制定出版融合发展人才培养规划，支持出版单位与高校、研究机构和创新型企业联合开展出版融合发展人才培养，加大新兴出版内容生产人才、技术研发人才、资本运作人才和经营管理人才培养引进力度，进一步优化人才结构。建立出版融合发展人才资源库。鼓励出版传媒集团设立人才基金，鼓励出版单位加强领军人才和复合型人才队伍建设。建立健全绩效考核体系，创新项目用人机制，探索出版融合发展条件下吸引人才、留住人才、用好人才的有效途径。

四、组织实施

15. 统筹推进任务措施落实。各出版行政主管部门、出版单位要将出版融合发展列入行业和单位“十三五”规划等重大产业发展规划，制定实施方案，明确时间表、路线图、任务书，合理设计和规划实施项目，重大项目要按程序报批备案。制定精细化的项目指标，加强跟踪测评和效果评估。建立责任考核机制，一层抓一层，层层抓落实，将出版融合发展任务、重点项目落到实处。

16. 进一步加强组织领导。各级出版行政主管部门主要负责同志亲自抓、负总责，会同财政部门结合本地区（部门）实际，切实加强对出版融合发展的组织领导。要形成统一高效的议事决策和协调推动机制，整合各方资源，加强外部协作，强化内部协调，为推动出版融合发展提供有力保障。

国家新闻出版广电总局　中华人民共和国财政部

2015 年 3 月 31 日

关于加快新闻出版业实验室建设的指导意见

新广出办发〔2016〕81号

各省、自治区、直辖市新闻出版广电局，新疆生产建设兵团新闻出版广电局，各相关行业协会、行业机构，各新闻出版企业，各相关院校及科研院所：

为全面贯彻中共中央、国务院《关于深化体制机制改革加快实施创新驱动发展战略的若干意见》精神，贯彻落实《国家“十三五”时期文化改革发展规划纲要》《新闻出版广播影视“十三五”发展规划》《新闻出版广播影视“十三五”科技发展规划》等提出的相关任务，完善新闻出版业科技创新体系，培养和凝聚高端复合型人才，加快新闻出版业转型升级，创新融合发展模式，提高新闻出版业自主创新能力，在“十三五”期间推动新闻出版业实验室（以下简称“实验室”）建设，特制定本指导意见。

一、建设背景

目前，新闻出版业已成为推动社会经济转型发展的重要力量、促进科技深度融合发展的关键领域、保障国家文化安全与互联网安全的主要阵地。“十三五”期间，新闻出版业需要加快实验室建设，以发挥科技的支撑与引领作用，加强科技研发、标准研制、技术应用、人才培养、模式创新，加快新闻出版业转型升级，促进传统媒体与新兴媒体、传统出版与新兴出版的融合发展，推动新闻出版业拓展新业务、建立新业态、产生新效能。

二、重要意义

（一）完善新闻出版业科技创新体系的迫切要求。通过实验室的建设，强化科技创新体系建设，促进产学研用的有机结合，有利于完善科技创新长效机制，提高新闻出版业可持续性创新能力。

（二）提升新闻出版业核心竞争力的有效手段。通过实验室的建设，强化产业技术原始创新能力，突破一批重大技术装备和产业关键技术，有利于打破技术壁垒，提升新闻出版业的核心竞争力。

（三）促进新闻出版业融合发展的必然选择。通过实验室的建设，跟踪、培育和掌握一批前沿技术，推进高新技术的产业应用，促进业务模式创新，有利于推动新闻出版业自身、新闻出版业与其他产业的融合发展。

（四）强化企业成为创新主体地位的重要途径。通过实验室的建设，以新闻出版行业需求为导向，引导企业加大投入，整合产学研用资源，有利于提升企业创新能力，夯实企业的创新主体地位。

三、指导思想

坚持自主创新、重点突破、支撑发展、跨界融合、引领未来的指导方针，以开展创新活动、培育创新成果、凝聚高端复合型人才、满足行业发展需求为目标，立足国内、跟踪国际发展趋势，实施课题引领、项目带动战略，着力解决制约行业发展的瓶颈问题，推动科技成果应用，探索模式创新，加强新闻出版与科技融合，加快新闻出版业转型升级，促进新闻出版业融合发展，为新闻出版业健康、有序、可持续发展提供有力支撑。

四、建设目标

到“十三五”期末，通过建设重点突出、布局合理、规模适度的实验室群，全面推进关键技术研发，深入开展标准研制，提升行业科技成果的应用水平，全面推动数字化转型升级，积极探索融合发展的模式创新，促进人才培养与队伍建设，优化创新环境，发挥新闻出版业实验室群的创新驱动力，推动新闻出版业创新体系建设。

五、建设原则

（一）统筹规划、合理布局。围绕中心、服务大局，把握新闻出版业发展趋势，服从建设新闻出版强国的总体部署，立足新闻出版业的发展实际，加强国际交流与合作，统筹整合资源、强化顶层设计，合理规划各级各类实验室的发展定位和建设布局。

（二）政府引导、企业为主。充分发挥政府的引导与扶持作用，依托行业机构加强指导，支持以新闻出版企业为主体，调动高等院校、科研院所等单位的积极性，鼓励技术企业积极参与，以分级管理、分类指导、产学研用相结合的方式推动实验室建设。

（三）需求导向、有序推进。全面系统梳理新闻出版业在科技创新、模式创新方面的发展需求，科学合理布局，突破重点、夯实基础、急用先行，分阶段、分层次、分类别推进实验室建设工作。

（四）创新机制、强化管理。积极探索体制机制创新路径，加强实验室建设与其他工作的协同，鼓励实验室充分利用外部资源，促进各实验室之间的资源共享、优势互补，逐步建立科学评价、动态调整的管理机制。

六、建设任务

（一）总体建设任务

深入分析制约新闻出版业发展的瓶颈，针对改革与发展的迫切需求，提出有针对性的实验课题；开展新闻出版领域共性关键技术攻关，不断积累原始创新成果和知识产权；推动与新闻出版业发展需求相适应的新兴学科建设，促进学术带头人和行业领军人才培养，支持适应新业态发展的基础人员培训；积极开展国际合作、学术研讨和专题交流，全面掌握国内外新闻出版科技发展动向，跟踪国内外新闻出版新业态与新模式的发展趋势；为政府提供决策支持，为行业提供咨询服务，面向企业开展创新成果的应用推广。

（二）分级建设任务

围绕国家新闻出版业科技发展的重大战略部署，由新闻出版广电总局批准建立新闻出版业重点实验室；围绕区域新闻出版业发展规划，由各省级新闻出版广电行政管理部门批准建立区域性实验室；围绕行业机构、行业协会相关领域的专项工作计划，由其推动建立专项实验室；围绕企业发展战略规划，由新闻出版企业自主建立或与相关机构联合建立企业实验室。

（三）分类建设任务

各级新闻出版业实验室分为出版融合发展实验室、科技与标准实验室两类，两类实验室互为补充、互为支撑，互相优先提供和运用研究成果。

出版融合发展实验的建设任务，重点研究推动传统出版和新兴出版在内容、渠道、平台、运营、管理以及体制机制等方面深度融合，开展模式创新实践。“十三五”期间，要在应用基础和应用研究、内容资源与生产要素整合融通、内容生产和服务、拓展新技术新应用新业态、一体化传播体系建设、资产管理与资本运作、经营管理机制及生产运营方式、组织机构及运行方式、发挥市场作用、政府管理服务的创新及实践等方向，建设一批出版融合发展实验室。

科技与标准实验室的建设任务，重点解决行业共性关键技术与标准的研发及应用，开展科技创新实践。“十三五”期间，要在生产技术与装备、资源编码与管理、知识挖掘与服务、内容表达与呈现、产品传播与营销、数据管理与运营、版权保护与应用等领域，建设一批专业领域科技与标准实验室、跨领域综合性科技与标准实验室。

七、保障措施

（一）建章立制。新闻出版广电总局将制定实验室管理办法，明确管理职责、规范管理程序、严格考评办法，分类组织行业重点实验室的征集评定工作；指导各省级新闻出版广电行政管理部门、各行业机构与行业协会制定区域性、专项性实验室管理办法，开展征集工作；支持企业围绕自身发展规划建立企业内部管理制度，加快建设企业实验室，逐步完善新闻出版业实验室群的建设与管理。

（二）加大投入。新闻出版广电总局将对新闻出版业重点实验室优先安排补贴资金，对其符合条件的产业化项目优先列入国家新闻出版改革发展项目库，优先支持其承接新闻出版业转型升级、融合发展的重大项目，优先安排其有关人员参加新闻出版广电总局组织的专题学习和培训。

（三）加强推广。新闻出版广电总局将及时总结实验室的创新实践成果，面向行业开展宣传推广活动，提高实验室知名度与影响力，鼓励社会力量广泛参与实验室建设。

（四）组织协调。各级新闻出版广电行政部门要结合本地区实际，切实加强实验室建设的组织领导，加强跨地区跨部门协作，确保各项建设任务的落实。

国家新闻出版广电总局办公厅

2016年10月13日

关于深化新闻出版业数字化转型升级工作的通知

新广出发〔2017〕17号

各省、(新广出发〔2017〕17号)自治区、直辖市新闻出版广电局、财政厅(局),各计划单列市新闻出版广电局、财政厅(局),新疆生产建设兵团新闻出版广电局、财政局,各相关行业机构、行业协会,各新闻出版企业:

自2014年国家新闻出版广电总局、财政部联合发布《关于推动新闻出版业数字化转型升级的指导意见》以来,在国家新闻出版广电总局、财政部的统一部署与具体指导下,各地新闻出版广电局、财政厅(局)密切配合,充分发挥财政资金的引导作用,新闻出版行业协会、行业机构加强组织协调,广大新闻出版企业积极参与,技术企业全力支持,实施了一批转型升级项目,新闻出版业数字化转型升级工作已取得较为显著的阶段性成果。

通过实践探索,一批新闻出版企业已形成“制定长远规划、建立专职部门、建设专业队伍、落实重点标准、找准市场需求、实施项目带动”的数字化转型升级工作模式,探索出“标准研制、装备配置、资源建设、产品开发、平台搭建、服务创新”的数字化转型升级路径;一批技术企业紧跟行业发展,不断完善技术工具与系统,并推动相关标准的建立与完善,数字化转型升级技术体系已初步形成;相关行业协会与行业机构加强建设,解决数字化转型升级行业级共性问题的能力不断提升,启动了技术支持服务、内容资源管理、数据共享、知识服务等行业级平台建设。新闻出版业数字化转型升级工作已基本具备进入深化阶段的基础条件。为全面贯彻落实《关于推动新闻出版业数字化转型升级的指导意见》,国家新闻出版广电总局和财政部将继续深入推进新闻出版业数字化转型升级工作，现将深化阶段相关工作安排通知如下。

一、指导思想

深入贯彻党的十八大及十八届三中、四中、五中、六中全会精神和习近平总书记系列重要讲话精神，贯彻落实《国家“十三五”时期文化改革发展规划纲要》《新闻出版广播影视“十三五”发展规划》《新闻出版广播影视“十三五”科技发展规划》《新闻出版业数字出版“十三五”时期发展规划》，全面贯彻落实《关于推动新闻出版业数字化转型升级的指导意见》，继续深入推动新闻出版业数字化转型升级，通过政府引导，以企业为主体，发挥财政资金引导作用和市场机制调节作用，进一步加快文化与科技融合，提高新闻出版业生产力、传播力、影响力，丰富产品形态、提升服务能力，为人民群众与国民经济各领域提供资讯、数据、文献、知识的多层级信息内容服务，推动新闻出版业成为文化产业的中坚和骨干，将文化产业打造成国民经济支柱性产业。

二、目标与原则

（一）主要目标

1. 推动新闻出版企业加快完成数字化转型升级。完成技术装备优化升级、内容资源精细化加工，实现出版流程再造，具备多形态数字内容产品的生产能力；完成数据管理工具与系统的配置，实现资源数据、产品数据、市场数据等相关数据的资产化管理，具备以数据为支撑的运营能力；完成知识服务模式建设，以其引领、兼容其他服务模式建设，满足大众、教育、学术研究领域信息消费市场的用户需求，具备多层级立体化的服务能力。

2. 初步建成支撑新闻出版业数字化转型升级的行业服务体系。加快相应的行业服务机构建设；继续推进数字出版标准化工作，不断完善支持数字化内容生产、传播与服务的标准体系；完成新闻出版业数据体系建设，实现行业数据交换、共享与应用；完成科学、合理的人才培养机制建设，培养一批数字出版专业人才和复合型高端人才。

（二）基本原则

1. 政府引导与市场调节相结合。政府加强宏观指导，重点推进基础建设；坚持市场在资源配置中起决定性作用，鼓励新闻出版企业以用户为导向，充分发挥市场调节作用。

2. 财政投入与社会资本相结合。政府完善投入机制，充分发挥财政资金撬动作用，引导新闻出版企业积极拓展资金来源渠道，吸引社会资本注入，提高市场风险应对能力。

3. 成果推广与持续创新相结合。支持新闻出版企业参照先行企业的转型升级路径，按照转型升级总体部署，深入开展数字化转型升级工作；支持新闻出版企业积极应用新技术，大胆创新，结合自身实际，在丰富产品形态、改进服务模式和深化跨界融合等方面不断开展实践探索。

三、主要任务

全面总结新闻出版业开展数字化转型升级以来取得的各项成果，推广在中央文化企业范围内实施的技术装备改造项目、专业领域内容资源库建设项目、投送平台建设项目的相关成果，以及在全行业范围内实施的 MPR 国家标准应用示范项目、CNONIX 国家标准应用示范项目、知识服务模式试点项目的相关成果；充分运用国家数字复合出版系统工程、数字版权保护技术研发工程、中华字库工程等新闻出版重大科技工程取得的阶段性成果，进一步提升新闻出版业的技术应用水平和能力。重点从以下五个方面继续深化数字化转型升级工作。

1. 优化软硬件装备。新闻出版企业要结合本企业数字化进程、数字出版业务开展的实际情况，搭建硬件环境，采购并不断优化推动数字化转型升级的相关技术装备，包括：资源标识管理及基于 ISLI 国际标准、MPR 国家标准的关联构建工具系统、数字化编辑出版工具系统、数据采集管理与应用工具系统、版权保护工具集、版权资产管理系统、数字印刷与按需印刷支持系统、运营服务支撑系统、知识服务支持工具系统等。加强行业转型升级技术服务机构建设，制定并完善数字化转型升级标准体系，搭建行业级技术服务平台。

2. 开展数据共享与应用。新闻出版企业及相关下游企业，要基于 CNONIX 国家标准对现有业务管理、用户管理等相关数据管理系统进行优化和升级改造；要结合所处产业链位置及企业实际情况，与数据应用服务企业开展合作，采购其不同层次、形式多样的数据服务；要以需求为导向，采集市场数据、用户数据，创新数据应用模式，初步实现内容供应的运营模式向数据驱动转变。加强行业级数据管理服务机构建设，建立数据汇聚、共享、交换和应用的科学机制。

3. 探索知识服务模式。新闻出版企业要积极参与知识服务标准规范研制，构建各专业领域知识体系，建设知识资源数据库，开发多层次、多维度、多形态知识服务产品，搭建分领域知识服务平台；鼓励新闻出版企业之间开展合作，建设跨领域知识服务平台，跨领域调取知识资源，开发跨领域知识服务产品；要积极创新知识服务模式，面向不同终端、采取不同方式，实现精准的多形态知识服务供应，以知识服务兼容文献服务等其他服务模式，探索知识服务在专业、大众、教育出版的转型升级进程中的应用模式。加强国家级知识服务机构建设，推动国家知识服务平台及知识资源数据库库群建设。

4. 持续开展创新。新闻出版企业要积极实施数字化转型升级创新项目，应用新技术、提出新标准，丰富产品形态、创新服务模式；要加快与广播影视等领域内容供应企业、互联网企业的融合，探索与外部产业跨界融合的新模式。鼓励新闻出版企业联合高校、科研院所、技术企业，分类建设不同研究方向的新闻出版业重点实验室。

5. 加快人才培养。新闻出版企业要高度重视人才队伍建设，选派数字出版业务负责人和业务骨干积极参与参与数字出版千人培养计划，通过高校集中学习、新媒体企业实训和走出去交流等环节，培养推动数字化转型升级的高端复合型人才和专门人才；鼓励新闻出版企业和行业社团组织联合研究机构、高等院校、技术企业等创新数字出版人才培养模式，开展专题和专业培训；倡导高等院校加强数字出版及相关专业学科建设，加快培养数字出版基础人才，扩大数字出版人才储备池。

四、保障措施

1. 加快标准制定。加快支撑新闻出版业数字化转型升级的国家标准、行业标准和工程标准的制定工作，并继续加强宣贯和培训，指导新闻出版企业开展标准化工作，提高新闻出版企业在数字化转型过程中对国家标准、行业标准和项目标准的采标比例。

2. 加强政策扶持。加强对开展数字化转型升级工作的具体指导，通过发布一系列具体指导性文件，做出具体工作部署。充分利用新闻出版改革与发展项目库，优先考虑将深化新闻出版业数字化转型升级项目纳入新闻出版改革与发展项目库，加强对重点项目的组织、管理、协调、支持和服务。

3. 拓宽资金渠道。完善财政投入机制，对符合条件的新闻出版业数字化转型升级重点项目予以扶持。鼓励新闻出版企业运用金融资本、社会资本开展数字化转型升级。

五、分工与要求

1. 推动新闻出版业数字化转型升级工作由新闻出版广电总局、财政部共同组织与推进。新闻出版广电总局负责做出具体工作部署、细化进度安排、完善项目管理规范，指导行业全面推进数字化转型升级各项工作。财政部负责制定落实有关财政支持政策。

2. 各级新闻出版广电行政部门要进一步加强组织管理。各省新闻出版广电局应确定具体部门负责组织、推进本地区相关工作。要切实加强深化阶段的组织管理工作，既要组织好相关项目申报工作，更要加强对项目实施的监督管理。各级新闻出版广电行政部门加强跨地区、跨部门协作，确保各项工作任务的执行和落实。

3. 各相关行业机构、行业协会要进加快支撑行业数字化转型升级的能力建设。中国新闻出版研究院、新闻出版广电总局信息中心、中国音像与数字出版协会及相关行业标准化技术委员会，根据统一部署，负责配合总局及各省新闻出版广电局落实对应的专项任务。要从机构建设、标准规范建设、制度与机制建设、行业基础环境建设、共性技术研发等方面全面推进，加快提升服务水平，提高服务能力。

4. 各新闻出版企业要进一步加大数字化转型升级的投入。各新闻出版企业应当积极推进数字化转型升级工作。要进一步统一思想认识，做好企业发展顶层设计与长远规划，用好财政资金投入、用足扶持政策，同时不断加大企业在人财物方面的投入，全力推进数字化转型升级。各新闻出版企业要及时向所在地新闻出版广电局、财政厅（局）报告工作进展。

国家新闻出版广电总局财政部
二〇一七年三月十七日

关于印发《印刷业“十三五”时期发展规划》和《光盘复制业“十三五”时期发展指导意见》的通知

新广出发〔2017〕12 号

各省、自治区、直辖市新闻出版广电局，新疆生产建设兵团新闻出版广电局，中央军委政治工作部宣传局：

《印刷业“十三五”时期发展规划》和《光盘复制业“十三五”时期发展指导意见》已经审定通过，现印发给你们，请结合实际认真贯彻执行。执行过程中的重大问题，请及时向总局报告。

国家新闻出版广电总局

2017 年 3 月 23 日

印刷业"十三五"时期发展规划

"十三五"时期，是我国全面建成小康社会的决胜阶段，也是我国印刷业由规模速度型转向质量效益型的关键时期。为推动我国印刷业加快提质增效和转型升级，不断提高印刷供给质量和水平，根据《国民经济和社会发展第十三个五年规划纲要》《国家"十三五"时期文化发展改革规划纲要》和关于编制新闻出版广播影视"十三五"发展规划的有关要求，编制本规划。

一、发展现状和面临的形势

（一）"十二五"时期的主要成就

1. 产业规模继续壮大。"十二五"期间，我国印刷业总产值由8677.1亿元增长到11246.2亿元，年平均增长率为7.9%，整体规模居全球第二位，全国印刷企业总量为10.3万家，从业人员317.6万人。印刷对外加工贸易额达到865.2亿元，比"十一五"期末增长27.2%。

2. 产业结构逐步优化。"十二五"期间，产业集中度继续提高，规模以上重点印刷企业由2439家增加到3247家，产值占全行业的54.1%，全国已认定94家国家印刷示范企业；东部地区聚集升级、中西部地区承接梯度转移的布局基本形成；出版物印刷保持稳定，包装装潢印刷快速发展，占总产值的比重已达到75%，高附加值印刷产品的比重逐步提高。

3. 绿色印刷成效显著。"十二五"期间，绿色印刷成为行业共识，标准体系初步建立，实施领域不断拓展，检测能力逐步提高，市场倒逼机制初步形成。中央和地方财政扶持资金发挥了杠杆引导作用。近千家企业获得绿色印刷认证，部分企业主动实施清洁生产，12亿册中小学教科书实现绿色印刷全覆盖，印刷从业者的工作环境得到改善。

4. 内生动力得到增强。"十二五"期间，我国印刷业技术装备水平持续提高，全国CTP装机量超过1万台，数字印刷机装机量接近9000台。传统印刷加快转型升级，新产品、新业态和新模式不断涌现，印刷与文化、服务等领域加快融合发展，印刷电子商务平台超过300个。教育培训机制逐步完善，从业人员素质不断提升，印刷技能达到较高水平。

5. 市场环境更加成熟。"十二五"期间，我国印刷业法规制度进一步完善，政府部门简政放权、放管结合、优化服务，监管能力和服务水平不断提高。行业协会等社会组织发挥了桥梁和纽带作用，推动了信用评价体系建设和行业自律。标准质量体系基本建立，宽进严管、依法经营、产品环保、践行标准、科学管理、诚实守信的市场环境逐步形成。

（二）存在的主要问题

1. 产业集约程度仍然不高。生产资源配置效率较低，散滥问题仍然较为突出，中低端产能明显过剩，产品同质化严重，企业价格竞争激烈。规模以上重点印刷企业数量占比仍然较低，缺乏具有国际竞争力的标志性骨干企业。

2. 新的发展动力尚需培育。自主创新能力不足，重大技术创新和产业化项目缺少投入，印刷装备数字化、智能化水平不高；新产品、新技术、新服务还无法充分满足社会需求；融合发展还需要进一步拓展，产业发展新引擎尚未形成。

3. 绿色发展机制有待完善。绿色印刷实施流程标准、制度体系有待完善，印刷产品环保质量不稳定，企业实施绿色印刷的自觉性和主动性有待提高，绿色印刷领域需要进一步扩大，产业链协同发展亟待加强，特别是加快源头治理。

4. 综合管理水平相对粗放。大部分企业管理粗放，缺乏信息化管理手段和精益生产，技术管理、供应链管理、成本管理、质量管理和人员管理等需要加强。产业链上下游缺乏协调，政府部门需要提高信息化监管水平。

5. 从业人员素质有待提高。人才流失、招工难等问题比较普遍，特别是高级技术工人缺口较大。企业扩大生产和融合转型过程中缺乏管理、技术、金融、贸易、IT 等专业人才。印刷业的社会认可度和职业荣誉感有待提高。

（三）“十三五”时期印刷业面临的形势

“十三五”时期是贯彻落实中央全面深化改革部署，持续深入推动印刷业提质增效、转型升级，从印刷大国向印刷强国迈进的关键五年。随着全球经济艰难复苏，欧美等发达经济体启动再工业化战略，新一轮科技革命蓄势待发，多种商业模式方兴未艾，我国经济发展方式加快转变，传统印刷业赖以生存和发展的经济基础和客观环境发生了深刻变化，面临着新挑战和发展机遇。总体来看，我国印刷业的基本趋势依然向好，仍处于大有可为的重要战略机遇期：一是党的十八大提出全面建成小康社会的奋斗目标，印刷业作为提升

商品品质的加工服务业，与人民群众日常生活密切相关，在全面建成小康社会中，随着供给侧结构性改革的推进，将面对人们更多、更高端的消费新需

求，迎来更高层次的发展机遇。二是党的十八届五中全会明确提出文化产业要成为国民经济支柱性产业，印刷业作为文化产业的主力军，需要加快由生产型向生产服务型转变，由单一加工环节向细分领域和价值链高端延伸，提供多元化、个性化的服务保障，实现持续发展。三是新常态下经济结构调整、发展方式转变，东、中、西部地区协调梯次发展，产生不同层次的市场需求，为印刷业培育了不同层级的发展空间。四是数字网络技术裂变式发展，新一代信息技术的广泛应用，“中国制造2025”深入实施，推动传统印刷业向数字化、智能化方向发展，为新需求、新模式、新流程的创新提供了技术支撑。五是深化对外开放，实施“一带一路”发展战略，密切两岸四地交流合作，推动我国印刷业深度融入全球印刷产业链、价值链、物流链，参与国际生产要素资源配置，为我国印刷业“走出去”带来了新的机遇。

二、指导思想和主要目标

（一）指导思想

高举中国特色社会主义伟大旗帜，全面贯彻党的十八大和十八届三中、四中、五中、六中全会精神，以邓小平理论、“三个代表”重要思想、科学发展观为指导，深入贯彻习近平总书记系列重要讲话精神和治国理政新理念新思想新战略，统筹推进“五位一体”总体布局和协调推进“四个全面”战略布局，贯彻“创新、协调、绿色、开放、共享”五大发展理念，充分发挥市场作用，加强政府宏观引导，完善市场监督管理，落实供给侧结构性改革任务，转变发展方式，提升创新能力，优化产业结构，增加优质产品和服务的供给，推动印刷业从规模速度型向质量效益型转变、由传统业态向新兴业态升级，实现“绿色化、数字化、智能化、融合化”发展，全面提升印刷业服务产业、服务群众的供给质量和水平，向印刷强国迈进，为推动文化产业成为国民经济支柱性产业、如期全面建成小康社会提供有力保障。

（二）主要目标

在“十三五”期间，贯彻“创新、协调、绿色、开放、共享”五大发展理念，推动我国印刷业加快“绿色化、数字化、智能化、融合化”发展，促进产业结构优化升级，提高规模化集约化专业化水平，实现由印刷大国向印刷强国的初步转变。

1. 规模持续扩大。“十三五”期间，我国印刷业产业规模与国民经济发展基本同步，实现持续扩大。到“十三五”期末，印刷业总产值超过 1.4 万亿元，位居世界前列，数字印刷、包装印刷和新型印刷等领域保持较快发展，印刷对外加工贸易额稳步增长。

2. 质量素质增强。“十三五”期间，我国印刷业的管理能力、产品质量和服务水平进一步提升，中低端过剩产能初步得到化解，技术装备、产品工艺、节能环保和信息化水平持续提升，印刷业劳动生产率稳步提高。

3. 区域协调发展。“十三五”期间，各区域协调发展，整个产业呈现出较强的韧性。珠三角地区产业集群效应更加突出，长三角地区对外高端加工服务比较优势进一步增强，京津冀地区协同发展加快，中西部地区承接产能梯度转移的水平持续提高。

4. 结构调整优化。“十三五”期间，国家印刷示范企业、中小特色印刷企业辐射引领能力进一步增强，产业集中度继续提高。到“十三五”期末，规模以上重点印刷企业的产值占印刷总产值的 60% 以上，培育若干家具有国际竞争力的大型印刷企业集团。

5. 动力逐步转换。“十三五”期间，印刷业绿色化、数字化、智能化、融合化水平显著提高，并成为新的增长引擎。到“十三五”期末，绿色印刷产值占印刷总产值的比重超过 25%，数字印刷的年复合增长率超过 30%，智能印刷逐步推广，培育建设一批国家级创新研发中心。

三、重点任务

(一) 加快实现创新驱动，打造发展新引擎

全面提升印刷业创新能力，打造产业持续发展新动力。加强印刷技术装备、原辅材料和系统解决方案的科技研发与产业化应用。推广绿色节能环保印刷技术、工艺、装备和材料。推动数字印刷技术在按需出版、按需印刷等领域的创新、应用与普及。鼓励印刷技术与新一代信息技术加快融合发展。支持纳米印刷等各类新材料和新技术的研发和应用，推动印刷电子、3D 打印、光子晶体制备等其他印刷战略新兴产业的发展。加快建立政产学研用一体的创新机制，支持各地建设创新研发中心，推动科技创新成果产业化应用，着力培养印刷人才队伍。

（二）坚持绿色发展道路，增强绿色印刷实效

继续大力实施绿色印刷，提升产业绿色发展水平。完善绿色印刷实施机制，积极融入国家绿色产品认证工作，发展市场化检测认证。加快绿色印刷标准体系建设，按照“源头削减和过程控制是重点、兼顾末端治理”的思路推动VOCs（挥发性有机物）治理。实施“绿色印刷推广工程”，推动企业降成本、节能耗、减排放，制定绿色原辅材料产品目录，鼓励使用绿色材料和工艺，推动产业链协同发展。推动印刷与出版等上游环节对接，扩大绿色印刷产品范围和市场，形成市场倒逼机制，提高企业的积极性和主动性。组织绿色印刷宣传周，广泛宣传绿色理念，支持绿色印刷对接交流活动。

（三）推动数字网络化发展，提升智能化水平

以新一代信息技术为核心，加快传统印刷数字化改造，推进印刷生产流程信息化和生产过程自动化。推广MIS（管理信息系统）、ERP（企业资源规划）等信息化管理手段，提升企业精细管理水平。推动印刷与射频标签、物联网的结合，以出版物智能印刷为突破口，培育若干“智慧印厂示范项目”，加快智慧印厂建设。推动出版物印刷向按需印刷、个性印刷、多媒体融合转型，推动包装印刷向创意设计、个性定制、环保应用转型，支持胶印、网印、柔印等印刷方式与数字技术融合发展。加强与互联网、云计算、大数据的融合，扶持培育3－5家具有影响力的互联网印刷平台。

（四）引导扩大产业生态圈，延伸跨界融合领域

实施“印刷跨界融合和新兴业态培育工程”，推进印刷业融合发展。提高印刷业的科技含量和服务属性比重，加深与信息技术、装备制造和新型材料等的融合，实施产品结构战略升级，由被动加工向主动服务转变。鼓励出版物印刷向按需印刷、数据管理、发行物流、书籍设计和提供综合解决方案等延伸，支持传统印刷向文化艺术、创意设计、品牌咨询、VR（虚拟现实）、AR（增强现实）等领域发展。加强印刷业与高端制造、信息电子等行业的联系，推动印刷技术应用于可穿戴设备、柔性显示器、光伏产品等领域。鼓励印刷企业利用多层次资本市场，实现转型升级和跨越式发展。

（五）提升示范特色影响力，促进辐射引领发展

开展“印刷企业分类评估引导”，加强对国家印刷示范企业的认定、考核和培育。实施示范企业提升计划，搭建示范企业展示交流、技术创新、对接融

资的服务平台，积极向有关部门推荐示范企业在规模发展、融合转型和“走出去”等方面的重大项目。鼓励示范企业利用资本市场，实现集约发展，打造若干家具有国际影响力的服务品牌和龙头企业。实施“中小特色印刷企业扶持计划”，建设产业特色发展扶持平台，支持中小特色印刷企业向专、精、特、新方向发展，培育产业发展新动力。推动印刷产业基地（园区）建设，充分发挥基地（园区）的规模效应，带动和引领产业集约发展。

（六）提升产业国际竞争力，加快走出去步伐

充分发挥我国印刷业对发达国家的价格优势和对发展中国家的质量比较优势，促进印刷对外加工贸易创新发展。鼓励企业开发具有自主知识产权的产品，提高国际竞争力。围绕国家“一带一路”战略，积极推进多种形式的国际印刷合作，鼓励印刷设备器材走出去。支持两岸四地印刷业交流合作，共同开拓国际市场。推动上海等自贸区的建设，提高印刷对外贸易便利化程度，搭建企业走出去和跨境并购平台。支持举办中国国际全印展、绿色创意印刷展、中国（上海）国际印刷周、北京国际印刷技术展览会、广东国际印刷技术展览会等活动，建设印刷产品和服务国际贸易平台。

（七）加强产业标准化建设，完善质量管理机制

深入推进印刷业标准化建设，建立更加灵活、多元的标准制定和推广使用机制，发挥好标准的“准法规”作用。及时修订不适应技术发展需要的标准，提高标准的适应性，满足群众和市场的新需求。培育发展团体标准。积极参与国际印刷标准制定，加快有关标准与国际接轨。修订完善质量管理有关法规，加快制订印刷品质量检验监督标准，构建较为完善的印刷产品质量监督检测制度。开展多种形式的产品质量检测活动，对优秀者予以表彰奖励，对不合格者予以曝光和依法处理，提高全行业的质量意识和质量水平。

（八）完善监管服务机制，维护有序竞争环境

进一步简政放权、放管结合、优化服务，完善市场监管服务机制。修订《印刷业管理条例》《印刷业经营者资格条件暂行规定》《设立外商投资印刷企业暂行规定》等法规规章，建立印刷企业年度报告公示制度并建设相应公示平台，建设全国印刷委托书网上备案系统，完善印刷企业退出机制。推动京津冀地区建立“联合审批、跨区监管”的新模式。加强诚信体系建设，完善企业信用评价体系，建立市场“黑名单”制度，保障健康有序的竞争环境。发挥行业

协会的积极性，提高行业治理能力，完善行业治理体系。深化政府部门与行业协会之间的分工协作，推动行业协会承接政府转移职能。

四、保障措施

（一）加强组织领导，完善行业治理体系

加强对各级印刷管理部门的组织领导，发挥好政府和行业协会的作用，激发企业诚信自律和转型创业的主动性。力争建立中央到地方统筹规划部署、管理部门政策支持、行业协会协调引导、印刷企业主动实践的良好产业发展机制。强化对管理部门工作任务的监督、指导与考核，建立目标责任考核体系。充分发挥行业协会在制定规划、调查研究、教育培训、资格认证、诚信建设、信息咨询、搭建交流平台、参与产业基地（园区）建设管理等方面的作用。

（二）加强制度建设，提高监督管理效率

制订和完善印刷业有关管理制度，加强事中事后监管，加快构建“宽进严管”的行业监管体制。加强依法行政，指导各地管理部门依法查处违法违规行为，定期开展行政执法培训。不断丰富监管手段，提高全行业监管能力，协调工商、公安等部门，加强对违法违规信息的公开和共享，实现“一处受罚、处处受限”。配合有关部门完善优化印刷业许可审批、金融支持、出口退税等相关政策，为企业提供良好市场环境，为企业参加国际竞争创造更有利的条件。

（三）加强引导激励，扶持企业转型升级

加强对主要任务的政策引导和扶持，积极与财政、金融、税务、发展和改革等部门沟通协调，争取将印刷业发展纳入到各项重大规划中实施，争取政策和资金扶持。继续支持一批绿色印刷产业示范项目，鼓励实施数字化改造重点项目和示范项目。支持各地建设创新研发中心，完善创新激励机制。支持各地设立印刷业转型升级发展专项资金。不断提高示范企业“含金量”，支持建设中小特色印刷企业金融扶持平台，充分发挥中国出版政府奖、毕昇印刷技术奖、职业技能大赛等奖项和活动的引导作用，完善产业发展激励机制，培育产业集约发展、优质发展的动力。

（四）加强人才建设，夯实产业发展基础

加强印刷业思想政治素质教育和职业道德建设，培养印刷工匠精神，培养行业发展所需的各类人才，重点抓好企业领导人才、经营管理人才、专业技术人才的培养。支持开展国家印刷职业标准体系制定与建设工作，不断完善与规范职业资质认定机制，加强印刷高级工、技师队伍的培训培养和职业鉴定。充分整合资源，加强政府部门、行业协会、印刷企业、装备制造企业、教育科研机构、金融机构之间的联系与合作，共同开展人才培养工作。

国家新闻出版署关于开展印刷重点项目储备和智能制造发展情况调查的通知

国新出发〔2018〕9号

各省、自治区、直辖市新闻出版广电局，各有关单位：

为筹备好2018中国印刷业创新大会，充分发挥项目带动作用，决定开展印刷重点项目储备和智能制造发展情况问卷调查工作。现将有关事项通知如下。

一、推荐储备三类印刷重点项目

（一）印刷智能制造示范和试点项目

1. 项目实施单位应是在我国境内注册、具有独立法人资格、运营和财务状况良好的印刷企业、设备器材制造企业或者印刷互联网平台。

2. 项目须符合《印刷智能制造示范试点项目特征条件》，项目技术应处于国内领先或国际先进水平，项目使用的关键技术装备、有关软件需安全可控。

3. 示范和试点项目由项目所在省（区、市）新闻出版广电局和有关单位组织推荐，推荐项目不超过5个。申报单位填写《印刷智能制造示范和试点项目申报书》，并对内容真实性负责。各省（区、市）新闻出版广电局和有关单位于2018年8月8日前将项目汇总后连同项目申报书（一式三份）报送印刷发行司。

（二）印刷创新路演项目

1. 项目实施单位应是在我国境内注册、具有独立法人资格、运营和财务状况良好的印刷企业、电子商务平台或者技术装备研发单位。

2. 项目实施企业具有创新能力、高成长潜力或拥有自主知识产权；企业处于 Pre－A 轮、A 轮、B 轮融资阶段；企业有真实的股权融资需求；企业核心团队具有从业经验和稳定性。

3. 印刷创新路演项目由项目实施企业所在省（区、市）新闻出版广电局和有关单位组织推荐，推荐项目不超过 2 个。申报企业填写《印刷创新路演项目申报书》，并对内容真实性负责。各省（区、市）新闻出版广电局和有关单位于 2018 年 8 月 8 日前将项目汇总后连同项目申报书（一式三份）报送印刷发行司。

（三）印刷产学研合作优选项目

1. 项目实施单位应是在我国境内注册、具有独立法人资格、运营和财务状况良好的印刷企业，或者是高等院校、科研机构。

2. 项目是产学研合作取得的有一定创新性，有良好的经济、社会效益或推广应用前景良好的成果。

3. 申报单位或企业填写《印刷产学研合作优选项目申报书》，并对内容真实性负责。各有关单位于 2018 年 8 月 8 日前将项目汇总后，连同合作相关证明材料、宣传推广材料以及项目申报书（一式三份）报送印刷发行司。

二、对印刷智能制造发展情况进行问卷调查

各省（区、市）新闻出版广电局组织本地区国家印刷示范企业和印刷智能制造发展取得一定成果的印刷企业填写《印刷企业智能化发展情况调查表》，并将本地区印刷智能制造发展现状及需求、对印刷智能制造发展的扶持政策及规划、推进印刷智能制造发展的意见和建议等情况，于 2018 年 7 月 31 日前反馈印刷发行司。

附件：

1. 印刷智能制造示范试点项目特征条件
2. 印刷智能制造示范和试点项目申报书（略）
3. 印刷创新路演项目申报书（略）
4. 印刷产学研合作优选项目申报书（略）

5. 印刷企业智能化发展情况调查表（略）

国家新闻出版署

2018 年 7 月 19 日

联系人：李　军

电　话：010 - 83138425

传　真：010 - 83138696

邮　箱：ysfzc@ sina. com

地　址：北京市西城区宣武门外大街 40 号

邮　编：100052

附件 1

印刷智能制造示范试点项目特征条件

一、资源要素

指企业对生产时所需要使用的资源或工具进行数字化过程的层级。主要包括：

1. 智能印前设备

具备标准化的开放接口和对 JDF 文件兼容；可组建多机联网制版数字化工作组，实现单人或无人操作；可接受多台印刷机不同需求制版任务，并按任务时序队列或并行队列产出印刷用 CTP 印版。

2. 智能印刷设备

在印刷机上集成智能化控制系统，能对各种生产信息进行储存、分析、处理、判断、调节、优化、控制，同时实现在线质量检测、闭环色彩控制、远程控制、智能维护维修以及监控、诊断和修正在印刷过程中出现的各类偏差。

3. 智能印后设备

根据程序指令自动选择相关工艺并设置参数，自动配置集成相应生产设施，实现一键完成整个印后加工工序。

4. 智能搬运装备

通过地面传送系统、AGV 小车或工业机器人控制物料在相同区域内部及不同区域之间按照印刷流程有序运输。

5. 智能仓储系统

应用二维码技术以及 RFID 技术，实现原材料出入库、半成品入库、成品入库以及成品出库标识，同时实现半成品与加工设备之间交互、物流追踪、原材料检索与校核、库存管理等。

二、互联互通

指通过有线、无线等通信技术，实现装备之间、装备与控制系统之间、企业之间相互连接功能的层级。主要包括：

1. 应用 CIP3、CIP4、JDF 高效连接印前、印刷和印后，实现智能联线生产。

2. 实现智能印刷装备（包括印前、印刷和印后设备）、智能搬运设备以及智能仓储设备间互联互通与集成。

3. 建立生产过程数据采集和分析系统，实现生产进度、现场操作、质量检验、设备状态、物料传送等生产现场数据自动上传，并实现可视化管理。

4. 建立车间制造执行系统（MES），实现计划、调度、质量、设备、生产、能效等管理功能。建立企业资源计划系统（ERP），实现企业内部资源配置和优化。

5. 实现ERP系统与电子商务平台互联，ERP与MES系统互联，MES系统与智能印刷装备（包括印前、印刷和印后设备）互联。

三、融合共享

指在互联互通的基础上，利用云计算、大数据等新一代信息通信技术，在保障信息安全的前提下，实现信息协同共享的层级。主要包括：

1. 云服务平台

通过云服务平台，实现设备信息管理、设备维护保养、设备故障诊断处理、客户管理等功能。

2. 大数据

通过大数据存储与分析实现印刷解决方案的选择。

四、系统集成

指企业实现智能装备到智能生产单元、智能生产线、数字化车间、智能工厂，乃至智能制造系统集成过程的层级。主要包括：

1. 车间/工厂的总体设计、工艺流程及布局均已建立数字化模型，并进行模拟仿真，实现规划、生产、运营全流程数字化管理。

2. 智能生产设备、智能物流系统、企业管理软件、生产信息采集系统协同工作，构建功能完备。

3. 通过ERP、MES、SCM之间集成，实现个性化定制生产。

五、新兴业态

指企业为形成新型产业形态进行企业间价值链整合的层级。主要包括：

1. 网络云印刷服务

通过各类网络云印刷平台，面向终端客户的印刷业务互联网化，实现网上接单、在线设计、在线报价、在线服务、在线印刷与交易。

2. 印刷电商服务

通过印刷企业内部 ERP、MES 系统与电子商务平台互联，实现供应商与企业内部生产信息的共享，在印刷产业链服务模式上衍生增值服务。

国家新闻出版署
关于公布印刷重点项目的通知

国新出发〔2018〕20号

各省、自治区、直辖市新闻出版广电局，各有关单位：

2018年7月19日，国家新闻出版署印发《关于开展印刷重点项目储备和智能制造发展情况调查的通知》（国新出发〔2018〕9号），对印刷重点项目进行了征集。经整理规范、资格审查、专家评审，共评选出印刷重点项目47个。其中，印刷智能制造示范和试点项目25个、印刷创新路演项目9个、印刷产学研合作优选项目13个。现将入选项目予以公布。

各省、自治区、直辖市新闻出版广电局和有关单位要坚持正确政治方向，发挥好引导作用，做好项目的监督管理、资源对接和协调推动工作。各项目实施单位要发挥好主体作用，认真组织实施，及时反映情况。要通过印刷重点项目的实施，推动印刷市场要素流动、资源整合和优势产能融合，充分发挥项目助推产业高质量、可持续发展的特殊作用。

附件：

1. 印刷智能制造示范和试点项目名单
2. 印刷创新路演项目名单
3. 印刷产学研合作优选项目名单

国家新闻出版署

2018年9月21日

附件 1

印刷智能制造示范和试点项目名单

序号	省份	申报单位	项目名称
1	北京	北京盛通印刷股份有限公司	智能印刷生产中心项目
2	北京	北京华联印刷有限公司	智能化包装生产线
3	北京	北人智能装备科技有限公司	智能印刷工厂集成应用示范项目
4	天津	天津海顺印业包装有限公司	印刷智能化与互联网融合技术创新项目
5	天津	天津长荣科技集团股份有限公司	基于工业云网和数控智联设备的客制化高端包装装备制造产业新模式
6	上海	上海紫丹印务有限公司	印刷智能制造
7	上海	上海翔港包装科技股份有限公司	MES 系统
8	上海	上海运城制版有限公司	AutoCON 全自动电雕制版线
9	江苏	江苏利特尔绿色包装股份有限公司	利特尔绿色智能印刷车间示范工程（一期、二期）
10	江苏	江苏江天包装彩印有限公司	智能印刷车间
11	浙江	杭州科雷机电工业有限公司	全数字计量型墨控系统 EZcolor 智能印刷系统
12	福建	厦门合兴包装印刷股份有限公司	智能型印刷包装制造产业系统组建
13	山东	山东鲁信天一印务有限公司	数字化智能药品包装厂
14	山东	山东世纪开元电子商务集团有限公司	基于互联网的智能印刷平台
15	山东	山东临沂新华印刷物流集团有限责任公司	基于新旧动能转换的图书印制技术提升项目
16	河南	河南新华印刷集团有限公司	按需出版数字印刷
17	湖北	湖北劲佳包装有限公司	大冶劲佳智能包装物联网
18	湖北	中浩紫云科技股份有限公司	基于纸品、印刷、包装全产业链构建智能化信息化赋能互联网共享经济电商平台
19	湖南	湖南奔腾文化创意股份有限公司	创意产品印刷产业化智能制造项目

续表

序号	省份	申报单位	项目名称
20	广东	深圳市裕同包装科技股份有限公司	印刷数字化智能工厂建设方案
21	广东	中荣印刷集团股份有限公司	面向大规模定制和网络协同制造的高档纸制品印刷智能工厂
22	广东	深圳市精密达机械有限公司	数字印后加工全流程联动生产线
23	重庆	重庆市涪陵太极印务有限责任公司	绿色智能化包装印刷厂
24	西藏	西藏福利印刷厂	西藏智能印刷网络平台建设项目
25	陕西	陕西北人印刷机械有限责任公司	软包装智能印刷工厂集成应用示范项目

附件 2

印刷创新路演项目名单

序号	省份	申报单位	项目名称
1	北京	北京华夏视科技术股份有限公司	印视通：智能印刷可视化数字管控系统
2	北京	北京万邦联合科技股份有限公司	印企车间生产物料 AGV 智能输送系统项目
3	北京	北京逍遥津信息技术有限公司	一起印
4	上海	上海瑞时创展印刷有限公司	新零售驱动的智能产品及展览、展示的个性化定制
5	江苏	蓝宝石智能设备（苏州）有限公司	儿童类纸板书智能出版系统
6	浙江	恒晟图文（杭州）有限公司	恒晟图文创新模式：第三代图文
7	山东	山东世纪开元电子商务集团有限公司	基于互联网的智能印刷平台
8	山东	山东绿爱糖果股份有限公司	绿爱小镇共享工厂项目
9	广东	东莞市锐泽创艺新材料有限公司	运用新型涂料和施工方式体现的一种炫丽高闪表面效果的材料

附件3

印刷产学研合作优选项目名单

序号	省份	申报单位	项目名称
1	北京	中国科学院化学研究所	绿色印刷3D盲文印制技术产业化研究
2	北京	中国印刷科学技术研究院有限公司	凹印版辊缺陷自动检测系统
3	北京	北京印刷学院	印后生产线数据集成和智能拣选系统关键技术研究
4	北京	北京弘浩千瑞科技有限公司	智能制造生产数据及设备状态采集分析系统
5	天津	天津长荣科技集团股份有限公司	智能高速激光模切机关键技术研发
6	上海	上海出版印刷高等专科学校	产教融合的印刷物联网人才培养实践
7	江苏	常州印刷电子产业研究院有限公司	印刷存储技术及防伪应用
8	山东	日照市金宝包装制品有限公司	日照绿茶包装印刷研究中心
9	湖南	湖南金丰林印刷包装机械科技有限公司	基于印刷电子技术的物联网智能包装云平台
10	广东	东莞市源铁印刷机械有限公司	卫星式柔版印刷机智能化研发
11	广东	深圳市裕同包装科技股份有限公司	多重防伪可溯源的跨媒体智能包装关键技术研究及应用
12	陕西	西安理工大学	智能运输包装系统产学研合作
13	陕西	陕西北人印刷机械有限责任公司	印刷机械产品云服务平台产品研发与开发